Renato A. Silva

El nuevo código secreto de la Biblia

 Planeta

EL NUEVO CÓDIGO SECRETO DE LA BIBLIA

MICHAEL DROSNIN

La informática descifra el mensaje oculto del Libro Sagrado

Traducción de Rafael Santandreu

Planeta

291.32 DRO Drosnin, Michael
El nuevo código secreto de la Biblia- 1ª. ed. – Buenos Aires : Planeta, 2003.
312 p. ; 23x18 cm.

Traducción de: Rafael Santandreu

ISBN 950-49-1115-3

I. Título – 1. Biblia-Predicciones

Este libro no podrá ser reproducido, ni total ni parcialmente,
sin el previo permiso escrito del editor. Todos los derechos reservados

Título original: Bible Code II. The Countdown

© One Honest Man, Inc., 2002. Todos los derechos reservados
© por la traducción, Rafael Santandreu, 2003
© Editorial Planeta, S. A., 2003

Diagonal, 662-664, 08034 Barcelona

Realización de la sobrecubierta: Departamento de Diseño de Editorial Planeta
Ilustración del interior: mapas de las páginas 51 y 58 creados
por Compass Projections y adaptados para su uso en esta obra
Primera edición: mayo de 2003

ISBN 84-08-04760-4
ISBN 0-670-03210-7 editor Penguin Putnam, Inc., Nueva York, edición original

© 2003, Grupo Editorial Planeta S.A.I.C.

Independencia 1668, C 1100 ABQ, Buenos Aires

1ª edición argentina: 5.000 ejemplares

ISBN 950-49-1115-3

Impreso en Grafinor S. A.,
Lamadrid 1576, Villa Ballester,
en el mes de agosto de 2003.

Hecho el depósito que prevé la ley 11.723
Impreso en la Argentina

*Para mi familia,
para mis amigos,
para todos aquellos que tienen fe,
una vez más.*

*Y ocurrirá un tiempo de angustia,
como no ha habido desde que hubo nación.*

Libro de Daniel 12: 1

*Para resolver un problema hasta el momento indescifrable,
tenemos que dejar abierta la puerta a lo desconocido.*

RICHARD FEYNMAN, Premio Nobel de Física

ÍNDICE

	Introducción	9
Uno	El fin de los días	11
Dos	La clave del código	35
Tres	Clinton	63
Cuatro	Existe	87
Cinco	Arafat	109
Seis	El arca de acero	123
Siete	Sharon	141
Ocho	El código de la vida	157
Nueve	La invasión	171
Diez	Extraterrestre	189
Once	Bush	201
Doce	El viaje del héroe	221
Trece	La cuenta atrás	237
	Epílogo	257
	Notas	259
	Apéndice	293
	Agradecimientos	301
	Índice analítico	303

INTRODUCCIÓN

Durante tres mil años, la Biblia ha mantenido oculto un código en su interior. Ahora, gracias a la informática, ha sido descifrado y sabemos que puede revelarnos el futuro.

Hace cinco años publiqué un libro acerca de ese descubrimiento. El científico que lo había hallado era un famoso matemático israelí, Eliyahu Rips.

Aquel libro puso en conocimiento de todo el mundo el código de la Biblia. En verdad creí que mi pequeña contribución en esta aventura había finalizado. Yo sólo soy un periodista y no tengo nada de profeta, científico o estudioso de la Biblia.

Pero lo cierto es que el código bíblico siempre ha estado presente en mi mente. No deja de asombrarme. Yo no soy religioso, ni siquiera creo en Dios, de manera que no puedo ni imaginar cómo es posible que exista un código en la Biblia que revele sucesos acaecidos después de la redacción de la misma.

Pero de una cosa estoy seguro: el código es real.

Una y otra vez he sido testigo de que las predicciones de la Biblia se hacen realidad. Incluso advertí a un primer ministro de que el código anunciaba su asesinato. Tiempo después tuve que presenciar horrorizado cómo lo mataban. Y sucedió en el momento exacto en que la Biblia había predicho.

Una vez más, los terribles hechos del 11 de setiembre de 2001 también fueron anunciados. Al parecer, todo estaba escrito en ese texto de tres mil años de antigüedad.

Desde el principio de mis investigaciones me reuní con grandes científicos de Estados Unidos e Israel y hasta confirmé el código con un experimentado decodificador de la Agencia Nacional de Seguridad estadounidense, el centro clandestino que crea y rompe códigos para la inteligencia militar americana.

Para confirmar cada uno de los hallazgos, aprendí hebreo y trabajé estrechamente con un traductor israelí.

Tuve muchos encuentros con el matemático que descubrió el código, el doctor Eliyahu Rips, uno de los más grandes expertos en la teoría de grupos, el campo de las matemáticas en el que se basa la física cuántica.

Confirmé con el doctor Rips la significación matemática de todas las informaciones halladas, además de sopesar las probabilidades calculadas mediante un programa informático que creó Rips junto con el doctor Alexander Rotenberg.

En ningún momento fui ajeno al clamor de las críticas que surgieron en contra de Rips. Incluso llegué a desear, sobre todo al principio, que alguien aportara pruebas de que no era real; eso me hubiera liberado de una responsabilidad que no deseaba y que sentía que me superaba.

Pero ningún crítico encontró evidencia alguna de que el código bíblico no fuera real. Todo lo contrario: cada vez se fueron acumulando más evidencias a favor de que la Biblia predecía el futuro (véase Apéndice).

Finalmente, tres hechos me obligaron a continuar con mi investigación: los atentados del 11 de setiembre, prueba brutal de que las advertencias de la Biblia eran una tremenda realidad; la espiral de violencia en Oriente Medio que amenaza con provocar una guerra global, y un increíble descubrimiento que podría conducir a la verdad última que se halla tras el código bíblico.

Este libro es la historia del inicio de una investigación. Lo que buscamos ahora es la clave que nos permita descifrar todo el código. Con ella conoceremos tanto nuestro pasado olvidado como todo nuestro futuro.

Y en este momento de la humanidad, esta búsqueda es urgente. Porque el código de la Biblia nos advierte que, si todo sigue igual, tan sólo disponemos de cuatro años más de supervivencia.

CAPÍTULO UNO

EL FIN DE LOS DÍAS

A las 8 horas y 48 minutos del 11 de setiembre de 2001 me despertó el estruendo de una explosión que cambiaría el mundo para siempre.

Conecté la radio para oír un boletín especial de noticias: un jumbo había colisionado contra una de las torres del World Trade Center.

Subí corriendo a la azotea de mi edificio justo a tiempo de presenciar el choque del segundo Boeing 767 contra la otra torre, que estalló inmediatamente en llamas. Obviamente, no se trataba de ningún accidente. Los dos aviones habían sido secuestrados por terroristas. Nueva York estaba siendo atacada.

Durante más de una hora permanecí solo en mi azotea, contemplando con creciente horror e incredulidad cómo ardían los dos edificios de 110 plantas, monolitos plateados símbolo del bajo Manhattan, lugar en el que resido. El espectáculo era dantesco: gigantescas llamaradas anaranjadas salían de los agujeros que habían dejado los impactos; enormes columnas de humo cubrían el cielo de la Gran Manzana.

De repente, una de las torres se derrumbó. Simplemente se vino abajo. Después, se desplomó la segunda. Ambas desaparecieron para dejar una nube de polvo que lo invadía todo. En un instante desaparecieron las dos.

Mi mente no podía asumir la magnitud de la tragedia que habían presenciado mis ojos. Se trataba de una desgracia de dimensiones bíblicas; parecía una de aquellas terribles profecías del Antiguo Testamento.

Corrí escaleras abajo en busca del antiguo código que almacenaba mi ordenador: el código de la Biblia. Sospechaba que allí podría encontrar la confirmación de lo ocurrido; la revelación de lo que estaba por venir.

Ese código secreto, descubierto por un célebre matemático israelí, ya había desvelado otros terribles eventos ocurridos miles de siglos después de que fuese escrita la Biblia.

Ahora me revelaba a mí lo que acababa de presenciar. Lo que recién habían visto mis ojos desde mi azotea estaba escrito en la pantalla de mi ordenador en caracteres hebreos.

Ese texto de tres mil años de antigüedad tenía codificada la expresión «torres gemelas». Un poco más allá se podía leer «avión». Y a estas palabras se le cruzaba la siguiente frase: «provocó su caída, su derrumbamiento».

Era cierto. Lo que acababa de presenciar aquel 11 de setiembre de 2001 se hallaba codificado en un texto de tres mil años de antigüedad.

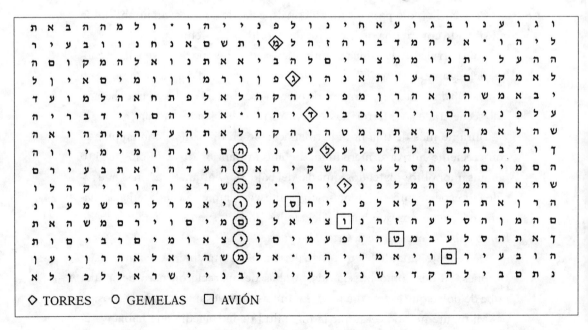

Estaba asistiendo a ello con un solo pensamiento en la cabeza y cuando la primera torre cayó lo expresé en voz alta: «Dios mío, es real.»

◇ TORRES   ○ GEMELAS   ▽ DERRUMBADAS   ☐ DOS VECES   ◇ AVIÓN

Lo que de veras me conmovió no fue el ataque, sino lo que la Biblia predecía que iba a ocurrir después.

De hecho, ya había predicho los asesinatos de John F. Kennedy e Itzhak Rabin. En realidad, todo había sido desvelado con anterioridad, desde la segunda guerra mundial hasta el Watergate, desde el Holocausto hasta Hiroshima, desde la conquista de la Luna hasta la guerra del Golfo. En algunas ocasiones pudimos encontrar las predicciones con anterioridad y los hechos sucedían tal y como decía el código.

Una vez más, allí estaban todos los detalles. De una forma repentina y brutal, tuve la absoluta certeza de que el código bíblico era auténtico.

Así que cuando los aviones se estrellaron contra las torres, al tiempo que contemplaba el despliegue de aquel horror, tuve visiones de un futuro demasiado terrible para ser real. Sin embargo, eso era lo que nos vaticinaba el código. De repente, todo aquello me pareció enteramente verosímil.

Durante cinco años había estado advirtiendo a líderes gubernamentales de todo el mundo de que una antigua profecía iba a convertirse en realidad, que el Apocalipsis anunciado por las tres grandes religiones occidentales estaba codificado en la Biblia, que nos íbamos a tener que enfrentar a un Armagedón real —una guerra mundial nuclear que empezará con un atentado terrorista en Oriente Medio— dentro de una década. Pero realmente ni yo mismo podía creerlo del todo.

El presidente Clinton había recibido en Camp David mi libro y una carta donde le advertía de que nos enfrentábamos a una guerra en Tierra Santa que podría engullir a todo el mundo.

«He dudado sobre si debía exponerle todos los vaticinios, porque sé que suenan muy apocalípticos», le dije a Clinton, al que advertí de la situación sin darle toda la información. No podía acudir al presidente con un mensaje sobre la destrucción del mundo.

Pero a lo largo del año pasado decidí que debía explicarles a los grandes mandatarios (al presidente de Estados Unidos, al primer ministro de Israel y al líder de los palestinos) que, según el código de la Biblia, existe un claro y definitivo peligro: el fin de los días.

Me he sentado junto a Yasir Arafat en su cuartel general de Ramala, con Simon Peres en Tel-Aviv, con el hijo de Ariel Sharon en Jerusalén, con el jefe del gabinete de la Casa Blanca de Bill Clinton y les he dicho que es posible que sólo dispongamos de cinco años para salvar al mundo.

Pero nadie se ha hecho eco de la advertencia.

Justo el día antes de los ataques del 11 de setiembre volví a telefonear a la Casa Blanca para comprobar si el nuevo presidente, George W. Bush, había recibido la carta que le había mandado advirtiéndole de que la tercera guerra mundial podía ya estar en marcha mientras él estaba allí sentado en su despacho.

Mi carta, enviada más de un mes antes de los atentados terroristas de Nueva York y Washington, decía:

«En estos momentos, el código de la Biblia nos previene de que el mundo puede enfrentarse a una guerra mundial que empezará en Oriente Medio. Ésta puede ser la guerra definitiva. Y todo ello puede haber empezado ya mismo.

»Este momento crítico ha sido vaticinado con mucha claridad.

»Las palabras "Bush", "Arafat" y "Sharon" están codificadas juntas en la expresión "fin de los días", el gran peligro del que hablan las tres grandes religiones occidentales.

»Y el código de la Biblia expresa ese peligro en términos modernos: se habla de "holocausto atómico" y "guerra mundial". Ambos están codificados junto con el mismo año, 2006.»

El 11 de setiembre, el mismo presidente dijo que su país estaba en guerra, que la «primera guerra del siglo había empezado». Y en una columna del *New York Times* se leía el titular: «La tercera guerra mundial.»

Pero hasta el 11 de setiembre ni siquiera yo creía por completo en ello. Yo no soy religioso. Ni siquiera creo en Dios. Soy un periodista de investigación laico y escéptico. Empecé mi carrera como reportero de sucesos en el *Washington Post*, trabajé cubriendo información económica en el *Wall Street Journal* y todavía mantengo los pies en el suelo. Confieso que aunque escribí el libro que dio a conocer el código de la Biblia en todo el mundo, me levantaba todos los días dudando de la veracidad del peligro anunciado.

La mañana del 11 de setiembre me desperté con el suceso que probaba que el código es real.

De repente, ya no había lugar a la duda. Ya no hablábamos sólo de Israel, sino también de Estados Unidos y Nueva York. Se trataba de la ciudad en la que vivo. Unas manzanas más allá de mi hogar. Y lo vi con mis propios ojos.

El ataque a Nueva York, el ataque al World Trade Center; ese horror inconcebible, no sólo estaba codificado de antemano en la Biblia, sino que yo mismo lo había detectado mucho antes con mi programa de descodificación.

Lo hallé en 1993, justo después del primer atentado fallido a las mismas Torres Gemelas. «Torres Gemelas» estaba codificado en la Biblia junto con «el aviso, la masacre», y todo ello cruzado por la expresión «terror». Además, esta última palabra aparecía en otra ocasión junto con «caerán y se derrumbarán».

Pero pensé que se trataba del pasado, no del futuro. Nunca se me ocurrió que tal rayo cayese dos veces sobre el mismo sitio, que hubiese otro ataque terrorista en los mismos dos monolitos ocho años más tarde. Y mucho menos que tendría éxito y que derribaría las torres.

He de confesar que tampoco pensé en buscar en el código la palabra «avión». Como le dije a un amigo de la CIA, el mismo día del atentado: «Nadie podía haber imaginado que iba a suceder de esa forma.» Él me respondió: «Al parecer, alguien sí lo sabía.»

Fue una lástima. No había podido entender la advertencia hasta después de la tragedia. Había estado oculta en la Biblia durante tres mil años. Ahora era obvia. Allí estaban todos los detalles.

El científico que descubrió el código bíblico, Eliyahu Rips, también halló el vaticinio sobre el 11 de setiembre ese mismo día, en su casa de Jerusalén. De hecho, me envió la tabla con las palabras codificadas por correo electrónico desde Israel.

Cuando hablé con el doctor Rips, una de las principales autoridades mundiales en teoría de grupos (un campo de las matemáticas en el que se basa la física cuántica), me explicó que ya había calculado las probabilidades del mensaje oculto.

Las probabilidades de que aparezcan juntas, por casualidad, las tres palabras clave —«torres», «gemelas» y «avión»— en el mismo fragmento de la Biblia son, al menos, de uno entre diez mil.

Todavía había más. La Biblia también mencionaba a Osama bin Laden. Rips había encontrado una secuencia codificada simple que lo declaraba culpable —«el pecado, el crimen de Bin Laden»—, situada en el Génesis, donde el texto directo habla de «la ciudad y la torre».

Asimismo, en esa porción del texto original, la Biblia decía: «he aquí que el humo subía de la tierra como el humo de un horno».

El nombre del líder de los secuestradores, el piloto del primer avión que colisionó contra las torres, Mohammed Atta, también se hallaba en la Biblia.

Era increíble, pero allí estaba, codificada en la Biblia, la expresión «terrorista Atta». En el mismo lugar, unas palabras para describirlo: «hombre egipcio».

Como sabemos todos, aquel día todavía hubo otro objetivo: la sede del ejército norteamericano en Washington. El Pentágono fue golpeado por un tercer avión secuestrado una hora después del primer ataque a Nueva York. Eso también se hallaba codificado.

○ PECADO, CRIMEN DE BIN LADEN   ◇ LA CIUDAD Y LA TORRE
□ HE AQUÍ QUE EL HUMO SUBÍA DE LA TIERRA COMO EL HUMO DE UN HORNO

«Pentágono» aparecía una vez en la Biblia, atravesado por la palabra «dañado». Una vez más, las predicciones de ese texto de tres mil años de antigüedad eran exactas. Uno de los cinco lados del Pentágono había caído, pero el edificio todavía seguía en pie.

El vocablo «emergencia» acompañaba a «Pentágono» y, acto seguido, la palabra «de Arabia». De hecho, días después conocimos la noticia de que la mayor parte de los terroristas procedían de Arabia Saudí.

La advertencia del mayor ataque terrorista de la historia de la humanidad, del primer ataque foráneo al hasta ahora invulnerable Estados Unidos, se hallaba codificada en la Biblia desde hace tres mil años. Pero nadie acertó a detectarlo hasta que fue demasiado tarde.

Y ahora el código advertía que ello conduciría a la guerra. «La próxima guerra» cruzaba el nombre hebreo de las Torres Gemelas. En el mismo lugar se podía leer «terrorista».

○ TERRORISTA ATTA   □ HOMBRE EGIPCIO

Lo que decía el código era escalofriante. Este ataque era el inicio de una nueva guerra, la que declaró Bush, una guerra contra el terrorismo internacional que muchos predecían que iba a durar años.

Yo podía ver perfectamente el texto codificado que plasmaba el horror

○ PENTÁGONO   □ DAÑADO   ◇ EMERGENCIA DE ARABIA

EL FIN DE LOS DÍAS

○ LA PRÓXIMA GUERRA □ LAS TORRES GEMELAS ◇ TERRORISTAS

del momento. Una vez más, las palabras «torres» y «gemelas» aparecían juntas en el mismo lugar que el texto directo dejaba claro que la cuenta atrás ya había empezado: «el fin de los días».

◇ TORRES ○ GEMELAS □ EL FIN DE LOS DÍAS

Me había pasado años intentando avisar a los gobernantes de Washington y Oriente Medio de que se avecinaba un peligro de dimensiones bíblicas, tal y como sugerían las profecías y ahora, desde mi casa de Nueva York, mis ojos estaban contemplando esa realidad.

Y yo tenía claro que esto era sólo el inicio. A partir de ese momento, nos esperaba algo demasiado horrible para la imaginación humana.

«Un criptograma enviado por el Todopoderoso», el «puzzle de Dios, el rompecabezas de todos los hechos pasados y futuros preordenados por la mano divina».

Así describía sir Isaac Newton el código bíblico. Hace trescientos años, el primer científico moderno, el hombre que descubrió la gravedad y sentó las bases de la mecánica de nuestro sistema solar, el genio que inventó las matemáticas avanzadas, emprendió la búsqueda del código secreto de la Biblia que podía revelar el futuro de la humanidad.

Durante más de tres mil años (desde que se conoce la Biblia) ha habido gente que ha creído que había algo escondido en el texto sagrado. Grandes secretos que sólo conocían altos sacerdotes, revelaciones que respondían a una fórmula esotérica, a alguna forma de magia, a una nueva ciencia.

Pero la solución al misterio estaba reservada a un inmigrante ruso en Israel. Eliyahu Rips, un matemático que había sido encarcelado por motivos políticos en la antigua Unión Soviética, encontraría aquel antiguo código oculto.

Hoy sabemos que Rips consiguió descifrar el código porque poseía una herramienta de la que carecían todos sus antecesores: un ordenador.

El código de la Biblia poseía una especie de mecanismo de relojería. No podía ser abierto hasta que fuese inventada la informática.

Indudablemente, la inteligencia que creó el código podía prever el futuro y diseñó su lenguaje de manera que sólo pudiera ser descubierto en estos momentos. Era evidente. El código podía haber sido diseñado para que fuese hallado por Newton hace trescientos años. O podía haber estado destinado a los hombres del futuro (dentro de trescientos o tres mil años), pero en ese caso hubiese requerido de una nueva tecnología.

Sin embargo, alguna inteligencia muy avanzada codificó la Biblia de manera que pudiésemos descifrarla en este momento de la historia de la humanidad. «Ésa es la razón de que Newton no pudiese hallarlo —dijo Rips—. Tenía que ser abierto mediante un ordenador. Estaba "sellado" hasta el "fin de los días".»

De todas formas, cuando Eli Rips empezó su búsqueda del código de la Biblia, hace cerca de veinte años, no estaba pensando en el «fin de los días».

Tan sólo trataba de resolver un acertijo matemático. «Encontré palabras codificadas con un nivel de probabilidad mucho menor que por azar. En seguida supe que me hallaba detrás de algo importante —recordó Rips—. Lo hallamos gracias a la potencia de cálculo del ordenador.»

Rips descubrió el código bíblico en la versión hebrea del Antiguo Testamento, el texto original de la Biblia, tal y como fue escrita en su día: las palabras que, según el propio texto, Dios le entregó a Moisés en el monte Sinaí, hace 3 200 años.

Rips eliminó todos los espacios entre las palabras y transformó la Biblia en un continuo de letras de 304 805 caracteres.

En realidad, lo que estaba haciendo era restaurar la Biblia a su forma original, según habían dicho multitud de sabios antiguos. Según la leyenda, así recibió Moisés la Biblia de Dios: «como un texto continuo, sin espacios entre las palabras».

Rips ideó un programa de ordenador que buscaba palabras en ese texto continuo, saltándose un número constante de caracteres. Las nuevas palabras revelaban una información impresionante.

Todo el mundo puede crear un código como éste (aunque no de estas dimensiones). Se trata de construir un discurso manifiesto debajo del cual se codifica un texto a base de saltarse letras. Por ejemplo:

Entre Cojos OsadoS

La palabra oculta, tras saltos de cuatro letras, es: **ECOS**.

Pero nadie, ni siquiera Newton, podía releer toda la Biblia contando letras a mano, comprobando todas las posibles combinaciones de letras formadas a saltos. Se trata de un trabajo monumental que empieza en la primera letra y acaba en la última, que va hacia adelante y hacia atrás. Sólo un ordenador puede trabajar a la velocidad necesaria para realizar una lectura similar.

Ahora sabemos que sólo un ordenador puede desentrañar la información entretejida en el código de la Biblia. Mediante su uso, una y otra vez surgen palabras, nombres, fechas y lugares, que contradiciendo todas las leyes del azar, están fuertemente relacionados.

Y todas esas palabras ocultas forman crucigramas encriptados. Cada vez que descubríamos una palabra o frase nueva, comprobábamos que se hallaba ligada a otras formando un nuevo crucigrama. Todas las palabras, conectadas de esa manera, ofrecen información detallada acerca de sucesos actuales.

Eso es lo que hace que el código de la Biblia sea algo único. Es posible que en cualquier otro libro encontremos una secuencia azarosa que forme la expresión «Torres Gemelas»; pero no unida a la palabra «avión». Uno puede encontrar «Bin Laden», pero no unido a «la ciudad y la torre». Uno puede encontrar «las torres», pero no unido a «la próxima guerra» y «el fin de los días».

«Sólo en el código de la Biblia encontramos información consistente y coherente —dice Rips—. Nadie ha encontrado jamás algo así en ningún otro libro, en ninguna traducción o texto hebreo, excepto en la Biblia.»

Cuando Rips publicó su hallazgo en una revista matemática norteamericana, muchos científicos se mostraron escépticos. No podían ponerle tacha a la investigación, pero tampoco eran capaces de creerse los resultados. Era demasiado impresionante para ser verdad: un código en la Biblia que revelaba sucesos futuros.

Un descodificador experimentado de la Agencia de Seguridad Nacional, un centro clandestino de escucha estadounidense situado en las inmediaciones de Washington, tuvo noticias del asombroso descubrimiento israelí y decidió investigar el caso.

Harold Gans se había pasado la vida creando y rompiendo códigos para los servicios secretos norteamericanos y estaba seguro de que el código de la Biblia era «ridículo, cosa de diletantes».

Gans creó su propio programa de ordenador confiando en poder demostrar que tal código no existía. Para su sorpresa, obtuvo los mismos resultados que el experimento de Rips. Los nombres y las fechas de nacimiento y muerte de los 66 sabios (que vivieron y murieron mucho después de que la Biblia fuese redactada) estaban allí. Gans no daba crédito a sus ojos. Decidió buscar información completamente nueva en el código para así poner en evidencia los fallos del estudio de Rips e incluso, quién sabe, demostrar que todo era un truco, un montaje. Gans estaba seguro de que no iba a encontrar los nombres de las ciudades donde nacieron y murieron los 66 rabinos. Pero los encontró.

Gans se había propuesto demostrar la no validez del código, pero, tras 440 horas de investigaciones, probó que era real.

«Me entraron escalofríos al verificarlo», recuerda Gans.

Ningún hombre sobre la Tierra podía haber codificado la Biblia de manera que proporcionase información acerca de personas que habían vivido cientos y miles de años después de que la Biblia fuese escrita. Pero alguien lo hizo.

Si no pudo ser ningún ser humano, entonces ¿quién fue?

La primera vez que oí mencionar el código de la Biblia fue hace diez años. Me había entrevistado con un alto cargo de la inteligencia israelí para hablar sobre la guerra del futuro. Cuando abandonaba las oficinas de los servicios de inteligencia, un joven funcionario me detuvo para decirme:

—Hay un matemático en Jerusalén al que debería ver. Ha descubierto la fecha en que iba a empezar la guerra del Golfo. En la Biblia.

—Yo no soy religioso —le espeté dirigiéndome hacia mi coche.

—Tampoco yo lo soy —dijo el funcionario—. Pero es que, tres semanas antes de que estallase la guerra, encontró la fecha exacta de su inicio.

Parecía muy difícil de creer. Estaba seguro de que se trataba de una locura. Pero investigué los antecedentes de Rips y encontré que estaba considerado poco menos que un genio de las matemáticas. Decidí ir a verle.

Con su barba y su yarmulka, Eliyahu Rips parecía un personaje del Antiguo Testamento. Eso confirmó todas mis dudas. Genio o no, este científico estaba seguramente influido por sus creencias religiosas. Le pedí que me enseñase dónde aparecía en la Biblia la mención a la guerra del Golfo. En lugar de abrir el libro sagrado, Rips me condujo a su pequeño estudio, encendió su ordenador y me enseñó en la pantalla una predicción de la contienda.

Allí, codificadas bajo el texto directo de la Biblia, se leían las palabras «Saddam Hussein» y «Misiles Scud», junto con la fecha exacta del ataque de Iraq a Israel: 18 de enero de 1991.

—¿Cuántas fechas como ésta ha encontrado? —le pregunté.

—Sólo ésta, tres semanas antes de que estallase la guerra —replicó.

Pero todavía era escéptico. Le pedí a Rips que buscase menciones a otros sucesos históricos que no hubiese hallado todavía.

Encontramos «presidente Kennedy» junto a «Dallas» y «Bill Clinton» junto a «presidente» (seis meses antes de que fuese elegido). Descubrimos una y otra vez informaciones que Rips no sabía que yo le iba a pedir. En un momento dado, hallamos varios sucesos que todavía no habían ocurrido, entre los que se contaba la colisión de un cometa contra el planeta Júpiter. Teníamos el nombre del cometa y la fecha exacta del impacto.

El código de la Biblia empezaba a convertirse en una realidad para mí. Un descodificador profesional estadounidense lo había corroborado. Famosos matemáticos de Israel y Estados Unidos, en Harvard, Yale y la Universidad Hebrea, decían que era real.

La investigación de Rips había superado la revisión de tres colegas antes de ser publicada en una prestigiosa revista sobre matemáticas de Estados Unidos. Pero todavía no podía creerlo.

Y, por fin, dos años más tarde, encontré un código que incluso me persuadió a mí.

El 1 de setiembre de 1994 volé a Israel para encontrarme en Jerusalén con el poeta Chaim Guri, amigo íntimo del primer ministro Itzhak Rabin. Le entregué una carta que hizo llegar inmediatamente al primer ministro.

«Poseo información secreta que afirma que su vida se halla amenazada —empezaba mi carta a Rabin—. La única vez que aparece su nombre completo (Itzhak Rabin) codificado en la Biblia, lo hallamos asociado a la frase "asesino que asesinará".»

O ITZHAK RABIN □ ASESINO QUE ASESINARÁ

Un año más tarde, el 4 de noviembre de 1995, llegó la terrible confirmación. Un hombre que se creía encomendado por Dios disparó a Rabin por la espalda. Durante tres mil años, el vaticinio del atentado había permanecido oculto en el código secreto de la Biblia.

Cuando oí las noticias, me quedé helado. Caí al suelo y pronuncié las mismas palabras que diría más tarde en ocasión del 11 de setiembre: «Dios mío, es real.»

Mi sorpresa no era que Rabin estuviese muerto, sino que el código era real.

Pero mucho más chocante que la tremenda confirmación del 4 de noviembre de 1995 fue la del atentado a las Torres Gemelas, porque entonces fui consciente de todo lo que predecía el código.

Si el código de la Biblia es real (y ya no tenía duda de ello), sólo puede tener un propósito: prevenir al mundo de un peligro terrible, incluso definitivo. Y es posible que ese peligro penda sobre nosotros en estos mismos momentos, porque de otra forma no hubiésemos encontrado el código. Quizá estemos enfrentándonos, ahora mismo, al «fin de los días».

Los dos grandes Apocalipsis bíblicos, el libro de Daniel del Antiguo Testamento y el libro de las Revelaciones del Nuevo Testamento, nos hablan de un horror sin precedentes que será completamente revelado cuando un libro secreto sellado sea abierto en el «fin de los días».

En la Torá, es decir, en los primeros cinco libros que componían antaño la Biblia, encontramos el Final profetizado cuatro veces. Después, también es predicho en el libro de Daniel. Un ángel le revela el futuro al anciano profeta y le dice: «Tú, oh Daniel, cierra las palabras y sella el libro hasta la llegada del fin de los días.»

En hebreo, existen dos maneras de escribir el «fin de los días» y sólo aparecen juntas una vez en la Biblia.

La expresión «en el fin de los días» aparece en el texto directo del Deuteronomio, cuando Moisés habla a los ancianos israelitas en su travesía por el desierto. En la tabla que sigue, la expresión aparece horizontalmente.

י	ח	ה	נ	פ	י	ן	ב	ב	ל	כ	ו	ן	ו	נ	ן	ב	ע	ש	ו	ה	י	ו	·	ו	ה	י	י	נ	פ	ל
ו	ב	ק	י	ת	א	ו	ב	ת	כ	ו	ן	ר	ג	ת	א	ו	ב	ת	כ	ם	י	ו	ל	ל	ב	ש	ח	נ	ו	ו
מ	ב	ש	ח	ת	י	א	ל	ם	י	ו	ג	ב	ו	ן	כ	ש	י	ד	ד	ב	ל	ם	ע	ן	ה	ו	נ	ר	ו	ש
ס	נ	ו	ן	מ	ש	ב	ה	ל	ו	ל	ב	ה	ח	נ	מ	ת	ל	ס	ם	י	**נ**	ר	ש	ע	י	נ	ש	ו	ם	מ
י	ה	ו	ל	א	ר	ש	י	מ	ו	·	ו	ה	י	מ	ם	י	ק	נ	ם	ת	**י**	י	ה	ו	ו	ב	ש	ת	ר	ח
א	ר	ם	ת	ו	א	ן	ת	א	ו	ם	י	ע	ד	י	ו	ם	י	מ	כ	ח	**ם**	י	ש	נ	א	ם	כ	י	ט	ב
ע	ת	ב	ש	ו	**ם**	**י**	**מ**	**י**	**ה**	**ת**	**י**	**ר**	**ח**	**א**	**ב**	ה	ל	א	ה	ם	**י**	ר	ב	ד	ה	ל	כ	ך	ו	א
כ	ש	ת	ל	א	ר	כ	ז	ה	ת	א	ף	ר	ע	ה	ש	ק	ם	ע	י	כ	**ה**	ת	ש	ר	ל	ת	א	ז	ה	ה
א	ר	ש	י	ל	כ	ו	ם	י	ד	ב	ע	ת	י	ב	מ	ם	י	ר	צ	מ	**ץ**	ר	א	מ	ך	א	י	צ	ו	מ
ן	ת	נ	ך	י	·	ל	א	·	ו	ה	י	ר	ש	א	ך	צ	ר	א	ב	ר	**ק**	ב	י	ק	נ	ם	ד	ך	פ	ש
ח	ו	ם	י	נ	ק	ז	ה	י	נ	י	ע	ל	ו	י	ל	א	ו	ת	מ	ב	י	ה	ש	ג	נ	ו	ה	ת	ח	ק
ת	ב	א	ל	ע	ב	ש	נ	ר	ש	א	כ	ו	ך	ל	ר	ב	ד	ר	ש	א	כ	ם	י	ה	ל	א	ל	ך	ל	ה
ר	ו	ש	ר	ו	כ	ב	ו	י	ח	א	ר	י	ז	נ	ד	ק	ד	ק	ל	ו	ף	ס	ו	י	ש	א	ר	ל	ה	ת

○ FIN DE LOS DÍAS ☐ EN EL FIN DE LOS DÍAS

La otra expresión del «fin de los días» que aparece de forma vertical en la tabla se halla en Daniel, allí Moisés advierte de la existencia de un futuro terriblemente peligroso.

La probabilidad de encontrar dos frases juntas en la Biblia son al menos de uno entre cien.

Pero todavía hay más.

Justo después del Cuatro de Julio del año 2000, el presidente Clinton anunció que se iba a reunir en Camp David con el primer ministro israelí del momento, Ehud Barak, y el líder palestino, Yasir Arafat, para hablar sobre la paz. Todo el mundo sabía que las espadas estaban en alto, pero nadie sospechaba (ni siquiera ninguno de los tres líderes) cuál era la auténtica magnitud del asunto que se trataba, según el código bíblico.

Pues bien, en la tabla que acabamos de ver, en el único lugar donde se hallan las dos expresiones bíblicas que designan «el final de los días», el nombre de «Arafat» aparece inmaculado, perfectamente deletreado sin saltos y asociado al «final de los días».

Y «E. Barak», de nuevo deletreado sin saltos, cruza la segunda expresión codificada del «fin de los días».

En 1998, yo le había mostrado esta tabla a Eli Rips, un año antes de que Barak fuese elegido primer ministro. Evidentemente, esta predicción se hizo realidad y Barak fue elegido líder de Israel. De todas formas, Rips estaba concentrado en Arafat. «Arafat está viejo y enfermo —decía Rips—. Si él está implicado en esto, no hay duda de que nos hallamos en el fin de los días.»

Rips calculó la probabilidad de que los nombres de los líderes de los israelitas y palestinos aparecieran juntos en el lugar en que «en el fin de los días» estaba codificado junto a «fin de los días». Las probabilidades de que se produjese tal coincidencia por azar eran de menos de una entre 150 000.

De manera que cuando Clinton anunció la cumbre, decidí enviarle inmediatamente una carta: «Le adjunto una copia de mi libro *El código secreto de la Biblia* porque su anuncio de la cumbre de Camp David entre Barak y Arafat confirma lo que ha vaticinado el código.»

«En esta cumbre hay más en juego de lo que nos imaginamos —continua-

[Hebrew letter grid]

○ FIN DE LOS DÍAS □ EN EL FIN DE LOS DÍAS ◇ ARAFAT ▽ E. BARAK

ba mi carta—. La alternativa está perfectamente descrita en el código bíblico, el auténtico Armagedón, una guerra mundial nuclear en Oriente Medio.»

Camp David no dio frutos y se inició una nueva intifada. Después, el general conservador Ariel Sharon, un declarado detractor del plan de paz, se convirtió en primer ministro de Israel y George W. Bush en presidente de Estados Unidos. El código de la Biblia se confirmaba de nuevo.

Por lo tanto, el código no sólo vaticinaba ambas elecciones, sino que también hacía mención a los nombres de «Bush» y «Sharon», donde «fin de los días» estaba codificado con «en el fin de los días».

El doctor Rips estaba asombrado. Una vez más, calculó las probabilidades. La probabilidad de que surgiesen al azar los nombres de los cuatro mandatarios —de Israel, Palestina y Estados Unidos— junto con las dos expresiones bíblicas del «fin de los días» eran de uno entre 500 000. Rips añadió que la probabilidad podría incluso llegar a ser de uno entre un millón, pero que era imposible calcular por completo una serie tan compleja de emparejamientos.

«En cualquier caso, es obvio que no se trata de azar —dijo Rips—. Sin

○ FIN DE LOS DÍAS □ EN EL FIN DE LOS DÍAS ◇ ARAFAT ◇ E. BARAK ▽ SHARON
□ BUSH

duda alguna, hay una intención detrás de esto. Matemáticamente, se trata de una tabla perfecta. Y, como vemos, hace referencia a estos momentos.»

Todo ello ha estado allí durante más de tres mil años. Los nombres de los líderes del mundo de hoy codificados aguardando a que los descubriésemos en el momento preciso.

El código de la Biblia, sin duda alguna, nos advierte de que estamos viviendo unos tiempos de extremo peligro. Un vaticinio de siglos de antigüedad. Pero hablamos del momento presente, de nuestros días.

El fin de los días, el Apocalipsis, ya no es un mito religioso, una visión de pesadilla que nunca se hará realidad. Ya no es una cosa del pasado ni una posibilidad lejana.

Ya está aquí.

Hace cuatro años, en octubre de 1998, le entregué a mi abogado, Michael Kennedy, un prestigioso profesional de Nueva York, una carta sellada para ser abierta en el año 2002. La carta decía:

«Michael:

»Estoy convencido de dos cosas:

»1) Que el código de la Biblia es real.

»2) Que el mundo no escuchará sus advertencias hasta que ya sea demasiado tarde.»

Sucedió lo mismo la última vez que el mundo se halló en peligro. Nadie quería enfrentarse a Hitler. Estados Unidos estuvo a punto de perder la guerra porque entró en ella demasiado tarde. Ahora intento advertir a la humanidad de un peligro mayor, aunque la fuente de mis datos es extraña incluso para mí: un código oculto en la Biblia.

«El código pone en entredicho todos los conceptos de realidad que tenemos en Occidente —decía la carta sellada—. Por ello, aunque Newton creía que el futuro podía ser vaticinado y que el código bíblico lo revelaría; aunque un descodificador de primera línea haya ratificado el descubrimiento israelí, todavía no ha sido enteramente aceptado.

»Incluso el hecho de que el código haya pronosticado la muerte violenta de Rabin, la guerra del Golfo y otros importantes sucesos, no ha convencido a los escépticos.

»Me he entrevistado con el primer ministro Peres y con el director del Mossad, pero sé que la mayoría de los mandatarios no prestarán atención a las advertencias hasta que se cumplan más predicciones.

»Por esta razón he transcrito las más importantes, de manera que se pueda probar que son ciertas y que las hallamos antes de que sucedieran.

»Las advertencias más claras del código son:

»*a*) el mundo se enfrentará a un "cataclismo económico" que empezará en el año hebreo de 5762 (2002 en el calendario moderno);

»*b*) ello conducirá a un período de peligro sin precedentes debido a que el equilibrio nuclear se desestabilizará y los terroristas podrán adquirir o robar el poder de destruir ciudades enteras;

»*c*) el peligro alcanzará su cenit en el año hebreo de 5766 (2006 en el calendario moderno), el año que está más claramente codificado con las expresiones "guerra mundial" y "holocausto atómico".»

El 11 de setiembre de 2001, después de presenciar el ataque a las Torres Gemelas, y tras encontrar estos hechos perfectamente descritos en la Biblia, decidí recuperar y volver a leer esta carta sellada.

Me estremecí al leerla.

La caída del auténtico símbolo del poder económico norteamericano, el World Trade Center, y el ataque al mayor símbolo de su poder militar, el Pentágono, hicieron que las predicciones parecieran dramáticamente reales.

El 17 de setiembre, la víspera del Año Nuevo hebreo de 5762 que estaba codificada junto con «crisis económica», la Bolsa reabrió por primera vez desde el 11 de setiembre. El índice Dow Jones cayó 684 puntos, la pérdida más importante en su larga historia, dando inicio a una semana que fue testigo del desplome más pronunciado desde 1929, el año de la Gran Depresión.

La primera predicción del código bíblico ya se había cumplido.

Mi temor era que una nueva crisis nos condujese a la tercera guerra mundial, de la misma manera que la depresión de 1930 llevó a Hitler al poder, con el consiguiente desastre de la segunda guerra mundial.

Tanto las expresiones «guerra mundial» como «holocausto atómico» y «fin de los días» se hallan codificadas junto a «5766», el año hebreo equivalente a 2006.

Comprobé todos los años del próximo siglo y sólo 2006 venía asociado a las tres advertencias. Se trataba de una predicción clara de que vamos a enfrentarnos a la tercera guerra mundial en tan sólo cinco años.

Le comuniqué mis hallazgos al doctor Rips. El científico calculó las probabilidades en un gran ordenador de la Universidad Hebrea. Revisó cien mil textos al azar para comprobar si estos grandes peligros podrían aparecer ligados, por causalidad, a otro año y en otro lugar que no fuese la Biblia.

«Hay una posibilidad entre cien mil de que se dé tal resultado —me informó Rips—. He revisado cien mil textos al azar y esta combinación de palabras sólo aparece en la Biblia. No puede haber sucedido por casualidad. Alguien puso intencionadamente la advertencia en la Torá.»

No había duda. En estadística, una probabilidad de uno entre cien es significativa. Uno entre mil es el criterio más alto que se aplica en matemáticas. Uno entre cien mil confirma definitivamente que el fenómeno no es casual.

Según el código de la Biblia, nos tendremos que enfrentar a ese peligro extremo, la primera guerra mundial nuclear, en el año 2006.

○ GUERRA MUNDIAL   □ EN 5766/2006

Si la segunda guerra mundial finalizó con la bomba atómica, la tercera guerra mundial puede iniciarse con otra. En la actualidad, existen al menos cincuenta mil armas nucleares repartidas por todo el mundo, desde proyectiles de artillería y maletas bomba a misiles balísticos intercontinentales, todos mucho más potentes que la bomba de Hiroshima.

Un dato importante: la expresión «holocausto atómico» está codificada junto al año 1945, el año en que se lanzó la bomba sobre Hiroshima. Y también lo está junto a 2006.

Si el código de la Biblia está en lo cierto, la tercera guerra mundial —una guerra que será librada con armas de destrucción masiva— acaecerá dentro de pocos años. El mundo entero será arrasado. Estaremos delante del auténtico y literal fin de los días.

Esta vez, en lugar de una guerra nuclear entre superpoderes, el conflicto que todos temíamos durante la guerra fría, el mundo tendrá que vérselas con una nueva amenaza: terroristas armados con artefactos nucleares.

En efecto, «terrorismo» está codificado junto con «guerra mundial» y la palabra árabe que designa a un terrorista suicida, *shahid*, aparece en el mismo lugar. En la misma tabla encontramos la expresión «guerra a degüello».

EL FIN DE LOS DÍAS 33

O HOLOCAUSTO ATÓMICO □ EN 5766/2006

El peligro más grande del que nos avisa la Biblia son los fanáticos religiosos apocalípticos, los terroristas provistos de armas de destrucción masiva, hombres que creen estar cumpliendo una misión encomendada por Dios.

Lo sucedido el 11 de setiembre podría ser el inicio, no el final, de las hostilidades.

Pero la carta sellada que le entregué a mi abogado en 1998 dejaba abierta la puerta a la esperanza e incluso después del 11 de setiembre mantuve el optimismo. La carta continuaba diciendo:

«Pero el código de la Biblia nos advierte de posibles futuros, no de un solo futuro. Por eso podemos cambiar el curso de los acontecimientos, prevenir el desastre total.

»Creo que el código de la Biblia fue creado para prevenirnos. El código ha sido descubierto ahora, en este momento de la humanidad, porque éste es el momento preciso.

○ GUERRA MUNDIAL   ○ TERRORISMO   ◇ HOMBRE BOMBA   □ GUERRA A DEGÜELLO

»Ésa es la razón por la que escribo esta carta sellada en 1998, para que sea abierta en 2002, para prepararnos para el 2006.»

Pero en la época en la que escribí la carta ya había empezado la búsqueda de otro mensaje sellado en la antigüedad, el mensaje oculto necesario para sobrevivir al Armagedón.

CAPÍTULO DOS

LA CLAVE DEL CÓDIGO

Cuando cayeron las primeras tinieblas de la tarde sobre el desierto, el suelo empezó a estremecerse. Se oyó un terrible trueno y la gente empezó a correr a refugiarse en sus tiendas mirando con pavor hacia la montaña que se erguía delante de ella. Se podía ver una brillante luz blanca en su pico, como si la montaña misma estuviese ardiendo.

De repente, una voz que salía de la nada dijo: «Moisés, ven a mí. Ve hacia la montaña.»

Según la Biblia, en el año 1200 a. J.C. Moisés subió al monte Sinaí. Allí «vio al Dios de Israel y bajo sus pies había lo que parecía una obra hecha de losas de zafiros».

La leyenda cuenta que Dios escribió las palabras originales de la Biblia en «piedra de zafiro». Aunque la piedra era dura como el diamante, podía ser enrollada como un pergamino. Y aunque era de un azul muy intenso, también era transparente. De hecho, la Biblia describe ese material como «de la claridad del mismísimo cielo».

Una noche me encontraba solo en mi piso de Nueva York leyendo, por primera vez, ese pasaje de la Biblia, y me di cuenta de que las palabras de la Biblia fueron escritas sobre «zafiro».

Inmediatamente, pensé que ese oscuro detalle podía ser el secreto del código de la Biblia. Si realmente había un código en la Biblia que podía revelar el futuro, ello debía de estar vaticinado en la misma Biblia en el pasaje donde Dios le da las Escrituras a Moisés en el monte Sinaí, grabando las palabras en zafiro.

Examiné el texto una y otra vez. Había una pista. En hebreo, la palabra «libro» se dice «*sefer*». Quizá esta grafía se debe a que el primer libro, la Biblia, estaba escrito sobre esa piedra.

Después descubrí que «zafiro» también significa «contable», lo cual podía sugerir que desde el principio la Biblia era también un código matemático. Busqué una clave numérica para descifrarlo, pero no conseguía avanzar por este camino.

De repente, vi algo muy sencillo. En hebreo, el idioma en el que fue escrita la primera Biblia, «zafiro» al revés se escribe «Rips».

ספיר = ריפס

zafiro = rips

Eliyahu Rips, el matemático que descubrió el código de la Biblia, aparecía mencionado en el texto sagrado, en el lugar en el que se relata la venida de Dios al monte Sinaí.

El hallazgo me dejó conmocionado. El mismo doctor Rips se hallaba entre los vaticinios del código.

La misma palabra «zafiro», la piedra azul en la que se había escrito originalmente la Biblia, profetizaba la existencia del científico que tres mil años después hallaría el código.

Era evidente que el hecho de que «zafiro» escrito al revés diese lugar a «Rips» no era mera casualidad. La escritura invertida (de espejo) era una práctica común en la antigüedad. El primero de los profetas, Isaías, dijo al respecto: «Para ver el futuro debes mirar hacia atrás.» En hebreo, esa frase significa también «Lee inversamente las letras».

No había duda de ello. Además, la escritura invertida no sólo mencionaba a Rips, sino también su actividad.

«Piedra de zafiro» al revés da lugar a «Rips profetiza».

אבן ספיר = ריפס נבא

Piedra de zafiro = Rips profetiza

Volé una vez más a Israel para ver a Eli Rips. Era la primera vez que nos veíamos desde la publicación de mi primer volumen sobre el código de la Biblia, un éxito en todo el mundo. La popularidad de mi libro nos había convertido en el centro de una controversia global.

¿Existía verdaderamente un código en la Biblia que vaticinaba el futuro? ¿Habíamos encontrado realmente las pruebas de que no estábamos solos? ¿Se trataba de una nueva revelación? ¿Probaba ello la existencia de Dios?

A lo largo de la investigación que me llevó hasta donde estoy ahora yo había deseado, más de una vez, olvidarme de todo el asunto. No soy una persona religiosa; no creo en Dios. Y, además, el código de la Biblia parece predecir terribles amenazas, quizá un auténtico Apocalipsis, una cataclismo que acabará con el mundo. No quería creer en ello.

Pero ahora, de repente, poseía nuevas pruebas de que el código de la Biblia era real. Pruebas que no podía pasar por alto. El científico que había descubierto el código era mencionado en el mismo pasaje en el que Dios le da la Biblia a Moisés; en el único pasaje de la Biblia donde Dios es visto.

Y si el código era real, entonces los peligros que predecía también podían ser reales. Tenía que visitar al científico que había hallado el código, la persona mencionada en la Biblia, la que podía ayudar a detener la cuenta atrás del Armagedón.

En 1998, poco antes del shavuot, la fiesta que celebra el momento en el que Dios bajó al monte Sinaí (en el 1200 a. J.C.), le mostré a Eli Rips su nombre en ese pasaje de la Biblia.

Rips no estaba sorprendido. Se lo tomaba todo con una gran humildad.

«No es más sorprendente que otros aspectos del código —dijo Rips—. Si se halla en él información sobre todo el mundo, también se vaticinará la vida de cada uno de nosotros y nuestra interacción con él.»

Rips fue a buscar un volumen de su biblioteca personal y de nuevo me leyó las palabras pronunciadas en nuestro primer encuentro. Citaba a un sabio del siglo XVIII llamado Genio de Vilna: «La regla es que en la Torá se encuentra todo lo que fue, es y será hasta el fin de los tiempos, desde la primera hasta la última palabra. Y no tan sólo en un sentido general, sino hasta en el menor detalle de cada especie y cada uno de sus individuos, y hasta el detalle de cada detalle de cuanto ocurra desde que una persona nace hasta que deja de existir.»

Pero Rips negaba ser un profeta. «La Biblia dice claramente que un profeta es aquel que recibe directamente la información de Dios», argumentaba el matemático.

Aunque yo no creo en Dios, existe una aura alrededor de Rips que me impulsó a preguntarle: «¿No es posible que el código de la Biblia sea exactamente ese tipo de comunicación? ¿No es posible que Dios le esté hablando a usted a través del código?»

Rips excluyó la posibilidad de que él fuese un elegido, porque, de hecho, nos hablaba a todos a través del código.

«Sólo tenemos que darle al botón de ayuda», dijo Rips.

Pero al margen de la modestia de Rips, no había duda de que su nombre aparecía mencionado, en un libro de tres mil años de antigüedad, como el hombre que descubriría el código.

Y es que no sólo «piedra de zafiro» al revés quería decir «Rips profetizó», sino que donde se hallaba codificada la expresión «tabla de zafiro», también aparecían cruzadas las palabras «ruso» y «él computará».

Rips había emigrado de Rusia a Israel en 1970, año en el que fue liberado como preso político gracias a una protesta internacional dirigida por el presidente de la American Mathematical Society.

La Biblia decía que «Rips» era el «ruso» que «computará» el código y en la misma porción de texto se hallaba codificada la frase «él profetizó», más la expresión cruzada «él mecanizó».

Pero, finalmente, lo que nos convenció del todo fue lo que apareció en el código de la Biblia junto a la palabra «descodificador». La buscamos en su ordenador.

LA CLAVE DEL CÓDIGO

Junto a «descodificador» aparecía cruzada la palabra «zafiro» y «piedra», las palabras que al revés significan «Rips profetizó». Además, la palabra «descodificador» se solapaba a «código».

Rips se quedó callado durante un momento. Examinó las palabras en su ordenador y después dijo: «Cuando uno acepta la idea de que toda la realidad

○ TABLA DE ZAFIRO/RIPS □ RUSO/ÉL COMPUTARÁ ◇ PROFECÍA

○ DESCODIFICADOR ◇ RIPS ◇ PROFETIZÓ □ CÓDIGO

está codificada, puede contemplar que en la Biblia cada uno de nosotros tenga un lugar en el código. Pero verlo directamente es mucho más impresionante que saberlo teóricamente.»

«Técnicamente, se trata de un hallazgo muy hermoso», comentó. Un comentario típico en él. Rips atendía más a la significación matemática que al hecho extraordinario de que su nombre se hallaba plasmado claramente en el código como el hombre que lo descubriría. Finalmente, el matemático concedió que intentaba mantener la humildad que requería el descubrimiento. «Yo sé que el Codificador es el Creador del universo. Por eso mi lugar en esta historia es muy humilde», decía.

Si Eliyahu Rips no era el descodificador del código de la Biblia, por lo menos estaba presente en las profecías.

Y en ese mismo momento, en su pequeño estudio de Jerusalén, le pregunté si pensaba que llegaría el día en que pudiésemos descifrar todo el código.

«No tenemos la clave —respondió Rips—. Ni usando los ordenadores más potentes del mundo podríamos resolver este misterio. Yo creo que la Torá es la palabra de Dios. Todo está contenido en ella. Pero no podemos saber por qué o con qué propósito hasta el día en que, quizá, se encuentre la clave del código.»

Rips añadió que el código de la Biblia era como un rompecabezas gigantesco del que sólo teníamos unas cuantas piezas. Dijo que quizá Dios sólo quería que viésemos una parte de su totalidad.

—El código puede escoger qué parte de sí mismo va a revelar. Puede enseñarnos una información X, pero no la Y o la Z.

—Pero el código dice que el mundo puede acabar en el año 2006 —le recordé—. Necesitamos encontrar las demás piezas del rompecabezas ahora mismo. Tenemos que actuar antes de que sea demasiado tarde.

—Cada una de las piezas es parte de un todo que no podemos alcanzar a ver —dijo Rips—. Por lo tanto, cualquier intervención es un acto de impertinencia.

Mencioné las predicciones relativas a «guerra mundial», «holocausto atómico» y «fin de los días», frases que estaban codificadas junto con el año

LA CLAVE DEL CÓDIGO 41

2006. También subrayé que habíamos investigado todos y cada uno de los años de aquí hasta el próximo siglo y que sólo ese año se hallaba claramente codificado. De hecho, en ese mismo momento nos hallábamos sentados en un lugar al que se señalaba como objetivo del peligro: «Jerusalén.»

—Estamos en las manos de Dios —dijo Rips.

Le pregunté de nuevo:

—Pero ¿piensa usted que es posible que podamos algún día ver el código completo?

—Si conseguimos la clave, sí —respondió.

La clave. Estuve pensando en ella durante todo el tiempo que permanecí en Israel y, una noche, encendí mi ordenador portátil y busqué en el código bíblico la expresión «clave del código». La encontré citada cuatro veces.

Una de esas expresiones codificadas se veía atravesada por una palabra hebrea que desconocía. Sólo la pude encontrar en un diccionario hebreo especializado. Su significado: «obeliscos».

Obeliscos. No era lo que yo esperaba. Había visto obeliscos en alguna que

O CLAVE DEL CÓDIGO
□ OBELISCOS

otra ocasión: pilares de piedra rematados en forma de pirámide. Eran unas construcciones egipcias de unos tres metros de altura. Se pueden contemplar algunos en Roma, Londres y París, botín de los conquistadores de Egipto a lo largo de los siglos. He llegado a tener delante incluso un obelisco de 3 600 años de antigüedad en Nueva York, cincelado con jeroglíficos que relataban la vida heroica de un antiguo faraón.

Pero eso no era lo que me esperaba en relación a «clave del código». Imaginaba que podía encontrar una fórmula matemática o un conjunto de instrucciones, no un objeto físico y mucho menos un obelisco.

En ambas ocasiones, la palabra «obeliscos» aparecía como parte de una frase, «boca de los obeliscos». Ello me sugería que no se trataba de simples pilares de piedra, sino de una especie de oráculos, de predictores del futuro. Quizá nos pudiesen contar algo.

O CLAVE DEL CÓDIGO   ☐ BOCA DE LOS OBELISCOS

Era difícil de creer. Pero no había duda de que estas palabras habían sido puestas allí de manera intencional. «Obeliscos» aparecía dos veces junto a la expresión «clave del código» dos veces, en ambas ocasiones cruzándola.

Una coincidencia que superaba claramente cualquier probabilidad azarosa.

Como siempre, Rips calculó las probabilidades en un ordenador muy potente de la Universidad Hebrea y me envió un mensaje electrónico con el resultado: «La probabilidad de que las expresiones "clave del código" y "boca de los obeliscos" coincidan por azar es de una entre un millón. ¡Enhorabuena!»

Más tarde, Rips me contó que era el mejor resultado de todos los que habíamos hallado. «Ningún otro par de datos en la historia de la investigación sobre códigos ha tenido una significación estadística tan alta —decía—. Dos coincidencias así no pueden ocurrir por casualidad. Se trata de algo intencional. El código es, a nivel matemático, rigurosamente cierto.»

Y en el mismo lugar, en ambas ocasiones, el texto directo de la Biblia decía «señor del código».

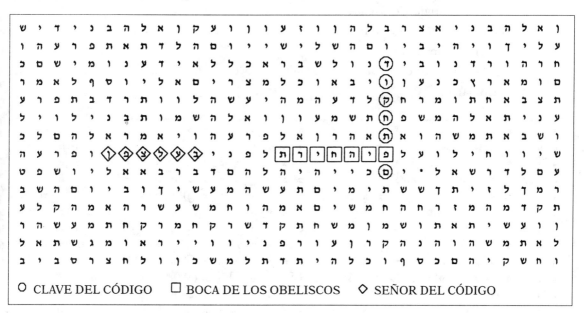

○ CLAVE DEL CÓDIGO   □ BOCA DE LOS OBELISCOS   ◇ SEÑOR DEL CÓDIGO

Señor del código. Esta expresión, en hebreo, tiene más de un significado. También puede ser una manera bíblica de decir «el codificador». Era demasiado perfecto.

Después busqué en el código si existía la expresión «señor del código» (esta vez, codificada) y cuál fue mi sorpresa cuando la encontré en el mismo pasaje del Éxodo que hablaba de Dios descendiendo al monte Sinaí para darle a Moisés las tablas de la ley escritas en «zafiro», la palabra que identificaba al científico que iba a descubrir el código, «Rips».

Y en el mismo fragmento donde se leía «obeliscos» aparecían de nuevo las palabras del texto directo que decían «objeto del Cielo».

A partir de ahí busqué información antigua sobre «obeliscos» y encontré un texto judío de 1 700 años de antigüedad llamado el Midras que confirmaba inmediatamente el código bíblico:

«¿Qué eran esos "obeliscos"? No eran objetos creados por la mano humana, sino ingenios del Cielo.»

Se trataba, sin duda, de una afirmación extraordinaria. La fuente autorizada más antigua decía claramente que los «obeliscos» no provenían de este planeta; quizá de otro reino. Pero aún había más. El Midras también decía que eran humanoides:

«Tenían ojos como ventanas; eran una especie de hombres y mujeres al mismo tiempo.»

El texto antiguo no decía que estuviesen vivos, pero sugería que podían ver y quizá hablar. Y el Midras parecía decir que los obeliscos eran representantes de cierta forma de vida, quizá no de este mundo.

Volví a ver a Eli Rips. Él, por supuesto, no estaba nada sorprendido de que los obeliscos no fuesen de este mundo, porque él estaba seguro de que el código de la Biblia y la Biblia misma procedían de otro reino: el de Dios.

Le conté a Rips que yo creía que iba a encontrar una fórmula matemática, no un pilar de piedra, de este mundo o del que fuese. Rips respondió: «Podrían ser ambas cosas.»

Me contó que en hebreo la palabra «clave» también significaba «grabado». De manera que «clave del código» podía traducirse como «código grabado». Y que, por lo tanto, tenía sentido que la palabra relacionada con ello fuese «obelisco». Ello sugería que la clave que estábamos buscando estaba grabada en pilares de piedra.

Buscamos en su ordenador la expresión «clave matemática». También estaba codificada. Entonces, ambos hallamos algo extraordinario: de nuevo, junto a «clave matemática» aparecía el mismo pasaje del Éxodo en el que Dios se revela en el monte Sinaí. El pasaje que dice que la primera Biblia estaba escrita en «zafiro», la palabra que al revés da lugar a «Rips».

Buscamos «código en el obelisco». Apareció una vez e iba a asociada al término «Cielo».

Volvimos a buscar la codificación de «código de la Biblia» que habíamos buscado muchos años antes. Cruzando la expresión «código de la Biblia» se hallaba la palabra «obelisco».

Ambos estábamos sorprendidísimos. La confirmación parecía absoluta. Había obeliscos (al menos, los había habido mucho tiempo atrás) que contenían los secretos del código de la Biblia.

Pero si era cierto que el código de la Biblia era real; si se necesitaba un objeto físico para obtener la clave de su interpretación, estaríamos delante de algo muy importante y revelador: tendríamos la prueba de que no estamos solos en el universo.

Si en un obelisco de miles de años de antigüedad existiesen restos de una

○ CÓDIGO EN EL OBELISCO   □ CIELO

○ CÓDIGO DE LA BIBLIA   □ OBELISCO

ciencia más avanzada que la nuestra, una difícil clave matemática, llegaríamos a la conclusión de que fue obra de una civilización más evolucionada que la nuestra, procedente directamente del «Cielo», del Más Allá.

Ningún ser humano, ni de la antigüedad ni del presente, podría haber creado el código de la Biblia. Nuestra ciencia es todavía demasiado primitiva. Y ninguno de nosotros puede ver el futuro.

Así que si pudiésemos encontrar los obeliscos mencionados, no sólo accederíamos a la clave del código de la Biblia y contemplar el futuro sino que tendríamos pruebas de la existencia de un pasado olvidado.

Quizá alcanzásemos a conocer la identidad del «señor del código», el codificador. Quizá incluso la identidad de Dios.

Pero ¿qué fueron los obeliscos?

Me encontraba de viaje rumbo a Israel, poco antes del día de Acción de Gracias de 1998, estudiando la expresión «código de la Biblia» junto a la palabra «obelisco».

Y entonces vi que en el texto directo de la Biblia cercano a «obelisco» y «código de la Biblia» se hacía referencia a un lugar: «en el valle de Sidim».

○ CÓDIGO DE LA BIBLIA   ◇ OBELISCO   □ EN EL VALLE DE SIDIM

Sabía que había visto mencionado ese nombre antes en algún lugar. Consulté en mi ordenador portátil y ahí estaba: «código en el obelisco» y, cruzando, la expresión «valle de Sidim».

מ ם א ד ם ב י ו ם ה ב ר א ם ו י ח י א ד ם ש ל ש י ם ו מ א ת ש נ

ע ר כ ל א ל ה ח ב ר ו א ל [ע] [מ] [ק] [ה] [ש] [ד] [י] [ם] ה ו א י ם ה מ ל ח ש ת

א ב א ר ש ב ע כ י ש ם נ ש ב ע (ו) ש נ י ה ם ו י כ ר ת ו ב ר י ת ב

י ם ו מ ש מ נ י ה א ר צ ו ר ב (ד) ג ן ו ת י ר ש י ע ב ד ו ד ע מ י

ה כ י נ ג ע ב כ ף י ר ד י ע ק (ב) ב ג ׳ ד ה נ ש ה ו י ש א י ע ק ב

ה י א ח ר ה ד ב ר י ם ה א ל ה (ח) ט א ו מ ש ק ה מ ל ך מ צ ר י ם ו

צ ו א ר י ב נ י מ ן א ח י ו ו (י) ב ד ו ב נ י מ ן ב כ ה ע ל צ ו א

ב י ם ה ה ם ו י מ ת מ ל ך מ צ (ר) י ם ו י א נ ח ו ב נ י י ש ר א ל

ם ו י ט מ ש ה א ת מ ט ה ו ע ל (ה) ש מ י ם ו י ה ו • נ ת ן ק ל ת ו

ו א ה ר ן א ל כ ל ב נ י י ש ר א ל ע ר ב ו י ד ע ת ם כ י י ה ו •

ב ה ם ו נ ת ת י א ת כ ל א י ב י ד א ל י ד ע ר ף ו ש ל ח ת י א ת

○ CÓDIGO EN EL OBELISCO ☐ VALLE DE SIDIM

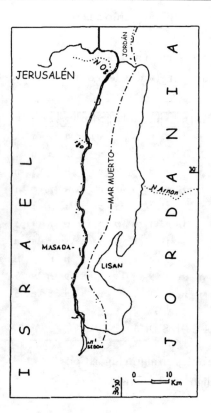

La localización de ese valle aparecía en el texto directo de la Biblia, en la historia de Abraham. La referencia completa del Génesis 14:3 revelaba dónde se hallaba: «el valle de Sidim, en el mar Muerto».

El mar Muerto es, por supuesto, un lugar bien conocido. Se encuentra entre Israel y Jordania, un mar interior tan salado que nada puede vivir en él.

Pero otra cosa era el valle de Sidim, que no aparecía en ningún mapa moderno. Consulté muchos mapas de lugares bíblicos. Ni rastro. Todo lo que podía saber de su localización era lo que decía el Génesis. Ningún estudioso moderno sabía más.

Algunas personas especulaban que el valle podía estar sumergido. Por lo tanto, no cerca del mar Muerto, sino bajo el mismo. Una cosa era evidente: el valle de Sidim era un lugar antiguo y aparentemente perdido incluso en la época en que fue escrita, hace más de tres mil años.

Es tan antiguo que cuando se redactó el Génesis su autor identificó su localización con el mar que ya entonces lo cubría.

Pregunté a rabinos y estudiosos de la Biblia. Me dijeron que en el Midras, libro de comentarios sobre la Biblia, existía una mención al valle de Sidim de unos dos mil años de antigüedad. La información más conocida era la proporcionada por Rashi, un ciudadano francés de origen judío del Medievo. Éste escribió que el valle era en el pasado un lugar fértil cubierto de orquídeas, pero que el mar Mediterráneo lo anegó, lo que supuso el nacimiento del mar Muerto.

Pero ningún sabio antiguo o moderno sabía ahora dónde se hallaba exactamente el valle.

Fui a ver a la mayor autoridad científica sobre el mar Muerto, un geólogo israelí llamado David Neev.

«Aquí está todo lo que sabemos de ese lugar a través del Génesis —me dijo Neev—. En la Biblia se identifica el valle con el mar Muerto. Es el lugar donde se libró una gran batalla. Fue donde los reyes de Sodoma y Gomorra, huyendo de la guerra, cayeron en fosos de alquitrán.»

Neev sugería que el valle de Sidim debía, por lo tanto, estar cerca de Sodoma y Gomorra. Según su teoría, un gran terremoto destruyó las dos ciudades hace más de cuatro mil años y las enterró bajo el mar Muerto. Ése era, según él, el suceso real detrás del mito de la Biblia.

Pero nadie sabía exactamente dónde se levantaban las ciudades, probablemente sumergidas bajo las aguas.

Pero aun así, todavía quedaba alguna esperanza. El mar Muerto se encontraba en esos momentos en su nivel más bajo de los últimos cinco mil años. Lo que había estado bajo el agua desde el amanecer de la civilización podría ahora salir a la luz.

«El mar Muerto es como una tetera a fuego rápido, está hirviendo y el líquido se evapora —decía Neev—. En otros cien años, grandes partes del mar simplemente desaparecerán. Hasta que no quede nada excepto sal.»

El geólogo me enseñó un gráfico que revelaba los niveles del agua. El mar había reducido su caudal en cuatrocientos metros durante la pasada década.

La última vez que los niveles habían sido tan bajos fue hace entre 5 500 y 8 000 años.

¿Estaba el mar Muerto a punto de revelar sus secretos más antiguos?

La última vez que el caudal estuvo tan bajo se trataba de una época misteriosa en la que aparecieron las primeras civilizaciones, una época en la que prácticamente de la nada aparecieron la escritura, las matemáticas, la astronomía y la agricultura, el hombre aprendió a trabajar los metales y se construyeron las primeras ciudades.

«Si lo que busca fue erigido durante el período calcolítico, en el que se dio el surgimiento repentino de la civilización, entonces es posible que se haya mantenido oculto hasta el día de hoy —dijo Neev—. Pero si su objeto fue construido hace cinco mil años y después el mar lo cubrió durante siglos, cuando el nivel del mar se reduzca no podrá ver ningún obelisco, ni siquiera un palacio o una ciudad; sólo barro, sedimento y sal.»

El geólogo me dio otra pista más: «Sidim en hebreo significa "cal", así que creo que debería buscar el valle de la Cal. De hecho, algunas traducciones de la Biblia llaman al valle de Sidim "el valle de la Cal".»

Neev me sugirió que buscase en la parte jordana del mar Muerto. «Existe una península allí llamada Lisan —me dijo—. Se trata de una pequeña extensión de roca salina cubierta de piedra caliza.»

Él nunca había estado allí puesto que Israel había tenido tres guerras con Jordania. «Tenga cuidado —me advirtió—. Es territorio enemigo.»

Mi guía no entendía por qué quería ir a la península de Lisan. Era el primer turista que le pedía ir a allí.

Lisan es un saliente de terreno con una forma muy extraña que se introduce en el interior del mar Muerto. Parece una lengua y, de hecho, tanto en hebreo como en árabe «Lisan» significa «lengua».

Cuando llegamos allí era como si acabásemos de pisar la Luna. El paisaje de Lisan es yermo, completamente desprovisto de vegetación. Al brillante sol del desierto, el terreno parecía blanco, cubierto completamente de cal.

LA CLAVE DEL CÓDIGO 51

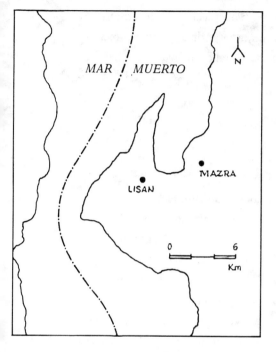

Esta península es el único lugar del mar Muerto que queda por encima del nivel del agua, reminiscencia del «valle de Sidim», el «valle de la Cal». Parecía mitológicamente perfecto. El ombligo del mundo. El lugar más bajo del planeta, a cuarenta metros bajo el nivel del mar.

En todo el planeta no hay tierra tan seca y baja. Yo desembarqué en una zona que había salido a la superficie durante la última década. Así que cuando puse el pie en la costa de la península de Lisan, recientemente expuesta a la superficie tras cinco mil años de inmersión, me hallaba en la zona más baja del lugar más bajo de la Tierra. El fondo del mundo.

Entre los mensajes del código de la Biblia se leía «el fondo del mundo». En la misma tabla, «Lisan» y, cruzando esta palabra, «clave antigua».

ת מ ת נ ם ל כ ל ת נ ו פ ת ב נ י י ש ר א ל ל ד נ ת ת י ם ו ל ב נ

נ ה כ ס ה א ת ע י ן ה א ר ץ ו ה ו א י ש ב מ מ ל י ו ע ת ה ל כ ה

י ל ח ג י מ ש פ ח ת ה ח ג י ל ש ו נ י מ ש פ ח ת ה ש ו נ י ל א ז

ר ח ט א ת א ח ד מ ל ב ד ע ל ת ה ת מ י ד ו מ נ ח ת ה ו נ ס כ ה ו

ע י ב נ י י ש ר א ל א ש ר י צ א ו מ א ר ץ מ צ ר י ם ל צ ב א ת ם

ו ר ש ו א ת ה א ר ץ א ש ר נ ש ב ע י ה ו • ל א ב ת י כ ם ל א ב ר

ו נ י י ה ו • א ל • י ל ע ש ו ת כ ן ב ק ר ב ה א ר ץ א ש ר א ת ם

ד ך מ ה ר כ י א ם כ ה ת ע ש ו ל ה ם מ ז ב ח ת י ה ם ת ת צ ו ו מ

כ י מ צ ו ד ה י ו ם ל מ ע ן ת ח ז ק ו ו ב א ת ם ו י ר ש ת ם א ת

ה ש מ ט ה ו ז ה ד ב ר ה ש מ ט ה ש מ ו ט כ ל ב ע ל מ ש ה י ד ו א

ד ו ל א ת ח ו ס ע י נ ך נ פ ש ב נ פ ש ע י ן ב ע י ן ש ן ב ש ן י

י ה ו • ו ה י ה ב ך ח ט א ל א י ו מ ת ו א ב ו ת ע ל ב נ י ם ו ב

י ה ו • א ל • י ך ב ש מ ח ה ו ב ט ו ב ל ב ב מ ר ב כ ל ו ע ב ד ת

נ כ י א ה י ה ע מ ך ו י ה י כ כ ל ו ת מ ש ה ל כ ת ב א ת ד ב ר י

○ FONDO DEL MUNDO □ LISAN ◇ CLAVE ANTIGUA

Lo que una vez se levantó en tierra firme para pasar a estar sumergido durante toda la historia de la civilización humana podría quedar ahora expuesto a la superficie, cubierto de arena, barro, arcilla y la gruesa capa de sal que dejó el mar.

Ahora la península estaba absolutamente vacía. No quedaba ningún signo de haber sido habitada. Ni ahora ni nunca. Las únicas personas en toda la península eran trabajadores de las minas de sal.

Lisan se hallaba desértica, pero estaba rodeada por extraordinarios hallazgos arqueológicos de un glorioso pasado bíblico.

Al otro lado del mar se encontraban las cuevas de Qumran, donde se hallaron las copias más antiguas de la Biblia, los pergaminos del mar Muerto. Durante más de dos mil años se preservaron allí palabras sagradas escritas sobre pieles de animales. En 1947, un joven pastor lanzó una piedra al interior de las cuevas y oyó un crujido de cerámica. Dentro de la urna rota encontró un libro completo de la Biblia; había resistido intacto el paso del tiempo.

No muy lejos de allí, en la parte israelí, se podía distinguir la fortaleza de Masada, donde hace dos mil años una pequeña comunidad de judíos resistió el ataque de las legiones romanas hasta que finalmente perecieron todos. Allí arriba, coronando el altiplano, las antiguas piedras de la fortaleza contemplaban el inhóspito paisaje, inamovible durante dos milenios.

En la parte jordana, a menos de una milla del mar, había sido desenterrado recientemente un pueblo de cinco mil años de antigüedad, Bab-Edrah. Sus muros permanecían intactos. Podía tratarse de la bíblica Zoar, adonde, según la leyenda, Lot huyó para escapar a la destrucción de Sodoma y Gomorra.

Por lo tanto no era enteramente imposible que bajo mis pies, en esta yerma península, hubiese un obelisco grabado con la «clave del código».

La península de Lisan era sólo un punto en el mapa, pero tenía cuarenta kilómetros cuadrados. Allí, de pie, mientras contemplaba aquella extensión de cal y sal, me di cuenta de que era una área demasiado grande para buscar un pilar o un palacio que seguramente estarían bajo tierra. Podía estar pisando, en ese mismo instante, el punto exacto donde se encontraban y no llegar nunca a sospecharlo.

Así que volví a la Biblia y al código.

Existe un libro en el Antiguo Testamento donde se menciona Lisan. Se trata del libro de Josué, la historia de un joven guerrero que condujo a los israelitas a su destino final, después del fallecimiento de Moisés. De hecho, su tarea fue llevarlos de Jordania a Israel.

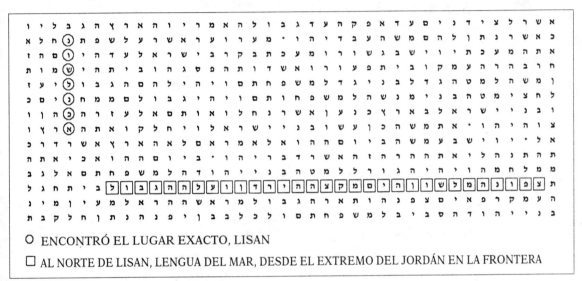

○ ENCONTRÓ EL LUGAR EXACTO, LISAN
□ AL NORTE DE LISAN, LENGUA DEL MAR, DESDE EL EXTREMO DEL JORDÁN EN LA FRONTERA

En Josué 15:5 encontré «Lisan, lengua del mar», y codificado en vertical, la frase «encontró el lugar exacto, Lisan».

En Josué 18:19 aparece de nuevo «Lisan, lengua del mar Muerto, al norte» e incluso una descripción aún más precisa de la localización de mi objetivo.

«Codificador» aparece también codificado en vertical sobre el texto directo que revela la localización. «Codificado» aparece cinco veces en la misma tabla y en hebreo la misma palabra significa «oculto» y «norte».

Así que el texto directo de Josué, el único libro de la Biblia que menciona el nombre de Lisan, parecía revelar el lugar exacto de la península en el que buscar: en su extremo más septentrional, donde se formaba una pequeña bahía, una «lengua del mar Muerto».

○ CODIFICADOR □ LISAN, LENGUA DEL MAR MUERTO, AL NORTE

Busqué en la Torá la expresión codificada «Lisan, lengua del mar» y apareció enteramente, sin saltos, una sola vez. «Lisan» cruzaba «lengua del mar» y «clave antigua» cruzaba las dos expresiones anteriores.

Fui a ver a Eli Rips. Le enseñé las codificaciones y le dije que había estado visitando el terreno.

Rips estudió el código en su ordenador e inmediatamente vio algo destacable.

«Las mismas letras en hebreo que forman la palabra "clave antigua" también forman "mapa del sensor" —dijo Rips—. Y también hallamos "lengua del mar" y "Lisan".»

Se trataba de un descubrimiento crucial. La única manera de encontrar un «obelisco» sería mediante la utilización de un sensor, una tecnología avanzada que pudiese observar bajo las aguas (o bajo tierra) para hacer un «mapa» de lo que el ojo humano no puede ver.

Las letras alternantes en la secuencia de dos saltos que formaban las expresiones «clave antigua/mapa del sensor» formaban una nueva expresión: «Descubierto, visible, descubrimiento, detectar.»

LA CLAVE DEL CÓDIGO 55

○ LISAN
◇ CLAVE ANTIGUA / MAPA DEL SENSOR
☐ LISAN, LENGUA DEL MAR
☐ CODIFICADO/NORTE
☐ CODIFICADO/NORTE

Más tarde descubrí que este mismo pasaje de la Biblia, en que «Lisan, lengua del mar» aparecía sin saltos en el texto oculto y «clave antigua/mapa del sensor» estaba codificado a través, no sólo aparecía con «Lisan», sino también con otras diez importantes claves en mi búsqueda de la «clave del código».

«Obelisco en Lisan» cruzaba «Lisan, lengua del mar». También lo hacía «mapa del lugar oculto». Por otro lado, «clave» aparecía tres veces en esa tabla, donde a su vez «mapa del sensor» cruzaba «mapa del lugar oculto».

Rips y yo buscamos otra expresión en el ordenador: «el sensor marcó el lugar». Increíblemente, también se hallaba codificada en vertical en el único lugar de la Torá en que aparecía «Lisan» sin saltos. Las probabilidades eran de dos entre diez mil.

Y finalmente, sentado una noche frente a mi ordenador portátil, busqué en el libro más profético de la Biblia, el de Daniel, y encontré allí la expresión «sensor marcando» junto a Lisan.

La expresión oculta completa del libro de Daniel era todavía más extraordinaria. Decía: «Lisan como Sidim.»

Estaba absolutamente seguro de que había encontrado el antiguo valle de Sidim. Estaba claramente indicado en Daniel. El valle era la península de Lisan.

Pero el mensaje oculto en Daniel era todavía más extraordinario. En los primeros párrafos, el texto directo cuenta la historia del acoso a Jerusalén por parte de un rey babilónico. Éste se lleva a su palacio a algunos niños de Israel. Allí se les enseña todo lo que sabía aquella civilización antigua, «toda la sabiduría, conocimiento y ciencia», incluido el lenguaje de la primera civilización conocida, la «lengua de los caldeos».

○ MAPA DEL LUGAR OCULTO   □ MAPA DEL SENSOR/CLAVE ANTIGUA
◇ LISAN/LENGUA DEL MAR   □ CLAVE   □ CLAVE

○ EL SENSOR MARCÓ EL LUGAR   □ LISAN

ב	ש	נ	ת	ש	ל	ו	ש	ל	מ	ל	כ	ו	ת	י	ה	ו	י	ק	י	ם	מ	ל	ך	י	ה	ו	ד	ה	ב	א	נ
צ	ר	א	ל	•	י	ו	ו	י	א	מ	ר	ה	מ	ל	ך	ל	א	ש	פ	נ	ז	ר	ב	ס	ר	י	ס	י	ו	ל	ה
ה	מ	ל	ך	ו	ל	ל	מ	ד	ם	ס	פ	ר	ו	ל	ש	ו	ן	כ	ש	ד	י	ם	ו	י	מ	ן	ל	ה	ם	ה	מ
ס	ר	י	ס	י	ם	ש	מ	ו	ת	ו	י	ש	ם	ל	ד	נ	י	א	ל	ב	ל	ט	ש	א	צ	ר	ו	ל	ח	נ	נ
י	א	ל	ל	ח	ס	ד	ו	ל	ר	ח	מ	י	ם	ל	פ	נ	י	ש	ר	ה	ס	ר	י	ס	י	ם	ו	י	א	מ	ר
מ	ר	ד	נ	י	א	ל	א	ל	ה	מ	ל	צ	ר	א	ש	ר	מ	נ	ה	ש	ר	ה	ס	ר	י	ס	י	ם	ע	ל	ד
ד	ו	כ	א	ש	ר	ת	ר	א	ה	ע	ש	ה	ע	ם	ע	ב	ד	י	ך	ו	י	ש	מ	ע	ל	ה	ם	ל	ד	ב	ר
ם	ז	ר	ע	נ	י	ם	ו	ה	י	ל	ד	י	ם	ה	א	ל	ה	א	ר	ב	ע	ת	ם	נ	ת	ן	ל	ה	ם	ה	א
ל	א	נ	מ	צ	א	מ	כ	ל	ם	כ	ד	נ	י	א	ל	ח	נ	נ	י	ה	מ	י	ש	א	ל	ו	ע	ז	ר	י	ה
נ	ת	ש	ת	י	ם	ל	מ	ל	כ	ו	ת	נ	ב	כ	ד	נ	צ	ר	ח	ל	ם	נ	ב	כ	ד	נ	צ	ר	ח	ל	מ
ל	ך	ח	ל	ו	ם	ח	ל	מ	ת	י	ו	ת	פ	ע	ם	ר	ו	ח	י	ל	ד	ע	ת	א	ת	ה	ח	ל	ו	ם	ו
ע	ב	ד	ו	ן	ו	ב	ת	י	כ	ו	ן	נ	ו	ל	י	י	ת	ש	מ	ו	ן	ו	ה	ן	ח	ל	מ	א	ו	פ	ש
צ	י	ב	י	ד	ע	א	נ	ה	ד	י	ע	ד	נ	א	א	נ	ת	ו	ן	ז	ב	נ	י	ן	כ	ל	ק	ב	ל	ד	י
ש	ר	ה	ת	ה	ח	ו	נ	נ	י	ע	נ	ו	כ	ש	ד	י	א	ק	ד	ם	מ	ל	כ	א	ו	א	מ	ר	י	ן	ל
י	י	ח	ו	נ	ה	ק	ד	ם	מ	ל	כ	א	ל	ה	ן	א	ל	•	י	ן	ד	י	מ	ד	ר	ה	ו	ן	ע	ם	ב

O SENSOR MARCANDO □ LISAN COMO SIDIM

Escondida en esos párrafos se encontraba la respuesta a mis investigaciones.

En hebreo, la expresión «la lengua de los caldeos» también significa «Lisan como Sidim». En el texto directo de Daniel se habla de los niños «de pie en el palacio» y esa frase en hebreo puede también traducirse como «el pilar en el palacio». Quizá se tratase del «obelisco» que estaba buscando, en el cual se hallaba grabada «toda sabiduría, conocimiento y ciencia».

Pero aún había algo más. Esas mismas palabras de Daniel me estaban indicando la X en el mapa del tesoro. «Mazra» también aparecía en el mismo texto que identificaba «Lisan como Sidim».

Y «Mazra» era el nombre de un pueblo en la costa meridional de aquella ensenada del mar Muerto, la «lengua del mar». Allí iba a encontrar el «pilar del palacio», el «obelisco», la «clave del código». Todos los libros de la Biblia que consulté parecían apuntar al mismo lugar: el objetivo era la zona conocida como valle de Sidim, ahora el mar Muerto, específicamente a la ensenada de la parte meridional de la península, la bahía de Mazra y la zona que formaba la bahía, el cabo de Lisan.

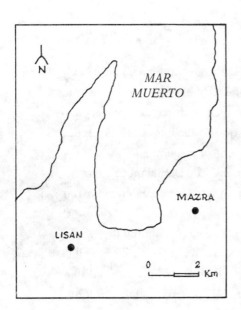

○ SENSOR MARCANDO   □ LISAN COMO SIDIM   ◇ MAZRA

En la Torá, donde estaba codificada «península de Lisan» también aparecía «Mazra», lo cual era estadísticamente muy significativo. Simplemente, no podía deberse al azar.

«Mazra» estaba codificado junto a «clave del código». Y «obelisco» cruzaba tanto a «Mazra» como a «clave del código».

Habíamos hallado la localización exacta. La única cuestión que quedaba por dilucidar era cómo podíamos encontrar ahora el objeto antiguo enterrado allí.

LA CLAVE DEL CÓDIGO

59

```
[Hebrew letter grid 1]
```

○ PENÍNSULA DE LISAN   ☐ MAZRA

```
[Hebrew letter grid 2]
```

○ CLAVE DEL CÓDIGO   ☐ OBELISCOS   ◇ MAZRA   ☐ OBELISCO

Aquello no iba a ser como en las películas. No podía, como Indiana Jones, apartar el polvo con mis manos y encontrar el arca perdida. Incluso con excavadoras, mi X en el mapa era demasiado grande como para empezar a cavar.

No tenía ni idea de qué estaba hecho el obelisco, a cuánta profundidad estaba enterrado, si estaba bajo tierra o bajo el mar, o si existía después de tantos miles de años.

El doctor Rips encontró otra pista, pero no eran exactamente buenas noticias.

Donde «obelisco» se cruzaba con «código de la Biblia», el texto directo decía: «La tierra abrió su boca y se lo tragó.» Si el obelisco había sido engullido, quizá en el gran terremoto que golpeó a la zona hace cuatro mil años, entonces, según el geólogo Neev, el obelisco podía estar muchos metros bajo tierra. Podía haber desaparecido completamente como Sodoma y Gomorra.

Conclusión: iba a necesitar una tecnología muy avanzada para encontrarlo. Lo que necesitaba ahora era, sin duda, «el mapa de un sensor». Consulté con varios expertos, es decir, geofísicos que buscan petróleo y metales preciosos bajo tierra (a veces, también objetos antiguos), pero con peor resultado incluso.

Los radares que penetran la tierra y que tan bien funcionan para encontrar objetos bajo las arenas de grandes desiertos no funcionan en terrenos saturados de sal como Lisan y el mar Muerto. Las señales del radar rebotarían sobre la superficie de la tierra o el agua.

Hablé con mis amigos de la inteligencia israelí, con el jefe del departamento científico del Ministerio de Defensa, con gente del Pentágono y la CIA. Todos me dijeron lo mismo. No existía ninguna tecnología secreta que pudiese penetrar la tierra, ninguna técnica militar clasificada, ningún satélite espía que pudiese descubrir un obelisco enterrado en el lugar más salado de la Tierra.

Era desesperante. Habíamos llegado tan lejos... Habíamos descubierto lo más difícil: la palabra codificada «obelisco» que cruzaba dos veces la expresión «clave del código», coincidencia para la que había sólo una posibilidad entre un millón. Después, casi milagrosamente, la Biblia nos había llevado paso a paso al lugar donde probablemente se hallaba la clave. Quizá me encontraba de pie encima de ella. Pero, simplemente, no podía seguir.

—¿Sabe?, siento como si me estuviesen guiando en esta búsqueda —le confesé a Eli Rips.

—Por supuesto —me respondió, asumiendo que existe un plan divino. Rips, como de costumbre, daba por hecho algo en lo que yo no creía.

—¿Por qué entonces me está resultando tan difícil? Cualquiera en su sano juicio habría abandonado ya —le dije.

—En su pregunta está la respuesta —replicó Rips.

Miró de nuevo la codificación original de «la clave del código» y dijo:

—Esto lo puede animar —señalando la pantalla del ordenador—. Dice «en nuestras manos está el resolverlo». La traducción literal del hebreo era incluso mejor: «En nuestras manos, romperlo», lo cual era equivalente a descifrar el código.

Pero las mismas palabras en hebreo podían ser traducidas como «en nuestras manos por una crisis». Y estoy convencido de que no era por casualidad que estábamos buscando la clave del código en este momento de crisis mundial.

La tensa situación en Oriente Medio hacía que nuestra búsqueda fuese urgente. La Biblia se hacía eco de ello. Nos advertía de que nuestra búsqueda no era ni más ni menos que una cuenta atrás hacia el Apocalipsis.

○ EN LA PENÍNSILA DE LISAN   ☐ EN EL FIN DE LOS DÍAS

La expresión «en la península de Lisan» estaba codificada junto a «en el fin de los días».

La advertencia estaba clara, pero también había una promesa esperanzadora. Cruzando «en la península de Lisan», justo debajo de «en el fin de los días», el texto directo de la Biblia decía: «para que vosotros y vuestros hijos, para que prolonguéis vuestros días sobre la Tierra».

CAPÍTULO TRES

CLINTON

El presidente de Estados Unidos estaba confesando su pecado por televisión. Prácticamente, admitía haber mentido: «Tuve una relación no apropiada con la señorita Lewinsky.»

Era el 17 de agosto de 1998. Bill Clinton reconocía que había engañado a su mujer y al pueblo americano. Estaba admitiendo en un discurso solemne a la nación que había mantenido una relación íntima en la Casa Blanca con una becaria de veinticuatro años de edad.

Veía la televisión y, al mismo tiempo, me concentraba en mi ordenador, buscando en el código de la Biblia.

Mis amigos me habían pedido durante los últimos meses que buscase en el código alguna referencia al escándalo Lewinsky, pero me había negado. Me parecía de mal gusto; demasiado trivial.

Pero ahora podía ser la causa de la caída de un presidente, el hombre que había reunido a Rabin y Arafat, el hombre que podía traer la paz al Próximo Oriente y prevenir los horrores que predecía del código.

Yo sabía que «Clinton» estaba en el código porque Bill Clinton fue el primer nombre que busqué en él.

De hecho, en junio de 1992, poco después de empezar a conocer el código de la Biblia, pasé mi primer examen: predije la victoria de Clinton seis meses antes de que fuese elegido presidente.

Efectivamente, la palabra «Clinton» estaba codificada junto con «presidente» en aquel código milenario de tres mil años de antigüedad.

○ CLINTON □ PRESIDENTE

Aquel 17 de agosto de 1998, cuando se confesaba ante toda la nación, busqué de nuevo Clinton en el código de la Biblia, para ver si se vaticinaba el *impeachment*.*

○ CLINTON □ IMPEACHMENT

* *Impeachment* es una acusación formulada contra un alto cargo por delitos cometidos en el desempeño de sus funciones. En el caso de la presidencia de un país conduce, en caso de prosperar, a la destitución del mandatario.

○ CLINTON ◇ IMPEACHMENT □ SECRETO OCULTO, AMANTE DE SIRVIENTA

Para mi sorpresa, encontré que las palabras «Clinton» e «*impeachment*» estaban codificadas juntas, muy claramente, y contra toda probabilidad.

Y, en el mismo párrafo de la Biblia, donde estaba codificado «*impeachment*» junto con «Clinton», encontré también el escándalo de Monica Lewinsky:

«Secreto oculto, amante de sirvienta.»

Era extraordinario. «Sirvienta» era, sin duda, la palabra del lenguaje del Antiguo Testamento más cercana a «becaria» que podía haber.

Justo cuando hube acabado de hallar estos vaticinios, el presidente terminaba su confesión de cinco minutos de duración y los mismos comentaristas de televisión aseguraban que no sobreviviría al escándalo.

Investigaba en el código de la Biblia mientras en la televisión veía, una y otra vez, la grabación en la que Clinton negaba su aventura, moviendo el dedo a la nación diciendo: «No he tenido relaciones sexuales con esa mujer, la señorita Lewinsky», para, acto seguido, matizar que «Lo que sí tuve fue una relación con la señorita Lewinsky».

Hasta aquel momento me había parecido absurdo buscar en un texto antiguo información relacionada con tal escándalo cuando estábamos pendientes de un destino mucho más trágico, un peligro sin precedentes.

Pero entonces estaba en juego el destino del presidente. Era la primera vez que la nación se enfrentaba a un juicio por *impeachment* desde hacía más de trescientos años. Así que decidí buscar la respuesta en el código de la Biblia.

Cuando busqué con mayor atención la palabra «Clinton» me di cuenta de que había un segundo nivel.

La palabra anterior a «*impeachment*» era «contra». El mensaje real, lo que estaba asociado con «Clinton» en el código de la Biblia era «pueblo, nación contra *impeachment*», o más literalmente: «nos oponemos al *impeachment*».

Y sobre ese texto, solapado a él, «su opinión lo evitará».

○ CLINTON   □ NACIÓN CONTRA IMPEACHMENT

El 17 de agosto de 1998, la noche en la que Clinton se confesó a la nación, en el momento en que su presidencia parecía estar al borde de la ruina, el código de la Biblia predijo que Clinton sobreviviría al escándalo.

El 12 febrero de 1999, el Senado de Estados Unidos absolvió al presidente Clinton de las dos acusaciones de *impeachment* después de un año de escándalo e investigaciones.

Una vez más, el código de la Biblia había probado su exactitud.

Dos años más tarde, el 6 de octubre de 2000, llegué a la Casa Blanca para conocer al jefe de gabinete del presidente Clinton, John Podesta.

Estaba allí para advertirle que el código de la Biblia avisaba de que ya estábamos en el fin de los días.

El agente del servicio secreto de la entrada estaba nervioso. De nuevo había estallado la tensión en Oriente Medio y existía una alerta terrorista. Tardé media hora en acceder al interior del edificio.

Mientras esperaba fuera de la Casa Blanca, me pregunté mentalmente qué le podía decir al segundo hombre más poderoso de la Tierra, la persona que decidía quién veía al presidente, qué veía el presidente y, en gran medida, qué hacía el presidente.

Podesta ya le había entregado a Clinton una copia de mi libro acerca del código de la Biblia. Me contó que el presidente lo había leído en Camp David, junto con la carta que le envié el día en que anunció la cumbre entre el primer ministro israelí Ehud Barak y el líder palestino Yasir Arafat.

Mi carta, fechada el 5 de julio de 2000, decía:

«Le adjunto una copia de mi libro *El código secreto de la Biblia*, porque su anuncio de hoy de la cumbre de Camp David entre Arafat y Barak confirma las predicciones del código.

»El código, que parece revelar el futuro, sugiere que usted desempeñará un importante papel a la hora de determinar si habrá paz o guerra en Oriente Medio y que lo que está en juego en esta reunión es más importante de lo que se puede imaginar.

»He dudado sobre si entrar o no en los detalles del asunto en esta carta porque entiendo que suena muy apocalíptico.»

No podía presentarme y decirle al presidente de Estados Unidos que ya estábamos en el «fin de los días». No podía decirle que, según el código de la Biblia, el mundo llegaría a su fin en pocos años. En realidad, a mí mismo me costaba creerlo. Sabía muy bien que, si no mantenía cierta discreción, cualquier empleado de la Casa Blanca creería que era uno de esos tipos que habitan en el parque que hay enfrente del edificio presidencial. Una de esas personas que sostienen carteles en los que se lee: «Arrepiéntete, el fin está próximo.»

De manera que mi carta seguía de la siguiente manera: «De hecho, yo no soy religioso y estoy seguro de que podemos evitar el desastre.»

El código de la Biblia, le dije al presidente, era ciencia, no religión, y revelaba nombres de lugares, personas y fechas, aunque se trataba de un texto de tres mil años de antigüedad.

«En realidad, su elección fue mi primera confirmación de la realidad del código. Contra toda probabilidad y meses antes de que fuese elegido, encontré su nombre perfectamente codificado junto a la palabra "presidente".

»Ahora he descubierto que existe otra expresión cruzando su nombre, "reparó, restauró". En hebreo, este verbo tiene un significado todavía más profundo: significa "restaurar, reparar, transformar el mundo".

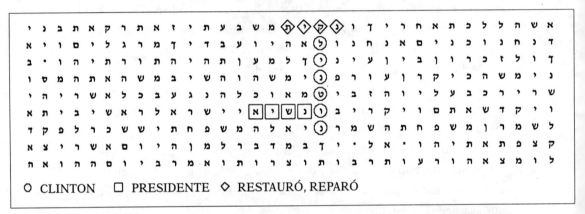

○ CLINTON   □ PRESIDENTE   ◇ RESTAURÓ, REPARÓ

»Aunque la alternativa también está descrita en el código de la Biblia, el auténtico Armagedón, la guerra mundial nuclear que ha de empezar en Oriente Medio. Si el código es correcto, el peligro se halla aún a unos años de distancia.

»Pero lo que hagamos ahora, lo que usted haga ahora, puede determinar lo que finalmente suceda. Creo que ésa es la razón de la existencia del código de la Biblia. Para advertirnos a tiempo de los cambios que debemos realizar para cambiar el futuro.

»Usted puede hallarse en mejor posición que nadie para acabar con miles de años de violencia entre árabes y judíos», concluía mi carta a Clinton.

«Camp David» también está codificado en la Biblia y junto a ese nombre oculto se puede leer en el texto directo «ciudad de refugio» y «paz».

○ CAMP DAVID   □ CIUDAD DE REFUGIO   ◇ PAZ

Además, «Camp David» —el aislado retiro de los presidentes, el lugar donde se firmó la paz entre Egipto e Israel y el lugar donde Clinton reunía ahora a Barak y Arafat— estaba codificado allí donde el texto directo de la Biblia hablaba de las reglas que permitían a los asesinos encontrar «redención, liberación».

Pero Camp David acabó en fracaso. Ambos, Clinton y Barak, pensaron que Arafat no podía rechazar la oferta que le iban a hacer. De hecho, casi todo el mundo pensó que en cuestión de días o semanas, Arafat aceptaría la creación de un Estado palestino con el noventa por ciento de Gaza y Cisjordania, la mayor parte del este de Jerusalén y la mitad de la Ciudad Antigua. Pero Arafat rechazó la propuesta. Nadie entendió por qué. La razón había que buscarla en la importancia que tenía la religión en todo aquello.

La religión dominaba las conversaciones de paz. En realidad, el código de la Biblia ya lo había vaticinado. El caballo de batalla era la «Explanada de las Mezquitas».

Esa explanada de 35 acres de Jerusalén que, en el pasado, había sido la sede de un antiguo templo judío construido por Salomón, albergaba ahora una gran mezquita con una cúpula dorada y nadie quería renunciar a ella. Para los judíos, los restos del templo, el Muro Occidental, al final de la Explanada de las Mezquitas, eran su santuario más sagrado. Para los musulmanes, la mezquita situada en lo alto de la montaña que ellos llamaban Haram-Al-Sharif, era la segunda en importancia después de La Meca. Durante miles de años, la montaña del Templo ha sido el campo de batalla de una enconada guerra religiosa, la eterna disputa por el control de la Ciudad Sagrada, y siguió siendo el principal impedimento en las conversaciones de Camp David.

La expresión «Explanada de las Mezquitas» estaba codificada junto a los nombres de los tres mandatarios presentes en la cumbre: «Clinton», «Arafat» y «Barak».

Hay que destacar que la expresión «Explanada de las Mezquitas» aparecía en el texto oculto todo seguido, sin saltos, mientras que «Clinton» figuraba en vertical. En el mismo lugar, la fecha del encuentro, «5760», es decir, el año 2000.

Donde aparecía el nombre de «Arafat» sin saltos, también se leía «ataque a la Explanada de las Mezquitas», una vez más contra toda probabilidad. La palabra «Barak» cruzaba «Explanada de las Mezquitas» en el mismo lugar y las palabras originales de la Biblia advertían del «fin de los días».

Era extraordinario que los tres participantes en las negociaciones de paz estuviesen codificados junto con el nombre del lugar sagrado que evitó el éxito de las mismas. El código de la Biblia parecía sugerir que era inminente un ataque a la Explanada de las Mezquitas.

En julio, después de que las conversaciones de paz fracasasen (también lo harían los intentos de reanudarlas, en agosto, setiembre y octubre), seguí intentando hacerme oír e informar a Clinton, Barak y Arafat.

Llegué a Israel a principios de agosto de 2000. La cumbre de Camp David no había servido de nada y el gobierno israelí estaba al borde del colapso. El primer ministro Barak defendía desesperadamente un plan de paz, pero sus ministros fueron dimitiendo uno a uno. El pueblo israelí perdió toda esperanza de ver el final de su lucha con los palestinos.

○ CLINTON   □ EXPLANADA DE LAS MEZQUITAS

Barak, ahora aislado y a la defensiva, no iba a escuchar un extraño mensaje de un supuesto código de la Biblia.

De hecho, yo ya había intentado ver a Barak antes de que fuese elegido. El 17 de mayo de 1998, cuando ni siquiera él sabía que se iba a presentar al cargo, recibió una carta mía que decía:

«Nueva información extraída del código de la Biblia afirma que usted será primer ministro en una época de gran peligrosidad para su país. Creo que usted será el próximo líder de Israel y espero que podamos vernos.»

El código incluso predecía el año, «5759», que en el calendario moderno correspondía a 1999. Como parecía una cosa imposible, no incluí este último detalle en la carta. Las siguientes elecciones estaban previstas para el año 2000.

○ ATAQUE A LA EXPLANADA DE LAS MEZQUITAS □ ARAFAT ◇ BARAK
△ EN EL FIN DE LOS DÍAS

Un año y un día después de la fecha en la que le envié mi carta a Barak, el 17 de mayo de 1999, éste ganó por sorpresa unas elecciones anticipadas y se convirtió en primer ministro de Israel.

Pero no experimenté necesidad de reivindicación. Sólo una terrible sensación de que se cernían sobre todos nosotros unos terribles augurios. La codificación de la Biblia que me permitió predecir la victoria de Barak con un año de antelación también me advertía de un gran peligro; se trataba de una información específica y muy preocupante.

En una sola matriz aparecía codificada la expresión «primer ministro E. Barak» y, acto seguido, «crisis y muerte». La advertencia era muy explícita. La crisis surgiría en los lugares sagrados de Jerusalén que reclamaban tanto musulmanes como judíos, «la Explanada de las Mezquitas».

Cruzando «primer ministro E. Barak» el texto oculto decía: «Golpearán la Explanada de las Mezquitas.»

Así que cuando Barak fue elegido, tal y como predecía el código, envié inmediatamente varios mensajes urgentes a sus consejeros para advertirle del peligro.

○ PRIMER MINISTRO E. BARAK   □ GOLPEARÁN LA EXPLANADA DE LAS MEZQUITAS

Envié un fax al jefe del equipo científico del Ministerio de Defensa, el general Isaac Ben-Israel: «Lo que me preocupa es que si el código ha predicho correctamente su victoria, también puede acertar a la hora de predecir que Barak será presidente en un período de extremo peligro.»

Pero Barak, tan ocupado ahora que ni siquiera veía a sus hombres más cercanos, me contestó que no me podía recibir.

Decidí enviarle una nueva misiva. Decía: «Hemos hallado un mensaje codificado en la Biblia que dice "golpearán la Explanada de las Mezquitas" junto con "primer ministro Barak". Piense que hace un tiempo encontramos algo muy parecido que resultó fatídico: "asesinato" y "Itzhak Rabin".»

Barak sabía que el código de la Biblia era auténtico. El día en que Rabin fue asesinado, el mejor amigo de Rabin, el hombre que le transmitió mi advertencia, llamó a Barak y le dijo: «El periodista norteamericano ya lo sabía hace un año. Yo mismo se lo dije al primer ministro. Estaba escrito en la Biblia.»

De hecho, Barak había investigado personalmente el código de la Biblia. El general Ben-Israel me contó que después del asesinato de Rabin, el nuevo primer ministro, Simon Peres, ordenó a Barak, entonces secretario de Estado, que estudiase el asunto.

«También te investigó a ti —me confesó Ben-Israel—. Quería saber si habías tenido algo que ver en el asesinato.»

Al principio me quedé pasmado, pero lo cierto es que tenía mucho sentido. Era más fácil que Barak creyese que yo estaba detrás del atentado que no que la Biblia podía predecir el futuro mediante un código de tres mil años de antigüedad oculto en ella.

«Estabas limpio», dijo Ben-Israel.

De manera que Barak sabía todo acerca del código de la Biblia. Sabía que había predicho el asesinato de Rabin y ahora su propia elección, ambos con un año de antelación. Pero aun así, no quería verme.

«No lo tomes como algo personal —me dijo el general Ben-Israel—. No tiene tiempo para hablar con nadie; ni siquiera con sus consejeros más cercanos. Ni siquiera conmigo. Ahora está totalmente aislado.»

Pero no podía soslayar el peligro. La expresión «la Explanada de las Mezquitas» no sólo cruzaba «primer ministro Barak», sino también «ataque a la Explanada de las Mezquitas». Incluso en la misma tabla figuraba su nombre, «Ehud Barak» y «5760», el año 2000.

El peligro parecía incluir una fecha exacta: el «9 de Av». El día en que, según la leyenda, fue destruido el Primer Templo a manos de los babilonios en 586 a. J.C. y el Segundo Templo a manos de los romanos en el año 70 d. J.C.

Por lo tanto, en la mañana del 9 de Av, es decir, el 10 de agosto de 2000, fui a ver al secretario del gabinete de Barak, Isaac Herzog, el hijo de un ex presidente de Israel, quien ya había recibido una carta mía, que a su vez él había entregado al primer ministro.

«Barak mismo ha ordenado que se esté alerta —me dijo Herzog—. El primer ministro está al corriente del peligro. No podemos hacer nada más.»

Herzog también me dijo que había llamado al jefe de la policía de Jerusalén para alertarle del supuesto ataque y que también había avisado a los demás altos funcionarios de seguridad del posible peligro que había ese día.

Todo el mundo en Israel sabía que un ataque a la Explanada de las Mezquitas haría estallar una *yihad*, una guerra santa. Los extremistas religiosos de ambos bandos habían intentado atentar contra el lugar en el pasado, esperando dar inicio al Apocalipsis. Muchos creían que el año 2000 era el año del desastre final. De hecho, un artículo del *New York Times* preguntaba: «En el próximo año, el año del milenio, mientras algunos cristianos esperan que vuelva el Mesías, ¿no intentará nadie destruir la Cúpula de la Roca o la cercana mezquita de Al-Aksa para acabar con el plan de paz e iniciar el fin de los días?»

El líder del grupo terrorista palestino Hamas, Sheik Ahmed Yassin, declaró al respecto: «Eso significaría el fin de Israel.»

Así que le mostré a Herzog, mano derecha de Barak, que tanto «Barak» como «Arafat» aparecían en el código de la Biblia junto a «fin de los días».

—¿Qué opina Rips de todo esto? —preguntó Herzog.

—Él piensa que obtener las palabras «Arafat» y «Barak» en el mismo lugar que la expresión «fin de los días» por azar es prácticamente imposible —le respondí.

Pero nada sucedió el día 9 de Av. No hubo ningún ataque a la Explanada de las Mezquitas. Aquel día no actuó ningún fanático terrorista. Temía que, a partir de entonces, me pasaría como al pastor que gastaba bromas acerca de la venida del lobo. Nadie me creería.

De todas formas, le pedí de nuevo a Herzog que me consiguiese una entrevista con el primer ministro.

—No está viendo a nadie —me dijo—. Ahora es imposible.

Así que dirigí mis esfuerzos hacia Yasir Arafat.

El 13 de agosto de 2000 conocí a Abu Ala, el líder del Parlamento palestino, quizá el segundo hombre más importante del país después de Arafat. Abu Ala es un hombre bajo, calvo y corpulento, con un eterno puro en la boca. Su oficina de Ramala estaba presidida por una gran fotografía de la Explanada de las Mezquitas en Jerusalén.

Le entregué a Abu Ala una carta para Arafat. Le dije que se trataba de una advertencia codificada en la Biblia, una profecía que Arafat debía ver. La leyó cuidadosamente y, cuando acabó, le noté claramente conmovido.

Yo imaginaba que Abu Ala se mostraría escéptico, incluso hostil. Después de todo se trataba de un código en hebreo en el libro sagrado de su mayor enemigo. Pero Abu Ala lo tomó muy en serio y se preguntó en voz alta si debía hacérsela llegar a Arafat ese mismo día, aunque éste se hallaba de visita oficial en China.

«Nosotros también tenemos cosas como ésta en el Corán —me dijo—. Arafat es un buen creyente, así que creo que se tomará el tema con seriedad. Más que Rabin.»

Pero pasaron los meses y Abu Ala nunca entregó la carta. Así que me encontraba con que no podía llegar hasta Arafat ni Barak. Sólo me quedaba intentar hablar con Clinton.

A finales de setiembre, con las conversaciones de paz estancadas, le envié una nota al jefe del gabinete del presidente, John Podesta:

«Es posible que para salir del punto muerto al que han llegado Barak y Arafat se necesite algo más que una solución política racional.

»Si el problema es la religión, entonces la solución puede ser el código de la Biblia.»

La Casa Blanca tardó mucho en contestarme y cuando me llamó Podesta para concertar una cita, yo ya estaba de vuelta en Israel. Ya era demasiado tarde.

Ese mismo día empezó una nueva intifada. Una guerra abierta entre israelíes y palestinos que se inició en la Explanada de las Mezquitas, exactamente como la Biblia había predicho. El día anterior a mi llegada, el 28 de setiembre, el líder de la derecha israelí, el general que había jurado derrotar a Arafat, Ariel Sharon, envió a miles de policías y soldados antidisturbios a la Explanada de las Mezquitas. Al siguiente día, el 29 de setiembre de 2000, después de las oraciones del viernes en la mezquita, se inició un nuevo levantamiento palestino. El resultado fue cuatro jóvenes muertos por soldados israelíes en la Explanada de las Mezquitas.

El ataque a la Explanada de las Mezquitas no vino dado por extremistas religiosos o terroristas, sino por uno de los personajes más importantes de la

ע	פ	ו	ה	ט	מ	ב	ע	ל	ס	ה	ת	א	ד
י	ב	ר	ם	י	מ	ו	א	צ	י	ו	ם	י	מ
ר	י	ע	ב	ו	ה	ד	ע	(ה)	ת	ש	ת	ו	ם
ש	מ	ל	א	•	ו	ה	י	(ר)	מ	א	י	ו	ם
ה	א	ל	ן	ע	י	ן	ר	(ה)	א	ל	א	ו	ה
נ	ש	י	ד	ק	ה	ל	י	(ב)	ם	ת	נ	מ	א
ל	א	ר	ש	י	י	נ	ב	(י)	נ	י	ע	ל	י
ק	ה	ת	א	ו	א	י	ב	(ת)	א	ל	ן	כ	ל
ר	ש	א	ץ	ר	א	ה	ל	א	ה	ז	ה	ל	ה
ר	מ	י	מ	ה	מ	ה	ם	ה	ל	י	ת	ת	נ
ש	י	י	[נ]	ב	[ו]	ב	[ר]	ר	[ש]	א	ה	ב	י
ש	ד	ק	י	ו	•	ו	ה	י	ת	א	ל	א	ר
כ	א	ל	מ	ה	ש	מ	ח	ל	ש	י	ו	ם	ב
ו	ד	א	ך	ל	מ	ל	א	ש	ד	ק	מ	ם	י
א	ר	ש	י	ך	י	ח	א	ר	מ	א	ה	כ	ם

○ EXPLANADA DE LAS MEZQUITAS

□ SHARON

política israelí, lo cual disparó una espiral de violencia sin igual.

Por otro lado, la palabra «Sharon» estaba también codificada junto a «Explanada de las Mezquitas».

Todas las predicciones que le había enviado al primer ministro Barak, dos años antes, se habían hecho realidad.

«Golpearán la Explanada de las Mezquitas» —las palabras que cruzan la expresión «primer ministro E. Barak»— y la advertencia de «crisis y muerte» eran ahora una triste realidad.

Pero Barak seguía sin acceder a recibirme. Fui a ver a algunas de las pocas personas en las que confiaba el primer ministro, su hermano político Doron Cohen, un abogado de Tel-Aviv. Le entregué una nueva carta para Barak. Pero antes de que pudiera leerla, recibió una llamada de la oficina del primer ministro.

«En estos momentos no habrá encuentro —dijo Cohen tras colgar el auricular—. Dos soldados israelíes acaban de ser linchados en Ramala.»

Las imágenes de la televisión israelí eran horribles. Una turba violenta había rodeado la estación de policía palestina de la ciudad cisjordana. Perseguían a dos jóvenes soldados israelíes que se habían perdido en territorio palestino. Los golpearon hasta matarlos, mutilaron sus cuerpos y los arrojaron por la ventana. Uno de los asesinos mostraba sus manos cubiertas de sangre mientras la multitud aclamaba a los perpetradores.

En represalia, helicópteros israelíes derrumbaron el cuartel general de la Autoridad Palestina en Ramala y Gaza. Fueron los peores actos de violencia desde que Rabin y Arafat se estrecharon las manos en los jardines de la Casa Blanca en 1993. Era la guerra.

Al duodécimo día de unos disturbios continuados que se cobraron casi cien vidas, me encontré con el ministro de Asuntos Exteriores de Arafat, Nabil Sha'ath. El lugar del encuentro estaba en una zona palestina bombardeada dos días atrás. Mi conductor me dejó en la parte israelí de la frontera y caminé una distancia equivalente a la longitud de unos dos campos de fútbol, a través de tierra de nadie, para llegar hasta Gaza.

El secretario general de las Naciones Unidas, Kofi Annan, había llegado justo antes que yo y el ministro de Asuntos Exteriores ruso, Sergei Ivanov, estaba de camino. Mi encuentro con Sha'ath fue retrasado.

«¿Qué es este libro con todo este hebreo?», me preguntó el doctor Sha'ath cuando finalmente nos vimos. Sostenía una copia de mi primer libro sobre el código de la Biblia.

Le mostré la tabla con el código que aparece en la cubierta, donde las palabras «asesino que asesinará» cruzaban el nombre codificado de «Itzhak Rabin». Le expliqué que había venido a prevenir a Arafat de que corría un gran peligro.

—El presidente Arafat cree en las profecías —dijo Sha'ath, abandonando su talante hostil—. Esto le afectará. En 1997, determinadas personas capaces de ver el futuro le avisaron de que su vida estaba en peligro y Arafat estuvo muy preocupado durante meses. Le temblaban los labios. Todo el mundo pensaba que estaba enfermo, pero no era así. Era la profecía.

»Le entregaré su carta, pero tengo que encontrar el momento propicio. Quizá cuando se calmen un poco las cosas.

—Para entonces es posible que sea ya demasiado tarde —le dije—. No creo que las cosas se calmen así como así. Si el código está en lo cierto, no estamos hablando de paz o disturbios callejeros, sino de paz o aniquilación.

Sha'ath me explicó que, a pesar de todo, él era de la creencia de que habría paz. Dos días más tarde, el edificio donde nos reunimos fue destruido por un misil lanzado por un helicóptero israelí.

Ahora, dos meses después del fracaso de las conversaciones de Camp David, se había pasado de una posible paz duradera a una guerra abierta. Hacía sólo dos semanas que el jefe del gabinete del presidente de Estados Unidos había accedido a verme, pero en ese lapso el mundo ya había dado un giro de 180 grados. Una vez más, me encontraba en la puerta de la Casa Blanca, esperando para avisar a Clinton de que ya habíamos entrado en el fin de los días.

Finalmente, el 16 de octubre de 2000, a las 14.30, fui llevado ante el jefe del gabinete del presidente.

John Podesta, un hombre delgado, sosegado y discreto, me dijo que le había entregado personalmente tanto mi libro como mi carta a Clinton. Añadió que le hablaría al presidente acerca del código de la Biblia en cuanto volviese de su cumbre con Barak y Arafat en Egipto, donde estaba intentando desesperadamente conseguir una tregua.

—En realidad, ya he hablado con el presidente acerca de esto —dijo su jefe de gabinete— y volveré a hacerlo.

—¿Alguna noticia de la cumbre de Egipto? —le pregunté. Podesta movió la cabeza.

—Nada —murmuró—. Nada bueno.

En ese momento decidí explicarle toda la verdad porque el peligro parecía mucho más real ahora que hacía unos meses, cuando fue anunciada la entonces esperanzadora cumbre de Camp David.

Le dije claramente a Podesta que el código de la Biblia parecía afirmar que nos enfrentábamos a un peligro definitivo vaticinado por las tres grandes religiones de Occidente: el fin de los días.

Le mostré la tabla donde aparecían las afirmaciones bíblicas relativas al «fin de los días». Y después hice un círculo sobre los nombres «Arafat» y «Barak», que aparecían exactamente en el mismo lugar.

Podesta lo estudió con atención. Miró los nombres de los dos líderes codificados sin saltos en un texto de tres mil años de antigüedad, cada uno de ellos asociado a una advertencia sobre el fin de los días.

—¿Qué significa esto? —me preguntó.

—No sé exactamente qué significa «fin de los días», pero seguramente que nos enfrentamos a un gran peligro —le dije—. En el libro de Daniel se

○ FIN DE LOS DÍAS   □ EN EL FIN DE LOS DÍAS   ◇ ARAFAT   △ E. BARAK

dice: «Y ocurrirá un tiempo de angustia, como no la habido desde que hubo nación.»

—En el caso de Israel, eso es mucho —dijo Podesta. Pero él conocía perfectamente el significado bíblico de «en el fin de los días»—. Lo que me gustaría saber —explicó— es qué significa eso en el mundo de hoy.

Entonces le mostré algo extraordinario. Donde «Arafat» aparecía bajo la expresión «en el fin de los días», el nombre del líder palestino aparecía como parte de una frase: «Arafat está siendo terco.»

—En eso estoy de acuerdo —dijo Podesta.

Después le enseñé la parte en la que la palabra «Barak» se cruzaba con otra afirmación del «fin de los días». Sobre Barak el texto oculto decía «en una batalla de tu país».

—¿Dónde están las buenas noticias? —preguntó Podesta.

Le enseñé que «paz» estaba codificado justo por encima de «fin de los días». Pero entonces le enseñé cómo con «paz» se entrelazaba también la palabra «terror».

—¿Y eso son las buenas noticias? —preguntó Podesta.

—Creo que es la pura realidad —le dije—. Creo que, en el mejor de los casos, habrá una gran batalla entre la paz y el terrorismo. Incluso si en estos momentos se llega a la paz, incluso si Clinton lleva a cabo el milagro, el peligro no estará resuelto, sino que volverá con fuerza.

○ FIN DE LOS DÍAS □ EN EL FIN DE LOS DÍAS ⌂ E. BARAK
◇ ARAFAT ESTÁ SIENDO TERCO

○ FIN DE LOS DÍAS □ EN EL FIN DE LOS DÍAS ◇ ARAFAT ESTÁ SIENDO TERCO
⌂ BARAK/EN UNA BATALLA DE TU PAÍS

○ FIN DE LOS DÍAS   □ EN EL FIN DE LOS DÍAS   ◇ ARAFAT ESTÁ SIENDO TERCO
△ BARAK/EN UNA BATALLA DE TU PAÍS   ▽ PAZ   ○ TERROR

»Existe un vaticinio claro de peligro para este preciso momento porque es matemáticamente imposible que "Arafat", "Barak" y "fin de los días" coincidan de esta manera por casualidad.

»Según el código de la Biblia, éste es el "fin de los días" —añadí.

—¿Ahora? —preguntó Podesta.

—Si el código está en lo cierto, lo que está sucediendo ahora es sólo el principio. El peligro auténtico es un "holocausto nuclear", una posible "guerra mundial" que empezaría en Oriente Medio.

—¿Cuándo? —preguntó Podesta—. ¿Dónde?

—El código parece decir que la tercera guerra mundial podría empezar con un acto de terrorismo —le dije—. Jerusalén es la única ciudad citada.

Finalmente, le expliqué que el peligro estaba claramente codificado en un año concreto. Tanto «guerra mundial» como «holocausto nuclear» aparecían en el mismo año 2006.

—¿En cinco años? —preguntó Podesta.

—Mire. Yo no sé nada acerca del futuro —le contesté—. Pero estoy seguro de que el código es real, así que pienso que con toda probabilidad las advertencias son también reales.

Podesta parecía dar crédito a lo que yo decía. Habló muy poco, pero escuchaba atentamente. Durante todo el tiempo que estuvimos hablando, casi una hora, no recibió ninguna llamada.

Le dije que acababa de volver de Oriente Medio y que lo que había visto sobre el terreno me preocupaba. Le expliqué que ya me había entrevistado con la mayor parte de las personas del entorno de Barak y Arafat y que sólo veía una posible solución.

—Tuve una cita con Abu Ala en Ramala y me encontré con Nabil Sha'ath en Gaza y ambos me dijeron lo mismo, que Arafat se tomaría muy en serio este tema —le dije a Podesta—. Arafat cree en las profecías. Creo que ahí puede estar la solución.

Podesta parecía más interesado en esto que en nada más, quizá porque el problema era, a ojos de la Casa Blanca, Arafat. Clinton había pasado más tiempo con él que con ningún otro líder mundial y le causó una gran decepción que se negase a aceptar la oferta de Camp David.

Le dije a Podesta que quizá el presidente estaba equivocado al tratar a Arafat como si fuese Barak, Rabin o Peres.

—En mi opinión, Arafat es un místico —le dije—. Cree en su propio destino. Cree que sirve a un poder superior. Por eso pienso que quizá las advertencias de la Biblia le convenzan.

—Llámeme si consigue ver a Arafat —dijo Podesta.

Al final del encuentro, le pregunté a Podesta si era religioso.

—Sí —me contestó.

Después le pregunté si podía creer que el código de la Biblia fuese real.

—Sí puedo —respondió.

—Entonces seguro que todo esto es más fácil para usted que para mí —le dije.

Podesta se rió.

—Clinton también es creyente —dijo—. No sé si cree en profecías, pero no hay duda de que es creyente. Además, conoce la Biblia bastante bien.

—Habiéndose dedicado a la política en el sur, tiene que serlo —indiqué.

Podesta rió de nuevo.

—Es verdad que es creyente —concluyó.

—¿Puede organizarme un encuentro con el presidente? —pregunté. Podesta me respondió afirmativamente.

—Lo llamaré para decirle cuándo —me dijo cuando ya nos levantábamos para irnos—. Sé que sonará absurdo después de lo que me ha contado, pero tenemos que encontrar un hueco en la agenda del presidente. Ahora está muy ocupado. Sólo estará en su puesto unos pocos meses más y hay muchas cosas que hacer.

Cuando bajaba por el sendero que conduce de la Casa Blanca a la puerta de hierro de la salida, la enormidad del momento me causó una gran impresión: con quién había estado hablando, lo que había dicho y lo que estaba sucediendo en el mundo en esos momentos.

Quizá era el lugar —la Casa Blanca, la sede gubernativa más importante de nuestros tiempos— o quizá el hecho de que acababa de volver de dos semanas de violencia en Israel. Quince días que habían destrozado el estrechamiento de manos que Arafat y Rabin se habían dado siete años antes en este mismo lugar. Pero el encuentro con Podesta me había suscitado sensaciones muy diferentes de las que había experimentado en otras reuniones. Y no eran enteramente gratas.

Tanto Podesta, la persona que tenía mayor acceso al presidente, como el mismo Clinton, parecían haber aceptado la realidad del código de la Biblia incluso antes de que yo llegase.

Las palabras que tanto temía pronunciar delante de él (por miedo a que pensase que estaba completamente loco) —«fin de los días»— no parecían haberle sorprendido en absoluto.

Entonces me di cuenta de que yo formaba parte de una minoría. Que la mayor parte de la gente era religiosa o, al menos, creía en Dios. Que la gente como el presidente y su jefe de gabinete crecieron leyendo acerca del «fin de los días» en la Biblia, oyendo sermones sobre el tema y, sencillamente, aceptándolo como real.

Para mí, todo ello era bastante extraño. Allí estaba yo, en la Casa Blanca, diciéndole al principal colaborador del presidente que tenía en mis manos el vaticinio de la hecatombe final. Él me sugería que creía en todo aquello, que ya había hablado del tema con el presidente y que hablaría de nuevo con él.

Así que salí de la Casa Blanca más convencido que nunca de que todo era real. Pero, por esa misma razón, eso significaba que los terribles hechos augurados por el código estaban más cerca de lo que nos pensábamos.

CAPÍTULO CUATRO

EXISTE

El mismo día que empezó la cumbre de Camp David encontré la prueba final de que había estado buscando «la clave del código» en el lugar correcto.

El código confirmaba mis hipótesis: junto a «código de la Biblia» aparecía la frase «existe en Lisan».

○ CÓDIGO DE LA BIBLIA   □ EXISTE EN LISAN

Pero en esas mismas palabras se hallaba algo más que la prueba de que me encontraba investigando en el lugar correcto. En hebreo, «Lisan» también significa «lenguaje». Por lo tanto, esa tabla afirmaba que el «código de la Biblia» «existe en el lenguaje del hombre».

○ CÓDIGO DE LA BIBLIA □ EXISTE EN EL LENGUAJE DEL HOMBRE

«Existe en el lenguaje del hombre.» Finalmente, ahí estaba la prueba de que el código de la Biblia fue diseñado para nosotros, para que lo resolviese el hombre.

Llamé a Eli Rips. Todo lo que había hallado era el resultado de un nuevo descubrimiento de la persona que había elaborado el programa que usábamos Rips y yo, el doctor Alex Rotenberg.

La expresión «código de la Biblia» estaba codificada con un salto muy pequeño, tan pequeño que era prácticamente imposible que se debiera al azar. Para Rips, se trataba de una importante prueba matemática.

«Se trata de una prueba sencilla y correcta —me dijo Rips—, porque esta expresión, "código de la Biblia", es bastante larga y aparece no una sino dos veces, codificada con saltos muy cortos. Nadie va a encontrar nada parecido en ningún otro texto excepto en la Biblia.»

Este punto era de singular importancia porque «código de la Biblia» era, por supuesto, la más importante de todas las codificaciones posibles.

Pero el doctor Rips estaba igualmente impresionado por la nueva frase hallada: «existe en el lenguaje del hombre». «Es un hermoso hallazgo, no hay duda de ello —decía—. Significa que el código de la Biblia está escrito en nuestro propio lenguaje y que el código es, por lo tanto, accesible a todos. No se necesita poseer un conocimiento o habilidad superior a lo humano.»

Las probabilidades de que apareciese «código de la Biblia» en el mismo lugar y con la misma secuencia de salto que «existe en Lisan/existe en el lenguaje del hombre» iban más allá del azar.

Era sorprendente que esta nueva confirmación de mi búsqueda de la «clave del código» se diese en un momento tan crítico para Israel, cuando el destino de la nación, y con él el destino del mundo, iba (en teoría) a decidirse en el encuentro entre Barak, Arafat y Clinton en Camp David.

Recordemos que yo había abandonado momentáneamente mi búsqueda arqueológica de la «clave del código» para centrarme en los peligros inmediatos anunciados en la Biblia (intentaba informar al presidente de Estados Unidos acerca del «fin de los días»), pero el mismo código me devolvía a la búsqueda de la «clave del código».

Quizá ahora lo más importante era encontrar la prueba final de la autenticidad del código y la clave que permitiese entender el texto por completo.

Quizá aquél era el momento de desenterrar la clave, eso que «existe en Lisan», eso que «existe en el lenguaje del hombre».

El nuevo descubrimiento que Rips y Rotenberg habían hecho y mi repentina comprensión de que «existe en Lisan/existe en el lenguaje del hombre» estaba codificado paralelamente a «código de la Biblia» era la afirmación más clara que había visto hasta el momento de que íbamos por buen camino.

Le recordé a Rips que, con anterioridad, habíamos encontrado una afirmación similar junto a «código de la Biblia». En el mismo lugar que «obeliscos» se podía leer: «en nuestras manos está el resolverlo».

Era casi como si el codificador nos estuviese animando abiertamente a que siguiésemos con la investigación.

Y todavía había más en esa nueva tabla del código. En el texto directo de la Biblia se leía «dos tablas de piedra», debajo de lo cual se hallaba codificado «existe en Lisan/existe en el lenguaje del hombre».

Otra reveladora expresión, esta vez cruzando «existe en Lisan», era «palacio/templo para la escritura/escritor». Ello nos sugería que podríamos encontrar más de un obelisco, que los obeliscos podrían ser parte de un templo o palacio, construido para albergar la clave del código o quizá al codificador.

De repente, se me ocurrió que podía ser que el codificador se estuviese revelando a sí mismo. El hecho de que el código afirmase «existe en el lenguaje del hombre», no sólo nos decía que podíamos acceder al código, sino que parecía implicar además que su origen no era humano, más bien procedente de una inteligencia ajena que quería comunicarse con nosotros.

También en la misma tabla encontramos codificado un sinónimo hebreo de «obelisco»: «aguja», al que cruzaba la expresión «él grabó, tú abrirás».

Esta extraordinaria matriz parecía confirmar todos los elementos básicos de mi investigación sobre la «clave del código». Y sugería que las pesquisas nos conducirían a algo importante.

Un poco más atrás hemos visto que la frase «existe en Lisan» también podía leerse como «existe en el lenguaje del hombre», lo cual interpretábamos en el sentido de que nosotros, como hombres, podemos descifrar el código.

Pues bien, también existe una tercera traducción y dice más o menos: «existe un hombre en Lisan». Esto parecía sugerir que podemos encontrar enterrado en la misma península del mar Muerto, no sólo el origen del códi-

○ CÓDIGO DE LA BIBLIA □ EXISTE EN LENGUAJE DEL HOMBRE
◇ DOS TABLAS DE PIEDRA ⬠ PALACIO/TEMPLO PARA LA ESCRITURA/ESCRITOR

go de la Biblia, sino también el origen de la humanidad, o al menos del hombre moderno.

Desde el principio de mi investigación me había sorprendido mucho que el nombre del lugar donde teníamos que buscar significase también en hebreo «lengua» o «lenguaje», cosa muy apropiada para un código en la Biblia. Pero también es cierto que el «lenguaje» es fundamental para la humanidad. Se trata de una habilidad especial que distingue al hombre de las demás criaturas de la Tierra.

Y el lugar donde, según el código, se hallaba la X del mapa del tesoro, «Mazra», también tiene un significado alternativo en hebreo: «sembrado». Juntos, «sembrado» y «lenguaje» parecen revelar otro significado más elevado, de más alto nivel.

De manera que la tercera traducción de la matriz del código que corre paralela a «código de la Biblia», «existe un hombre en Lisan», puede señalar el momento en el que el hombre moderno fue «sembrado», cuando consiguió ese regalo especial que lo diferenciaría de las demás especies, el «lenguaje».

Y todavía hay una cuarta manera de leer esa misma serie de letras: «un hombre volverá a Lisan». Era difícil de creer, pero parecía que se vaticinaba nuestra expedición.

De vuelta a Nueva York, encontré una nueva tabla que confirmaba que Lisan era la localización definitiva. De nuevo, esa expresión estaba ligada al origen del lenguaje, a la clave del código.

La expresión «Torá de Lisan» o «Biblia de Lisan», que en hebreo también significa «las leyes del lenguaje» o «lingüística», se hallaba ligada también a «codificado».

Era, sin duda, muy significativo que el párrafo de la Biblia que nombraba el lugar exacto de la península donde se debía buscar, «Lisan, lengua del mar», cruzase a «Torá de Lisan».

O TORÁ DE LISAN
□ CODIFICADO
◇ CLAVE ANTIGUA
□ LISAN, LENGUA DEL MAR

Y en el mismo versículo, Números 26:15, encontramos la expresión codificada «clave antigua» junto a «Lisan, lengua del mar». En hebreo, esas palabras también quieren decir «mapa del sensor».

La palabra «codificado», que se cruza con «Torá de Lisan», aparece dos veces en ese versículo. «Codificado» significa también en hebreo «escondido» y «norte»; de nuevo una detallada descripción de la localización: teníamos que buscar el cabo que se halla en el extremo norte de la península.

El doble significado de esas frases concordaba demasiado con el resto del texto oculto para ser debidos a la casualidad.

Las auténticas «leyes del lenguaje» se hallaban pues codificadas en la Biblia original, en la «Torá de Lisan», lo cual nos iba a revelar los orígenes del lenguaje e iba a ser la «clave» del código.

La expresión «lenguaje original» también estaba codificada y ello, en hebreo, también significaba «Lisan es el origen». La palabra «código» aparecía en el mismo lugar.

ל ו ו י א מ ר ו א ל י ו א י ה ש ר ה א ש ת ד ו י א מ ר ה נ ה ב א ח
ה י ס ב ב ר ח ו מ פ נ י א ח י ו ו ת מ ת ד ב ר ה מ י נ ק ת ר ב ק ח
ז ב ת ח ל ב ו ד ב ש ו ש מ ע ו ל ק ל ד ו ב א ת א ת ה ו ז ק נ י י ש
ה כ נ ת י ה ש מ ר מ פ נ י ו ו ש מ ע ב ק ל ו א ל ת מ ר ב ו כ י ל א
ט א ת ו ע ל י ר ד ה מ ז ב ח צ פ נ ה ל פ נ י י ה ו • ו ז ר ק ו ב נ
ו ת י ו מ ת ה נ א ף ו ה נ א פ ת ו א י ש א ש ר י ש כ ב א ת א ש ת א
ו ס ל ת ב ל ו ל ה ב ש מ ן ו פ ר ש נ י ב ן ב ק ר ת ק ח ל ח ט א ת ו
ר י ל מ ל כ י א ל מ ש פ ח ת ה מ ל כ י א ל י ו ש ם ב ת א ש ר ש ר ח
ד ג נ ד ו ת י ר ש ד ו י צ ה ר ד ש ג ר א ל פ י ד ו ע ש ת ר ת צ א נ
ה ו א ת ה ת ר ד מ ט ה מ ט ה ה ו א י ל ו ד ו א ת ה ל א ת ל ו נ ו ח

○ LENGUAJE ORIGINAL/LISAN ES EL ORIGEN ☐ CÓDIGO

Parecía evidente que estábamos buscando la clave en el lugar adecuado. Pero más que eso, también parecía evidente que nos conduciría al origen del regalo que distinguía a la condición humana, el lenguaje.

De alguna manera, todo el asunto giraba en torno al lenguaje. No era por casualidad que en hebreo «Lisan» significase «lenguaje».

En mi siguiente viaje a Israel le mostré al doctor Rips que la palabra «diccionario» cruzaba a «código de la Biblia» y que en la misma tabla también se leía «Lisan».

«Veamos qué dice el texto directo de la Biblia correspondiente a esa tabla», me indicó Rips, apuntando al versículo 10:5 del Génesis, en el cual tanto «Lisan» como «diccionario» estaban codificados cruzando la expresión «código de la Biblia».

«Procedente de éstos, la población de las islas de las naciones se esparció por sus tierras, cada una según su lengua», decía el versículo. Es decir, se explicaba el origen de las primeras naciones del mundo.

ל • י ם ר ו ח ע ל ה א ר ץ ו י ש כ ו ה מ י ם ו י ס כ ר ו מ ע י נ

ח ר ב ו פ נ י ה א ד מ ה ו ב ח ד ש ה ש נ י ב ש ב ע ה ו ע ש ר י ם

ר ב נ פ ש ו ד מ ו ל א ת א כ ל ו ו א ך א ת ד מ כ ם ל נ פ ש ת י כ

א ת א ו ת ה ב ר י ת א ש ר ה ק מ ת י ב י נ י ו ב י ן כ ל ב ש ר א

ם ב א ר צ ת ם א י ש ל ל ש נ ו ל מ ש פ ח ת ם ב ג ו י ה ם ו ב נ י

א ש ו ר ו א ר פ כ ש ד ו ל ו ד ו א ר ם ו ב נ י א ר ם ע ו ץ ו ח ו

ם כ ל א ש ר י ז מ ו ל ע ש ו ת ה ב ה נ ר ד ה ו נ ב ל ה ש ם ש פ ת

נ י ם ו מ א ת י ם ש נ ה ו י ו ל ד ב נ י ם ו ב נ ו ת ו י ח י ש ר

י ד ו מ ק ל ל ך א א ר ו נ ב ר כ ו ב ך כ ל מ ש פ ח ת ה א ד מ ה ו

א ו א ת ה ש ר י פ ר ע ה ו י ה ל ל ו א ת ה א ל פ ר ע ה ו ת ק ח ה

ע י ו ב י ו ר ע י ך כ י א נ ש י ם א ח י ם א נ ח נ ו ה ל א כ ל ה

ש מ א ב ר מ ל ך צ ב י י ם ו מ ל ך ב ל ע ה י א צ ע ר כ ל א ל ה ח

מ ע א ב ר ם כ י נ ש ב ה א ח י ו ו י ר ק א ת ח נ י כ י ו י ל י ד

ו • מ ה ת ת ן ל י ו א נ כ י ה ו ל ך ע ר י ר י ו ב ן מ ש ק ב י ת

○ CÓDIGO DE LA BIBLIA ◇ DICCIONARIO □ LISAN

Al revés, las mismas letras en hebreo decían: «buscarás el diccionario, algo robado, el regalo de la verdad».

Entonces, Rips vio algo extraordinario. La expresión codificada «código de la Biblia» (que a su vez estaba cerca de «Lisan» y cruzada con «diccionario») se hallaba bajo otro versículo de la Biblia que versaba directamente sobre el lenguaje.

Se trataba de la famosa historia de la torre de Babel, en el Génesis 11:7: «¡Vamos! Bajemos y confundamos allí su lenguaje para que no escuche el uno el lenguaje del otro.»

La expresión oculta «código de la Biblia» cruzaba los dos versículos de la Biblia que tratan directamente del lenguaje. Y, además, estas palabras se hallaban relacionadas con Lisan (codificada muy cerca), que también significa lenguaje, y con «diccionario». Y en la misma matriz apareció «clave», cruzando a «programa informático».

Busqué de nuevo la expresión «clave del código». Y ahora encontré otra palabra vinculada a ésta: «diccionario». Una vez más, la afirmación del texto oculto era extraordinaria: «El diccionario, y fue abierto.»

○ CLAVE DEL CÓDIGO   □ EL DICCIONARIO, Y FUE ABIERTO

Una búsqueda más y apareció codificada la expresión «diccionario de los obeliscos» junto a «tabla vitalizó al obelisco». Ello sugería que lo que estaba buscando no era tanto un pilar grabado o un diccionario de piedra sino algo que podía ser activado, quizá alguna forma de inteligencia artificial, una especie de ordenador.

Finalmente, descubrí que, en el código de la Biblia, «diccionario» se cruza tanto con «codificador» como con «descodificador».

Las cuatro expresiones más importantes: «código de la Biblia», «clave del código», «codificador» y «descodificador» se cruzaban con «diccionario». No podía tratarse de una casualidad.

○ DICCIONARIO DE LOS OBELISCOS ◇ CÓDIGO ☐ TABLA VITALIZÓ AL OBELISCO

Parecía claro que en Lisan, la península cuyo nombre significa «lenguaje», existe algún tipo de diccionario o lexicón que define el código.

¿Estaría cifrado en hebreo o en algún otro idioma? El código mismo sólo decía que «existe en el lenguaje del hombre». ¿Podría ser el largamente buscado lenguaje de la humanidad?

Quizá ese «diccionario» podría ser algo así como la piedra Roseta, la tabla encontrada hace doscientos años en la desembocadura del Nilo que permitió a los arqueólogos descifrar los jeroglíficos egipcios, la escritura pictórica de pirámides y obeliscos desde los tiempos de los faraones. Esa piedra contenía varias versiones de un mismo texto, uno con jeroglíficos y otro en griego, lo cual reveló que aquellos misteriosos dibujos eran la expresión de un lenguaje.

¿Podría este «diccionario» de Lisan revelar un protolenguaje de toda la humanidad, el «lenguaje del hombre»?

Le pregunté a Rips si era posible que la «clave del código» fuese un tipo de lenguaje diferente del hebreo, quizá la lengua original que compartía toda la humanidad.

○ CODIFICADOR   ◇ DICCIONARIO   □ ÉL CODIFICARÁ

○ DESCODIFICADOR   □ DICCIONARIO

«El lenguaje original de la humanidad es el hebreo», me contestó Rips sin dudarlo.

«El hebreo es el lenguaje de la Torá y la Torá fue creada antes del mundo —me explicó Rips pacientemente—. El diálogo de Adán con Dios fue en hebreo.»

Yo le sugerí, con toda delicadeza, que el relato de las conversaciones entre Adán y Dios estaba en hebreo porque ése es el lenguaje de la Torá, no necesariamente porque era el lenguaje que hablaban entre ellos.

De nuevo, Rips se mostró muy seguro. «No, no —dijo—, la conversación tuvo lugar en hebreo.»

«Pero es mucho más profundo que eso —continuó—. Las letras mismas, la raíz de las palabras, no son sólo símbolos, sino que tienen un significado independiente. Están conectadas con las cosas que nombran.»

Rips estaba invocando la sabiduría del Talmud y del Midras, antiguos libros que comentan el contenido de la Biblia. Todos los judíos religiosos creían que Dios creó la Torá antes de crear el mundo y que el hebreo no era solamente el lenguaje original, sino que cada palabra en hebreo encierra la esencia de la cosa que nombra y que cada letra del alfabeto hebreo fue una construcción de la Creación.

«El lenguaje es parte del diseño del mundo —dijo Rips—. El lenguaje es anterior a la existencia del mundo, porque la Torá es anterior al mundo. Debido a que la Torá y el código fueron creados simultáneamente, el código también es anterior al mundo.»

Rips citaba a la mayor autoridad, el sabio que escribió la exégesis más famosa de la Torá, el rabino conocido como Rashi, y me enseñó que donde el Génesis afirma «toda la Tierra tenía un único lenguaje», Rashi afirma «un lenguaje, la lengua sagrada (el hebreo)».

En verdad, admiraba la seguridad de Rips. Pero no me sorprendería nada descubrir que la «clave del código» usaba una forma de lenguaje totalmente desconocida para el mundo moderno.

Nadie conoce cuándo o cómo empezó el lenguaje.

Así que la afirmación del código de la Biblia de que «existe en el lenguaje del hombre» me tenía intrigado, hasta que se hizo público un descubrimiento científico novedoso.

En medio de mi investigación, *The New York Times* informó que «Un equipo de genetistas y lingüistas afirma haber encontrado el gen que permite el desarrollo del habla y del lenguaje».

El nuevo descubrimiento, si se ratificaba, suscitaba una extraordinaria pregunta: ¿cuándo apareció este regalo concedido sólo a la especie humana? ¿Evolucionó o apareció repentinamente? ¿Cómo?

En la mismísima Biblia aparece codificada la expresión «el gen del lenguaje». Y como ya es habitual, asociada a otra expresión cruzada que parece responder a una pregunta: «El gen de Dios.»

«Dios» nos dio el regalo del lenguaje, según el código. Parece haber habido una especie de ascenso. Y la Biblia vincula claramente «lenguaje» a «código», como si las dos palabras hubieran estado siempre entrelazadas, la una inherente a la otra.

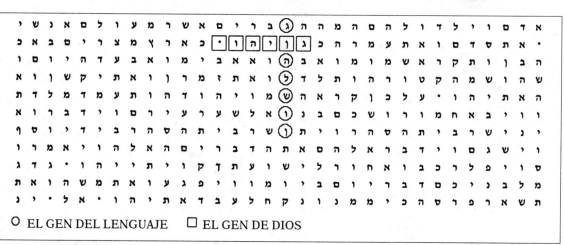

○ EL GEN DEL LENGUAJE   □ EL GEN DE DIOS

La expresión el «gen del lenguaje» está codificada junto a las primeras palabras que encontré asociadas a «clave del código»: «monte de los obeliscos» y «señor del código».

[matriz de letras hebreas]

○ GEN DEL LENGUAJE ◇ SEÑOR DEL CÓDIGO □ MONTE DE LOS OBELISCOS

«Gen del lenguaje» estaba codificado una tercera vez junto a «obeliscos», «clave antigua» y «Lisan, lengua del mar».

No había duda de la localización. En Josué, el único libro de la Biblia que habla brevemente del lugar exacto de nuestra búsqueda arqueológica, la ex-

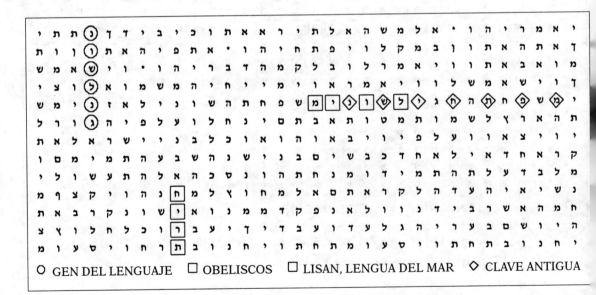

○ GEN DEL LENGUAJE □ OBELISCOS □ LISAN, LENGUA DEL MAR ◇ CLAVE ANTIGUA

presión «gen del lenguaje» cruza el versículo que describe los límites de la zona (Josué 15:5): «y el límite en el rincón del norte estaba en Lisan, la lengua del mar».

O GEN DEL LENGUAJE ☐ EL LÍMITE EN EL RINCÓN DEL NORTE ESTABA EN LISAN

Se trata de una descripción perfecta del cabo situado en el extremo norte de la península, donde el mar Muerto se convierte en la bahía de Mazra. Y en la misma tabla, el código afirmaba que «el gen del lenguaje» podía encontrarse allí: «En perfectas condiciones hasta el día designado.»

Pero quizá el texto codificado más interesante relacionado con «el gen del lenguaje» es el que aparecía en otro libro de la Biblia, el de Ezequiel.

Allí comprobamos que «genio» se cruzaba con «gen del lenguaje» y justo debajo hallamos la expresión «en los humanos».

Más tarde, encontramos en la misma tabla la expresión «Diseñar un gen, Dios para el hombre».

El código de la Biblia parecía decir muy claramente que el hombre había sido provisto de la habilidad del lenguaje. Parece ello confirmar lo que el lingüista Noam Chomsky sugirió hace más de cuarenta años. Que el lenguaje es

○ EL GEN DEL LENGUAJE ◇ GENIO △ EN LOS HUMANOS
□ DISEÑAR UN GEN, DIOS PARA EL HOMBRE

innato al hombre, que poseemos un circuito neuronal específico insertado en nuestras neuronas. Es el regalo que hace a los seres humanos realmente humanos.

Y en el código, esta habilidad específica del hombre estaba ligada una y otra vez al mismo «código de la Biblia». Era como decir que el lenguaje y el código son una sola cosa.

No era sólo que la expresión «señor del código» se cruzase con «gen del lenguaje» o estuviese vinculada a la localización exacta de nuestra búsqueda. Las conclusiones van más allá. Estamos hablando de la verdadera esencia de la lengua hebrea y de una de las historias más antiguas sobre la creación.

En hebreo, la expresión «el gen del lenguaje» también significa «jardín de Lisan». Y donde está codificado «jardín de Lisan», las palabras originales de la Biblia afirman «antes de que el Señor destruyera Sodoma y Gomorra, era como el propio jardín de Dios».

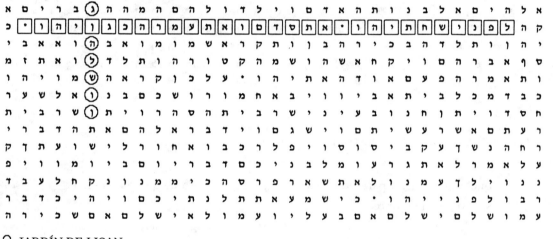

○ JARDÍN DE LISAN

□ ANTES DE QUE EL SEÑOR DESTRUYERA SODOMA Y GOMORRA, ERA COMO FL PROPIO JARDÍN DE DIOS

Existe en el código una sugerencia bastante lógica de que la árida península de la que hablamos fue en un tiempo un vergel, un auténtico edén y quizá ello esté ligado, de alguna manera, al origen del hombre moderno.

El habla humana fue un acto de ingeniería genética intencional. Eso es algo que el código afirma claramente. Una vez más, encontramos codificada en la Biblia una frase reveladora: «colocaré el gen del lenguaje», a la cual cruza la frase «le haré inteligente».

Así que la remarcable codificación «existe en el lenguaje del hombre» era más que una confirmación de una localización, más que la afirmación de

O COLOCARÉ EL GEN DEL LENGUAJE □ LE HARÉ INTELIGENTE

que estaba hecho para nosotros, más que la promesa de que podía ser resuelto por el hombre.

También era la declaración de que nuestra singular herencia genética procedía del exterior. Esa frase hablaba de ese momento crucial en el que el hombre fue situado por encima del resto de la Creación.

Y, sorprendentemente, la Biblia habla del momento en el que el hombre empezó a hablar en la siguiente frase codificada: «Dolores de parto del lenguaje.»

«Clave», «obelisco» y «código» aparecen en el mismo lugar y de nuevo el texto oculto afirma algo mágico: «su tabla vitalizó el obelisco».

El nombre de «Lisan» aparece cruzado con «dolores de parto del lenguaje», una vez más confirmando la localización y su conexión con «lenguaje».

Se trataba de otra extraordinaria tabla que contenía todos los elementos clave de mi expedición arqueológica. Y las mismas palabras en hebreo tenían, al menos, tres niveles de significado.

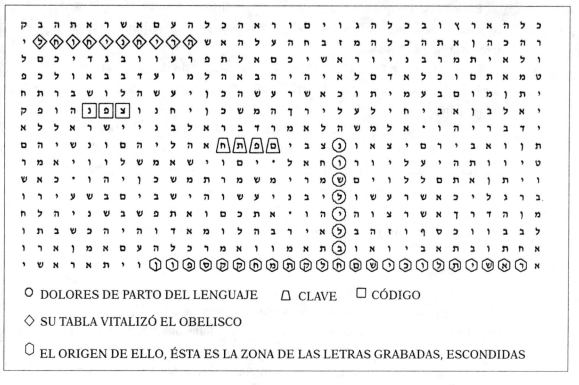

En el nivel más alto podía estar la historia de la creación del lenguaje mismo en un tiempo perdido: «los dolores de parto del lenguaje».

Quizá este lugar, el extremo norte de la península, estaba de alguna manera relacionado con el origen mismo del lenguaje.

Pero las mismas palabras en hebreo también significan «la dificultad de aprender un nuevo lenguaje». Ello sugería de nuevo que la «clave del código» podría estar en algún lenguaje diferente del hebreo, en algún lenguaje no conocido por el hombre.

Finalmente, en un sentido más práctico, las mismas palabras tienen un tercer sentido, «las líneas de medida de Lisan». Se trataba de una descripción perfecta de lo que iba a hacer mi equipo arqueológico. El primer paso que llevaría a cabo cualquier topógrafo: desplegar cuerdas para formar una cuadrícula del terreno.

El texto oculto que cruzaba esta frase de múltiples significados parecía confirmar todos sus niveles: «Su código, él verá su origen, porque éste es el área de las letras grabadas.»

Llamé al doctor Rips. Eli estaba casi tan emocionado como yo. «Técnicamente, es realmente extraordinario —dijo—. Sin lugar a dudas, esto ha sido escrito deliberadamente.»

«Es sorprendente que "código", "obelisco" y "clave" estén codificados en el mismo lugar y que "Lisan" cruce con "dolores de parto del lenguaje", lo cual también significa "Lisan". Definitivamente, ésa es la manera que tiene el código de confirmar que todo esto ha sido deliberadamente puesto ahí.»

Le conté a Rips, una vez más, que me sentí como si alguien me condujese en busca de un tesoro. Parecía que me estaban dando una pista tras otra.

«Es obvio», replicó.

Le dije a Eli que no podía aceptar su conclusión, que nunca había creído que todo eso fuese otra cosa que un accidente con el que había tropezado, aun cuando ahora aceptaba la existencia de una inteligencia capaz de ver el futuro.

«¿Por qué no puede aceptar que esa inteligencia podría tener interés en comunicar con usted?», me preguntó.

Le dije a Rips, otra vez, que aunque creía que existía un código en la Biblia, yo no creía en Dios. Y que aunque podía llegar a creer en un Dios creador de todas las cosas, incluido el código, no podía creer de ninguna manera que éste tuviese ningún interés en comunicarse conmigo.

Le confesé que cuando tenía la sensación de que el código me estaba hablando a mí particularmente, me sentía muy incómodo.

«Usted no es la primera persona que se siente incómodo con algo así —dijo Rips—. A Adán le pasó lo mismo.»

Pero todavía había algo que me hacía sentir más incómodo.

En Jordania, el Ministerio de Turismo y Antigüedades, que ya me había dado un permiso escrito para llevar a cabo una expedición arqueológica, de repente me prohibió seguir adelante. Sin más explicación.

Al mismo tiempo, un periódico jordano publicó un artículo en primera página, obviamente filtrado por el ministerio, lleno de diatribas antijudías y completas mentiras. Afirmaba que había una conspiración entre Israel y mi organización no gubernamental, Ark Foundation.

«¿Qué es lo que verdaderamente persigue la Ark Foundation en el área de Al Lisan? ¿Por qué se le habría de permitir a una fundación extranjera excavar en terreno jordano en busca de reliquias judías?»

Llamé al embajador norteamericano, William Burns. Me dijo que tenía que comprender que el artículo reflejaba la situación política en Jordania.

—Tiene que entender la cultura de ese país —me explicó.

—Ese artículo está escrito en un tono lleno de odio religioso y racial y creo que los norteamericanos no debiéramos tolerarlo —le dije.

—Ese periódico tiene mucho poder en Jordania —dijo el embajador—. Existe una lista negra en la que incluyen a todos aquellos que hayan tenido contactos con judíos. Hay incluso una corriente contraria a los tratados de paz con Israel. No es el mejor momento para hacer nuevos contactos.

—Ningún funcionario norteamericano debería excusar este tipo de calumnias —le dije a Burns—. Puede decirle al ministro que estoy seguro de que el artículo no refleja su actitud hacia el tema. Pero que si lo hace, me enfrentaré al problema directamente, tanto en Jordania como en Washington.

Yo sabía que el actual rey de Jordania, Abdalá II, había hablado en contra de la lista negra, incluso había arrestado a algunas personas que se oponían a la paz con Israel. Pero Burns me aconsejó que no llevase a cabo ningún esfuerzo para contactar con el rey.

—Está en una posición muy difícil —dijo el embajador—. La mayor parte de la población es palestina.

Era difícil esperar. Me daba perfecta cuenta de que era urgente encontrar la «clave del código». La Biblia advertía repetidamente de que la clave, el obelisco, podría revelar algún terrible horror futuro, el peligro definitivo al que se enfrenta la humanidad. En todo caso, se iba a confirmar lo que el código de la Biblia ya había revelado, pero ahora de una manera que nadie iba a poder desconocer.

Y, mientras tanto, ya había estallado una guerra abierta en Tierra Santa.

CAPÍTULO CINCO

ARAFAT

En la medianoche del 12 de abril de 2001, después de siete meses de intifada, un coche sin matrícula llegó a mi hotel en la frontera entre el este y el oeste de Jerusalén para recoger una carta que había escrito para Yasir Arafat.

«Tengo información de que su vida está en peligro», decía mi carta.

«La advertencia procede de la misma fuente que predijo que Itzhak Rabin sería asesinado, un año antes de que fuese muerto.

»Mi fuente es un código oculto en la Biblia que predice el futuro, pero sabemos que los peligros vaticinados se pueden evitar.»

En ningún caso esperaba que Arafat quisiese recibirme. Cómo iba a pensar que el líder de los palestinos fuese a estar interesado en el Libro Sagrado de su enemigo o en advertencias codificadas en hebreo, especialmente en ese momento de crisis.

Israelíes y palestinos se encontraban muy cerca de la guerra abierta. Ariel Sharon, el nuevo primer ministro, había jurado aplastar el levantamiento de Arafat, que ya acumulaba 450 muertos.

Pero el hecho es que Arafat creía en las profecías. Había estado intentando llegar a él durante un año y todos sus consejeros me habían dicho lo mismo.

«Arafat lo tomará en serio —me había dicho su ministro de Asuntos Exteriores, Nabil Sha'ath, en nuestra entrevista de Gaza al inicio de la intifada, días antes de que helicópteros israelíes destruyeran el edificio donde nos encontramos—. Es un auténtico creyente.»

Abu Ala, el líder del Parlamento palestino, vino a decirme lo mismo cuando me encontré con él tras el fracaso de las conversaciones de paz de Camp David. Ala parecía resignado, asumía que el destino de Arafat estaba sellado.

«Si es la voluntad de Dios...», me dijo. Pero accedió a entregarle mi carta y alertó al jefe de seguridad del líder palestino.

Pero, como supe más tarde, ni Sha'ath ni Abu Ala llegaron a darle la misiva a Arafat. Los dos prometieron hacerlo, mes tras mes, pero no cumplieron su palabra. Finalmente, el mismo Sha'ath me explicó el porqué.

«Arafat le creerá —dijo—. Y se asustará.»

Pero ahora, un año después, la carta llegaba finalmente a su destinatario. Estaría en manos de Arafat pasada la medianoche, mientras yo me encontraba haciendo las maletas para abandonar Israel a la mañana siguiente.

Y a la 1.15 de la mañana me despertó una llamada urgente pidiéndome que acudiese a entrevistarme con Arafat al día siguiente. «El presidente ha leído su carta y desea verle —me dijo, nervioso, su jefe de gabinete—. ¿Podrá quedarse hasta mañana?»

No pude dormir durante la siguiente hora. Obviamente, Arafat había leído mi carta y se había dado cuenta de la importancia del mensaje. En unas pocas horas le tendría que decir, cara a cara, que podía ser asesinado. De repente, no estaba seguro de querer hacerlo.

Yo soy periodista, no profeta. Pero Arafat no me quería ver como antiguo reportero del *Washington Post* y el *Wall Street Journal*. De hecho, no le había concedido una entrevista a un periodista norteamericano en diez años.

Arafat quería hablar conmigo porque, a sus ojos, yo era un profeta.

En realidad, la carta que le había enviado era muy parecida a la que mandé a su homónimo israelí, Itzhak Rabin, un año antes de que fuese asesinado el 4 de noviembre de 1995.

La carta del 1 de setiembre de 1994 destinada a Rabin empezaba:

«Un matemático israelí ha descubierto un código oculto en la Biblia que parece revelar detalles de hechos que tuvieron lugar miles de años después de que se escribiese la Biblia.

»La razón de que quiera informarle a usted de esto es que la única vez que ha surgido su nombre completo (Itzhak Rabin) codificado en la Biblia, aparecía asociado con la frase "asesino que asesinará".»

Ahora, mientras conducía hacia los controles israelíes para ver a Arafat en la parte oeste de la ciudad de Ramala, por una carretera en la que había peligro de ser tiroteado por francotiradores, en una ciudad donde habían muerto muchos palestinos y se había linchado a dos soldados israelíes, recordé aquel día de setiembre de 1993 en el que Rabin y Arafat se dieron la mano en los jardines de la Casa Blanca. En ese momento, todos creímos que había llegado la paz.

Ahora, Rabin estaba muerto, tal y como la Biblia había predicho y, si el código estaba en lo cierto, Arafat también sería pronto asesinado.

El viernes 13 de abril de 2001, a las 21 horas, llegué al edificio, fuertemente resguardado, donde se hallaba Arafat. Me hicieron pasar de prisa por la gran verja de hierro de la entrada y en poco tiempo me hallaba esperando a Arafat en una pequeña sala de reuniones. Había llegado media hora antes, pero Arafat entró en la habitación casi inmediatamente. El palestino conocía de sobra el motivo de mi visita.

Arafat se sentó a mi lado con su *kefiyeh*, el pañuelo a cuadros que le acompañaba a todas partes, y su uniforme militar de color oliva.

Le enseñé de nuevo la carta que escribí al malogrado primer ministro israelí Rabin, y la tabla que decía «asesino que asesinará» cruzando el nombre codificado de «Itzhak Rabin».

«Lloro su muerte todos los días», dijo Arafat, hablándome directamente en inglés. A mi parecer, la tristeza que vi en sus ojos era muy real.

Entonces le mostré la tabla del código donde aparecía su nombre —«Yasir Arafat»— con las mismas palabras fatídicas que marcaron el destino de Rabin: «asesino que asesinará».

Arafat observó atentamente la tabla y el labio le empezó a temblar. Su mano estaba agitada y, sin embargo, no parecía sorprendido.

ל מ ש ה ו א ל א ל ע ז ר ה כ ה ן ו א ל ע ד ת ב נ י י ש ר א ל א ת

נ ו ב א ל ו ש ו י ס ע ו מ א ל ו ש ו י ח נ ו ב ר פ י ד ס ו ל א ה

א ש ר צ ו ה י ה ו · ל ב נ ו ת צ ל פ ח ד ל א מ ר ל ט ו ב ב ע י נ

ל ע מ ו ל מ ל ח מ ה י ה צ ה ו י ת נ ה ו י ה ו · א ל · י נ ו ל פ

ל נ ס ש מ ה ר ו צ ח א ש ר י ר צ ח א ת ר ע ה ו ב ב ל י ד ע ת ו ה

ה ם ו ג ם א ת ה צ ר ע ה י ש ל ח י ה ו · א ל · י ך ב ם ע ד א ב ד

י ך ו ש מ ר ת מ ש מ ר ת ו ו ח ק ת י ו ו מ ש פ ט י ו ו מ צ ו ת י

י ך ה מ ו צ י א ך מ א ר ץ מ צ ר י ם מ ב י ת ע ב ד י ם ו כ ל י ש

ש א ו א ת ה א ש ה ו ס ק ל ת ם ב א ב נ י ם ו מ ת ו ע ל פ י ש נ י

נ ג ש ו ה כ ה נ י ם ב נ י ל ו י כ י ב ם ב ח ר י ה ו · א ל · י ך

א ל א י ו מ ת ו א ב ו ת ע ל ב נ י ם ו ב נ י ם ל א י ו מ ת ו ע ל

א ד מ ת ך ש ג ר א ל פ י ך ו ע ש ת ר ת צ א נ ך א ר ו ר א ת ה ב ב

כ ל א ש ר א נ כ י מ צ ו ך ה י ו ם א ת ה ו ב נ י ך ב כ ל ל ב ב ך

י ד ו א פ ס ע צ ו ר ו ע ז ו ב ו א מ ר א י א ל · י מ ו צ ו ר ח ס

○ ITZHAK RABIN □ ASESINO QUE ASESINARÁ

ש ה ו א ל ע ז ר ה כ ה ן א ת ה ז ה ב מ א ת ם כ ל כ ל י מ ע ש ה ו

ב ה ו ה י ה כ א ש ר ד מ י ת י ל ע ש ו ת ל ה ם א ע ש ה ל כ ם ו י

ח ק ו ל י ע ק ב ל ת ת ל ה ם ו ל ז ר ע ם א ח ר י ה ם ו א מ ר א ל

ע מ ו ו נ כ ה ו ע ד ב ל ת י ה ש א י ר ל ו ש ר י ד ו נ ל כ ד א ת

ה ר ו צ ח א ש ר י ר צ ח א ת ר ע ה ו ב ב ל י ד ע ת ו ה ו א ל א ש

ב ך ו ב ר כ ך ו ה ר ב ך ו ב ר ך פ ר י ב ט נ ך ו פ ר י א ד מ ת ך

ש ם מ ת א ה ר ן ו י ק ב ר ש ם ו י כ ה ן א ל ע ז ר ב נ ו ת ח ת י

ת ן י ה ו · ל ך כ א ש ר צ ו י ת ך ו א כ ל ת ב ש ע ר י ך ב כ ל א

א ל · י ך ב כ ל א ש ר ת ע ש ה כ ל ה ב כ ו ר א ש ר י ו ל ד ב ב ק

מ ן ה ע ץ ו מ צ א א ת ר ע ה ו ו מ ת ה ו א י נ ו ס א ל א ח ת ה ע

ת ו ו ע נ ש ו א ת ו מ א ה כ ס ף ו נ ת נ ו ל א ב י ה נ ע ר ה כ י

א ל י ו ה ג ד ת י ה י ו ם ל י ה ו · א ל · י ך כ י ב א ת י א ל ה

י א ה ש ד ה ו מ ע ט ת א ס ף כ י י ח ס ל נ ו ה א ר ב ה כ ר מ י ם

ו א ל א ב ש מ י ם ה ו א ל א מ ר מ י י ע ל ה ל נ ו ה ש מ י מ ה ו

א ח י ה מ ח צ ת י ו א נ י א ר פ א ו א י ן מ י ד י מ צ י ל כ י א

○ YASIR ARAFAT □ ASESINO QUE ASESINARÁ

Supe entonces que él ya se veía en peligro y, de hecho, las negociaciones de Camp David estuvieron influidas por ese temor. Cuando el presidente Clinton le pidió que renunciase al control de Jerusalén, Arafat le dijo por respuesta: «¿Quiere asistir a mi funeral?»

Aun así, no es tarea fácil decirle a nadie que es posible que lo vayan a asesinar, especialmente cuando lo tienes sentado enfrente. Y el hecho de que Arafat creyese en el código no hacía más que ponerme las cosas más difíciles.

«Aquí tenemos tres claras advertencias que hacen referencia a su persona», le dije, señalándoselas en la tabla. Yo traducía el texto del hebreo al inglés y el jefe de su equipo de negociación, Saeb Erekat, traducía mis palabras del inglés al árabe. En cualquier caso, Arafat me miraba directamente a los ojos mientras hablaba.

«Asesino que asesinará —dije, leyendo las palabras codificadas en voz alta—. Y también hemos hallado lo siguiente, "el emboscador lo matará" y cruzando esta otra expresión: "pistoleros de Yasir Arafat".»

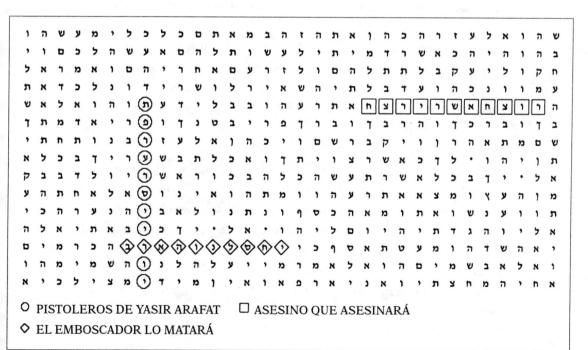

○ PISTOLEROS DE YASIR ARAFAT □ ASESINO QUE ASESINARÁ
◇ EL EMBOSCADOR LO MATARÁ

Erekat tradujo mis palabras al árabe. Arafat me miró con mayor intensidad. Los ojos se le salían de las órbitas.

—¿Cuándo sucederá? —preguntó.

—No lo sé —le dije—. Lo siento. No podemos encontrar ninguna fecha en el código. Yo sólo soy un periodista. No sé nada acerca del futuro, excepto lo que me dice el código.

Arafat me escrutaba con la mirada, supongo que en un intento por dilucidar si escondía alguna información. Parecía esperar algo más de mí, como si yo tuviese facultades sobrenaturales.

—Ni siquiera sé si el peligro es real —le dije a Arafat—. Pero creo que debe ser tenido en cuenta. Rabin fue asesinado cuándo y dónde predijo la Biblia. Le puedo asegurar que los asesinatos de Anwar Sadat y John F. Kennedy también se hallan codificados en la Biblia. Y con todo detalle.

»Así que le estoy diciendo lo mismo que a Rabin, creo que puede estar en peligro, pero también pienso que ese peligro puede ser evitado si entendemos los detalles de la advertencia.

—Pero si está escrito, ¿qué puedo hacer? —preguntó Arafat.

—Ya le digo, creo que es una advertencia, no una predicción —respondí—. No creo que sea nada definitivo. —Pero sabía que estaba diciendo algo que iba en contra de las creencias básicas del islam. Según esta religión, el destino del hombre se halla sellado; toda su vida está decidida de antemano, incluso antes de haber nacido.

Ésta era una de las razones que me habían hecho dudar de si debía entrevistarme con Arafat. De hecho, su ministro de Asuntos Exteriores, Sha'ath, me había informado que Arafat había dicho muchas veces: «Dios determinará lo que quiere hacer de mí.» Las palabras exactas de Sha'ath fueron: «Él cree que nuestro destino está cerrado. No tenemos ni un día más ni un día menos de lo designado por el Cielo.»

No pude menos que insistir en que el código era diferente, que el mismo motivo de su existencia era precisamente cambiar el futuro.

«Le puedo decir que el código de la Biblia no revela sólo un futuro, sino todos los futuros posibles —le dije—. Lo que decidimos hacer, es lo que determina el resultado final.»

Arafat permaneció callado, sonriendo. Me preguntaba si su expresión indicaba que me creía o sólo que yo me equivocaba, que tenía mucho que aprender.

En ese momento me vino a la mente una de las principales razones por las que había dudado de hablar con él y se la comuniqué abiertamente: «Tengo amigos en Israel e incluso en Estados Unidos que nunca me perdonarán que haya venido aquí para intentar salvarle la vida.»

Yo soy judío. Y para muchos, probablemente para la mayoría de los judíos, Arafat es un terrorista y un asesino. De hecho, el primer ministro Sharon así lo había afirmado en público. Y aquella misma mañana, cuando le dije a Rips, el científico que había descubierto el código, que me iba a encontrar con Arafat, insistió en que éste era como Hitler y Saddam Hussein.

Yo no lo veía así. Reconocía que Arafat podía ser una terrible amenaza para Israel, pero también creía que su asesino acabaría con la última oportunidad que teníamos para conseguir la paz. En cualquier caso, me sentía obligado a advertirle, a intentar evitar otro asesinato.

—Estoy aquí porque soy periodista y, además, me veo en la misma obligación de advertirle a usted que a Rabin —le dije a Arafat.

—Sí —me contestó—. Un periodista tiene que ser imparcial.

—Por otro lado, creo que su asesinato sería una catástrofe para Israel y para su pueblo —le dije—. Y, por encima de todo, creo que es posible evitarlo.

Le mostré a Arafat una segunda versión de la misma tabla en la que se leía la palabra «terrorista» y «Hamas» cruzándose con su nombre y con la expresión «pistoleros de Arafat».

La advertencia era clara: el grupo extremista palestino que se oponía a la paz con Israel y que reclamaba la autoría de la mayor parte de los atentados terroristas, podía intentar asesinar a su propio líder, Arafat.

—Hamas —repitió Arafat, apoyando mis palabras con un gesto afirmativo.

○ PISTOLEROS DE YASIR ARAFAT
◇ EL EMBOSCADOR LO MATARÁ   □ TERRORISTAS/HAMAS

Acto seguido, le mostré a Arafat una tercera tabla codificada que el doctor Rips había encontrado esa misma mañana. En ella, la frase «dispararon a Arafat» se cruzaba con «ismaelitas», el nombre bíblico de los árabes, los hijos de Ismael.

—Árabes, no judíos —dije.

Arafat me miró fijamente. Después dirigió la mirada hacia su negociador y su jefe de gabinete, Abu Rudaineh, e hizo un movimiento afirmativo con la cabeza. Al parecer, todos asumían que Arafat estaba en peligro y que éste procedía de su propia gente. Su asesino iba a ser un árabe, tal y como el asesino de Rabin había sido un judío.

—En una ocasión, Jomeini puso precio a mi cabeza por firmar la paz con Rabin —me explicó Arafat, refiriéndose al mismo ayatolá iraní que ordenó el cerco a la embajada estadounidense y la toma de rehenes americanos.

Me preocupaba que Arafat emplease mi advertencia sólo como una nueva razón para no hacer la paz. Él sabía perfectamente que era más probable

○ DISPARARON A ARAFAT   □ ISMAELITAS / ÁRABES

que lo matasen por firmar la paz que por no hacerlo. Sadat había sido asesinado por un egipcio que le acusaba de haber pactado con Israel, y Rabin, por un judío que le acusaba de traidor por negociar con Arafat.

—Es evidente que si llega a un acuerdo de paz —le dije—, su vida estará en peligro. Pero si no lo hace, lo estará todo su pueblo.

Eso era lo que realmente había venido a decirle a Arafat. No sólo que podía ser asesinado, sino algo más. Tenía que decirle lo que ya les había comunicado a Clinton y Barak, lo que ahora trataba de decirles a Sharon y Bush, la terrible advertencia del código de la Biblia de que es posible que todos muramos en horrendas circunstancias.

—Según el código de la Biblia, estamos ahora en tiempos de auténtico peligro —le dije a Arafat—. Quizá los peores tiempos de la historia de la humanidad, ese momento que han predicho las tres grandes religiones occidentales.

Abrí mi libro por la página en que ambas expresiones bíblicas del «fin de los días» estaban codificadas juntas y le mostré la tabla en hebreo a Arafat.

—Pronuncie esas palabras, por favor —me pidió Arafat.

No leía hebreo y, supongo que quería oír cómo sonaban las palabras. No reconoció la primera frase pues procedía del Libro de Daniel, pero cuando pronuncié las palabras fatídicas de la Torá, supo inmediatamente a qué hacían referencia.

—Es lo mismo en árabe —exclamó sorprendido, una vez más hablándome directamente en inglés—. Es exactamente lo mismo.

—El día del juicio —dijo su jefe de gabinete Rudaineh.

—El final —dijo su negociador Erekat.

—El fin de los días —concluyó Arafat.

Eso era verdaderamente lo que había venido a decirle: que ya habíamos entrado en el fin de los días, pero me preguntaba si no había ido demasiado lejos. En esos momentos me sentía más que un periodista, un profeta del Antiguo Testamento que había acudido a la corte de un rey para advertirle de los mandatos de Dios.

Pero, en realidad, no tenía por qué estar preocupado. Arafat había recibido el aviso en toda su profundidad y eso era lo más importante.

—Yo ya sabía que éstos eran tiempos muy difíciles —dijo Arafat—. Mahoma dijo que el hombre dispondría de mil años, pero no de dos mil.

Entendí lo que quería decir: en el calendario musulmán, éste era el año 1422. Ya habían pasado cuatrocientos años del segundo milenio. Según Mahoma, no íbamos a agotarlo.

Después le mostré a Arafat lo que no decía en mi primer libro, lo que había ido descubriendo a lo largo de los últimos años.

Rodeé con un círculo las letras hebreas que aparecían debajo de «en el fin de los días»: «A-R-A-F-A-T.»

El mandatario reconoció inmediatamente su propio nombre. Obviamente, lo había visto muchas veces en los titulares de los periódicos israelíes. Señaló la página e indicó a Erekat y Rudaineh que acudiesen a mirar. Pero al principio no parecía estar sorprendido.

La mayoría de los hombres, cuando se encuentran con su nombre perfectamente escrito en un texto oculto en la Biblia (y además en el mismo lu-

ARAFAT

○ FIN DE LOS DÍAS □ EN EL FIN DE LOS DÍAS ◇ ARAFAT

gar que el Apocalipsis) se quedan conmocionados. Arafat parecía haberlo previsto.

Después hice un círculo sobre las letras que formaban el nombre de «E. Barak», el ex primer ministro israelí que intentó sellar la paz con Arafat en Camp David. Su nombre cruzaba la segunda afirmación del «fin de los días». Después marqué las letras que formaban el nombre del nuevo primer ministro israelí, «Sharon». Y finalmente destaqué las letras que formaban la palabra «Bush».

Arafat miraba el código con la máxima atención. Ahora estaba temblando. Su labio se movía incontroladamente. Sus ojos casi se salían de las órbitas. Parecía más afectado por esta advertencia que por su propio asesinato. Todo el mundo en la habitación se quedó en silencio durante un momento, asumiendo la enormidad del peligro del que hablaba el código.

Finalmente, Erekat rompió el silencio. «¿Y dónde están las buenas noticias?», preguntó.

Hice un círculo sobre las letras hebreas que formaban la palabra «paz».

«Según el código de la Biblia —le dije a Arafat, cuyos ojos estaban ahora

○ FIN DE LOS DÍAS   □ EN EL FIN DE LOS DÍAS   ◇ ARAFAT   □ PAZ   ◇ SHARON

pegados a los míos—, la elección no es entre paz o luchas callejeras, ni siquiera entre paz o guerra, sino entre paz y aniquilación.»

Le mostré a Arafat dos nuevas tablas: «guerra mundial» y «holocausto atómico», ambos codificados con el mismo año hebreo, «en 5766».

«Eso es el año 2006 del calendario moderno —le expliqué—. Según el código, nos quedan cinco años.»

De nuevo se hizo el silencio. Le conté a Arafat que había investigado todos los años del siglo XXI y sólo 2006 coincidía con «guerra mundial» y «holocausto atómico». Le expliqué que las probabilidades de hallar estos resultados por azar eran de una entre cien mil y que las de obtener su nombre junto con los nombres de los máximos mandatarios de Israel y Estados Unidos, todos asociados a «fin de los días», eran de una entre un millón.

Pero Arafat no parecía preocuparse de los números. Intenté decirle que esto había sido calculado por un gran científico, el hombre que descubrió el código de la Biblia, pero Arafat no prestaba atención a la ciencia ni a la informática. Me oyó, me entendió, pero simplemente, eso no le llamó la atención.

Le había mostrado la prueba final, la evidencia matemática incuestionable, y Arafat, que parecía totalmente convencido hasta ahora, mostró una frialdad absoluta. Le pregunté, entonces, si creía que el código de la Biblia era real, si creía que los peligros eran reales.

«Por supuesto —dijo sin dudarlo—. En el Corán también tenemos cosas así.»

Arafat creía que lo que predecía el código de la Biblia era real, no porque había sido hallado mediante un ordenador o porque lo decía la estadística, sino porque se trataba de una profecía.

«Si está escrito, ¿qué podemos hacer?», me preguntó de nuevo.

Le dije a Arafat que era como interceptar un cometa que fuese a estrellarse contra la Tierra. Si supiésemos, con cinco años de antelación, que se dirige hacia nosotros, podríamos cambiar su trayectoria o destruirlo. Pero si lo detectásemos con sólo una semana de tiempo para evitarlo, no habría nada que hacer. Todos moriríamos.

—A una semana de distancia sería tan grande y brillante como la Luna —dijo Arafat—. Sería demasiado tarde.

—Creo que el código de la Biblia existe para que precisamente tengamos tiempo de salvarnos —dije—. Pero no podemos esperar cinco años y después, de repente, correr para intentar evitar la catástrofe. Lo que hagamos hoy, lo que haga usted hoy, determinará lo que suceda dentro de cinco años.

Arafat hizo un gesto de asentimiento con la cabeza.

—Tenemos que actuar ahora mismo —dijo.

Después le conté al líder de los palestinos lo que le había dicho a Clinton durante los últimos días de su mandato.

—No creo que se firme un tratado de paz hasta que las dos partes se den cuenta de que sólo hay dos posibilidades: paz o aniquilación —le comenté.

»La paz tiene que ser lo suficientemente sólida para sobrevivir al próximo atentado suicida, el próximo tiroteo en una mezquita o sinagoga, el próximo acto de terror. La paz tiene que ser suficientemente fuerte para sobrevivir al próximo asesinato de un primer ministro israelí o palestino.

—¿Le dirá esto también a Sharon? —me preguntó Arafat.

Le contesté que esperaba ver pronto al primer ministro israelí, que ya le había enviado una carta en la que decía exactamente lo mismo: que según el código de la Biblia, las únicas opciones eran paz o aniquilación.

Y acto seguido añadí que con la paz entre él y Sharon no se eliminaba todo el riesgo.

—Creo que el código afirma que una tercera parte podría atacar con armas no convencionales, matando tanto a palestinos como israelíes —le dije.

—¿Quién? —preguntó Arafat.

—Cuando firme la paz con Sharon, vendré de nuevo y se lo diré —le contesté.

Arafat se rió.

—Será usted bienvenido siempre que quiera, como amigo —me dijo.

Cuando me levanté para partir, Arafat me estrechó la mano, me abrazó y me besó en ambas mejillas. Después, tomó mi mano de nuevo, esta vez sin dejarla ir. No importaba cuántas veces le había dicho que no era un profeta, sólo un periodista que simplemente tenía acceso al código. Era evidente que aún me veía como a un elegido.

Así, fuimos de la mano hasta llegar al ascensor y después, muy amablemente, me dijo adiós con la mano mientras se cerraban las puertas del mismo.

Yo conocía su pasado. Sabía que tenía las manos manchadas de sangre. Pero estaba seguro de que Arafat creía en las advertencias del código de la Biblia y que encarnaba la única posibilidad de alcanzar la paz.

CAPÍTULO SEIS

EL ARCA DE ACERO

Vi dos colosales pilares, quizá la puerta de un templo o de un palacio, quizá las torres gemelas de alguna antigua ciudad.

La visión se desvaneció. Estaba solo en la yerma península de Lisan, rodeado por el mar Muerto, intentando imaginar los «obeliscos» que en otro tiempo se erguían orgullosos aquí.

Pero todo lo que había a mi alrededor era una gran extensión de cal blanca, los escarpados acantilados del cabo que dibujaban la línea costera y la gruesa capa de sal que el mar iba dejando atrás. Caminé por el terreno que limitaba con el arrecife colindante. Se trataba del punto más bajo de la Tierra, el fondo del mundo, donde las aguas habían desaparecido exponiendo un suelo sumergido bajo el mar Muerto durante cinco mil años.

Y me pregunté: aunque los «obeliscos» hubiesen estado aquí alguna vez, ¿existirían todavía? ¿No habría el tiempo acabado con ellos? ¿Se los habría tragado el mar? ¿Eran sólo fantasmas de un mundo ya desaparecido o podían ser realmente la «clave del código» todavía por hallar?

Busqué en la Biblia la expresión «la clave hoy». Se hallaba codificada en el versículo del Génesis donde también aparecía «código de la Biblia» y «código del obelisco», las palabras en la Biblia que me revelaron por primera vez la localización de la clave, «el valle de Sidim, en el mar Muerto».

La expresión «clave hoy» también aparecía asociada a dos localizaciones que mencionaban los mapas modernos: un pueblo y una bahía llamados «Mazra», en el extremo norte de la península de «Lisan».

Pero aunque estuviese buscando en el lugar correcto, aunque estuviese en ese mismo momento pisando el suelo donde se hallaba enterrada la «clave», no sabía cómo encontrarla, ni siquiera sabía qué era.

El código me decía que necesitaba un «sensor», algún tipo de tecnología avanzada que pudiese buscar bajo tierra. Pero nadie podía decirme qué instrumento utilizar a no ser que supiese de qué estaba hecha la «clave». Es decir, de qué piedra, de qué mineral estaban tallados los «obeliscos».

De manera que busqué en el libro de Daniel, cuyo texto oculto ya me había confirmado que Lisan era Sidim («Lisan como Sidim») e identificado «Mazra» como la X del mapa del tesoro. El mismo pasaje también hablaba del «pilar en el palacio», inscrito con «toda la sabiduría» del mundo antiguo.

Y allí, en Daniel, encontré la expresión «clave hoy», pero nada sobre el material de que estaba hecha: quizá «mármol» o «granito» o cualquier otro tipo de piedra.

Pero una mirada más atenta me reveló que allí se leía «hierro» y que esta palabra cruzaba la expresión «clave hoy». Y aún más: solapándose con «hierro», la frase «un secreto que no adivinó, yo se lo revelaré».

Por último, codificado paralelamente a «clave hoy», con la misma secuencia de salto, encontré «arca de acero».

El texto directo escrito por el anciano profeta decía en ese lugar: «Proporciona sabiduría al sabio y conocimiento a aquellos que tienen entendimiento.»

«Revela cosas secretas y profundas», decía Daniel, en palabras que en hebreo también significan «su contenedor es profundo, el lugar oculto». Y esto aparecía sobre «arca de acero».

El texto directo de Daniel parecía confirmar la promesa de que obtendríamos la clave del código. El texto oculto revelaba un secreto que yo no había descubierto: estaba hecha de «hierro» o preservada en una «arca de acero».

Después busqué la expresión «clave del código» en Daniel. «Acero» estaba de nuevo codificado exactamente en el mismo lugar, cruzándose con «Lisan». «Código» aparecía dos veces más, esta vez cruzando a «amalgamado».

○ CLAVE HOY   □ HIERRO   ◇ ARCA DE ACERO

Y una y otra vez las palabras directas de Daniel parecían confirmar lo que el código había prometido: «Ahora te diré la verdad.»

○ CLAVE DEL CÓDIGO   □ LISAN   □ LISAN   ▽ ACERO   ⬠ CÓDIGO/CÓDIGO   ◇ AMALGAMADO

Decidí entonces buscar de nuevo en aquel lugar donde encontré por primera vez «clave del código» cruzándose dos veces con «obeliscos». Esta vez vi algo más: la palabra «acero» codificada dos veces.

○ CLAVE DEL CÓDIGO   □ OBELISCOS   ◇ ACERO   ◇ ACERO

Era difícil de creer.

Hace tres mil años, más o menos cuando Dios le entregó a Moisés la Biblia en el monte Sinaí, apareció una nueva civilización: la de la edad de hierro.

De hecho, el texto directo de la Biblia menciona un «horno de hierro». Los arqueólogos han descubierto objetos de hierro de esa época en Egipto y Asia Menor. Pero sólo se han encontrado pequeños utensilios, cuchillos y joyería. Su fabricación consistía en calentar mineral de oro en primitivos fosos de carbón.

Por lo tanto, el mundo antiguo también conocía el hierro. En la Biblia se habla de ello: «los carros brillaban con su acero». Pero esta mención se encuentra en uno de los últimos libros, escrito probablemente cerca de mil años después de los tiempos de Moisés.

EL ARCO DE ACERO

No hay evidencia de que se hubiese podido forjar una gran «arca de acero» antes de la era industrial, en el siglo XVIII. Los arqueólogos que consulté sostenían que no podía existir un objeto de «hierro» o «acero» con esa antigüedad y proporciones.

A pesar de ello, el texto oculto de la Torá mencionaba una «arca de acero» y proponía a «Lisan» como su ubicación actual.

Las palabras del texto directo que se solapaban con «Lisan» eran decisivas: «ésta es la solución».

○ ARCA DE ACERO   ◇ LISAN   □ ÉSTA ES LA SOLUCIÓN

Si la «clave del código», los «obeliscos», eran de verdad una «arca de acero», entonces nos hallaríamos ante la solución.

Un objeto hecho de hierro o de acero era posible de encontrar. Quizá la única cosa detectable bajo Lisan, el depósito de sal más grande de la Tierra, el lugar del planeta más difícil de penetrar con un radar.

Además, sabía que cualquier objeto hecho de hierro es magnético. Un magnetómetro podría captarlo, aunque se hallase en las profundidades. La señal magnética podía penetrar incluso la sal de Lisan o las aguas del mar Muerto.

Además, se tenía que tratar de un objeto de hierro o acero porque qué otro material podía haber resistido el paso del tiempo desde tiempos bíblicos.

Sin embargo, comprendía que un gran objeto de acero de miles de años de antigüedad era un anacronismo difícil de explicar. Aunque el objeto no me diese la clave para descodificar el código, aunque no aportara nada a la ciencia, su mera existencia suscitaría preguntas difíciles de responder.

Al igual que el código oculto o los obeliscos (cuya leyenda decía que estaban hechos en el Cielo), un objeto antiguo de hierro no podía ser de este mundo.

Pero si existía, primero había que encontrarlo.

Fui inmediatamente a ver a Eli Rips y le conté que podríamos encontrar la «clave del código» en una «arca de acero».

Para evaluar este notable aunque increíble descubrimiento, Rips sugirió que buscásemos también «arca de hierro». Y allí estaba, codificada en la Torá. Y después ambos vimos algo extraordinario.

Exactamente las mismas palabras que aparecían en «arca de acero» cruzaban «arca de hierro»: el nombre de la península, «Lisan», solapado con la frase «ésta es la solución».

«Mazra» aparecía justo encima de «Lisan». No había duda de que el código de la Biblia afirmaba claramente que existía un depósito de «hierro» o «acero» exactamente en el mismo lugar en el que se hallaba la clave del código, los obeliscos.

Rips había sido escéptico al respecto. Pero ahora tenía que admitir que el hecho de que apareciera la misma frase de la Biblia y los mismos nombres de lugares tanto junto a «arca de hierro» como a «arca de acero», era completamente increíble.

—Existe un término matemático para esto —dijo Rips—. Se llama «recombinación». Se toma cierta cantidad de palabras y se las recombina en todas sus posibles combinaciones y se encuentra un grado de correlación entre las palabras. Es un buen experimento.

○ ARCA DE HIERRO   ◇ LISAN   □ ÉSTA ES LA SOLUCIÓN   ◇ MAZRA

»Es realmente notable —continuó Rips—. No se puede negar que esto ha sido escrito a propósito. Pero ¿cómo explicarlo? ¿Qué significa? Sólo puedo observar su consistencia y afirmar que está más allá del azar.

—¿Por qué el código me estaba conduciendo tan consecuentemente, tan intencionalmente, a ese lugar si no estuviese enterrada allí la clave? —pregunté.

Para Rips, como siempre, no había lugar para la duda:

—Yo no puedo afirmar que lo que dice el código se corresponde con la realidad, pero para mí, la coherencia, la significación de esta codificación, ya me parece una maravilla, tanto si encontramos el obelisco como si no.

Quizá fuese así para un matemático. Quizá para un hombre de religión. Pero yo quería conseguir una prueba material. Y ahora me sentía más cerca de ello que nunca.

«Ésta es la solución.» Estaba seguro de que esas palabras no podían solaparse por azar con «Lisan». No donde además se hallaban codificadas las expresiones «arca de acero» y «arca de hierro».

«Arca.» Tanto en hebreo como en español, una arca es un gran cajón, quizá un recipiente que guarda algo sagrado pero, en definitiva, una caja. Pero el arca más conocida, por supuesto, es el arca de Noé. Y esa arca era también un vehículo.

Busqué en el código de la Biblia la expresión «vehículo de acero» y allí estaba. Pero eso no era todo. Cruzando esa expresión, en el texto directo, se leía perfectamente «su vehículo que Él lanzó al mar».

○ HIERRO, VEHÍCULO   □ SU VEHÍCULO QUE ÉL LANZÓ AL MAR   ◇ ACERO/ACERO

Estas palabras proceden de un famoso versículo del Éxodo que cuenta cómo Dios salvó a los antiguos israelitas dividiendo las aguas del mar Rojo, para ahogar a sus perseguidores egipcios en sus aguas.

Me preguntaba si también pudiese hacer referencia a algún antiguo vehículo ahora perdido en el mar Muerto, el «arca de acero» que estaba buscando.

La expresión «acero» aparecía dos veces más, solapada con «pilar» y cruzando a «vehículo de hierro».

Por cierto que también hallamos codificada la expresión «vehículo de hierro» y el texto directo que la cruzaba ofrecía, como en otras ocasiones, múltiples significados.

La traducción original del texto directo hacía referencia al tabernáculo, el templo portátil que usaban los israelitas durante su éxodo.

«Y lo llenaré del espíritu de Dios en sabiduría, entendimiento, conocimiento y habilidad para toda clase de artesanía», dice el versículo del Éxodo acerca del artesano que construyó el tabernáculo.

Pero donde esas palabras cruzaban con «vehículo de hierro», las mismas letras hebreas también decían «hierro forjado, todo el trabajo del ordenador».

Por otro lado, «Lisan» aparecía en el texto oculto justo por encima de «vehículo de hierro» y «cabo, amalgamado» se cruzaba con «hierro».

○ VEHÍCULO DE HIERRO ☐ HIERRO FORJADO, TODO EL TRABAJO DEL ORDENADOR
◇ CABO, AMALGAMADO ☐ LISAN

En el texto directo del Libro de Josué también aparece dos veces «vehículo de hierro». Una vez más, las antiguas palabras parecían tener dos significados muy diferentes.

«Todos los cananeos que moran en la tierra del valle poseen carros de hierro», dice el texto directo de la Biblia, advirtiendo del gran poder de las personas que habitan en la Tierra Prometida.

Josué, el líder de los israelitas, les asegura «expulsaréis a los cananeos, aunque ellos tengan carros de hierro».

En Josué, «vehículos de hierro» aparece dos veces, codificado junto «tel de los obeliscos».

Un «tel» es un yacimiento arqueológico, un montículo de tierra que cubre los restos de unas ruinas antiguas.

Una vez más, otra confirmación: junto a «vehículo de hierro» hallamos codificado «él encontró el lugar exacto, Lisan». Y eso aparece exactamente donde el texto directo de Josué informa de la localización exacta, la única vez que aparece en la Biblia: «Lisan, lengua del mar.»

¿Podría el vehículo de hierro que estaba buscando estar hecho por el hombre desde los tiempos bíblicos? Por otro lado, parecía improbable que nada del tamaño de un «carro» pudiese contener un «obelisco».

Si realmente existiese alguna forma de vehículo de miles de años de antigüedad, hecho de hierro o acero, enterrado en la península que se adentra en el mar Muerto, entonces lo más probable es que su origen no fuese de este mundo.

¿Qué era esta «arca de acero»? ¿De dónde procedía? Y lo más importante, ¿existía todavía?

¿Podía un objeto antiguo de hierro o acero haber sobrevivido durante miles de años?

○ TEL DEL OBELISCO
☐ VEHÍCULO DE HIERRO
☐ VEHÍCULO DE HIERRO

Miré de nuevo al código que confirmaba que estaba buscando en el lugar correcto, es decir, donde la expresión «código de la Biblia» aparecía junto a la frase «existe en Lisan».

En ese momento me di cuenta de que el texto oculto que cruzaba «código de la Biblia» también afirmaba «en un vehículo ahí, hasta este día».

Una vez más, «acero» estaba codificado en ese mismo versículo de la Biblia. Por lo tanto, si el código era correcto, el «vehículo» todavía se encontraba enterrado en la península de Lisan.

Pero cuando volví a Lisan con un arqueólogo jordano del Departamento de Antigüedades, éste cuestionó que pudiese existir todavía un objeto de esas características, especialmente en un terreno inundado de sal.

Después consulté con un prestigioso geofísico israelí, un experto en detectar hierro bajo tierra, y me dijo que si había sobrevivido algún objeto como aquél, estaría tan oxidado que no lo detectaría ningún magnetómetro.

○ CÓDIGO DE LA BIBLIA   □ EXISTE EN LISAN   ◇ EN UN VEHÍCULO AHÍ, HASTA ESTE DÍA

De repente, en unos minutos toda mi investigación se había ido al garete. Parecía obvio que si el «arca de hierro» estaba bajo el agua, a estas alturas estaría oxidada. Si estaba sumergida en agua salada, incluso se hubiese oxidado más rápido. Y lo mismo daba que estuviese bajo tierra puesto que en ese lodazal salado también se hubiese desintegrado hace tiempo.

La península de Lisan tenía la más alta concentración salina del mundo. De hecho era una roca de sal de kilómetros de profundidad, rodeada por un mar tan salado que nada podía vivir en él, razón por la que se denominaba mar Muerto.

Llamé a todos los expertos que pude encontrar. Uno tras otro, me explicaron que cualquier objeto de hierro se habría reducido a polvo y herrumbre hacía cientos o miles de años.

Todos los arqueólogos, metalúrgicos y empleados de museos estaban de acuerdo en que casi todos los objetos antiguos de hierro que se habían encontrado hasta el momento estaban completamente corroídos y que la corrosión se veía acelerada por el contacto con la sal. Es una realidad que la mayor parte de los objetos de hierro desaparecen en sólo unos años. Ninguno sobrevive durante tantos siglos.

Estaba completamente desmoralizado. Temía que mi investigación hubiese llegado a su final. Pero no me di por vencido. Hice una última llamada.

Ronald Latanision es un reconocido experto en corrosión del MIT (Massachusetts Institute of Technology). Le pregunté si un objeto de hierro podía haber sobrevivido durante miles de años bajo el agua.

«Depende de cuán alta sea la concentración de sal», me respondió.

No quería decirle que se trataba del mar Muerto, la más alta concentración de sal del mundo, pero tuve que hacerlo.

«Entonces cabe la posibilidad de que todavía esté allí», dijo Latanision.

En el entorno único de Lisan, en el mar Muerto, las reglas de la química no funcionan de la misma manera que en el resto del planeta. Se trataba de la única excepción a todo lo que me habían dicho hasta el momento.

«Es cierto que el agua oxida y que la sal acelera la corrosión —dijo Latanision—, pero si la concentración de sal es muy alta, en realidad puede evitarla. Cuando se llega a un 35 % de sal en el agua, el oxígeno desciende abruptamente. Sin oxígeno no hay corrosión.»

Llamé al geólogo David Neev en Israel, el mejor experto sobre el mar Muerto. Le pregunté si la concentración de sal era mayor o menor que el 35 %.

«Mayor —dijo Neev—. Se trata del único lugar en el mundo con tal concentración.»

Además, Neev me confirmó lo que el experto del MIT me había dicho. Un objeto de hierro hundido en las profundidades del mar Muerto podría realmente haberse preservado porque esas aguas carecen de oxígeno. Y sin oxígeno no hay corrosión.

«¿Y qué podía haber sucedido si el "arca de acero" estuviese bajo tierra?», les pregunté a Neev y Latanision.

Un objeto de hierro enterrado en el barro o la arcilla de Lisan probablemente también habría sobrevivido porque ese suelo es casi impenetrable al aire, según Neev. Un objeto de hierro enterrado en el terreno salino que hay bajo la península de Lisan podría preservarse indefinidamente, en palabras de Latanision.

«Una caverna de sal absorbería la humedad —respondió el profesor del MIT—. Sin humedad no hay corrosión. Sin oxígeno no hay oxidación. Cualquier cueva, cápsula o bodega hermética y estanca podría preservar un objeto de acero o hierro.»

Increíble. Estaba buscando en el único lugar de la Tierra donde una «arca de acero» podría haber sobrevivido durante miles de años.

Busqué en el código de la Biblia la confirmación final. Y allí la encontré, aunque una sola vez: «el hierro no se oxidó». «Se preservó» y «descubrimiento, revelación» aparecía en el mismo lugar.

La clave del código todavía podía existir preservada en un objeto de hierro. Pero también existía, en el código de la Biblia, la sugerencia de que para encontrar los obeliscos podía prescindir de una expedición, de un equipo de geofísicos con un magnetómetro.

«Preservado en acero» venía codificado junto a la localización «al otro

○ EL HIERRO NO SE OXIDÓ   □ SE PRESERVÓ   ◇ DESCUBRIMIENTO, REVELACIÓN

lado del mar, en la frontera de Moab», el nombre bíblico de Jordania. Y allí, el texto oculto decía: «lo verás desde allí, una pequeña punta de ello».

El texto sugería que podía encontrar el código de la Biblia con cierta facilidad, incluso accidentalmente. Que parte del obelisco podía incluso emerger de la tierra.

También estaba codificado «obelisco saliente, obvio», junto a «Mazra» y «Lisan».

«Desde Lisan, sale a la superficie» aparecía con las mismas palabras bajo el texto directo de la Biblia donde se cruzaban «arca de acero» y «arca de hierro». Y todavía más: la frase «ésta es la solución» se solapaba con «Lisan».

Y esa geografía única de la península lo hacía posible. Buscaba la clave del código en una tierra que había estado bajo el agua durante cinco mil años. El mar Muerto está ahora en su nivel más bajo desde los albores de la

EL ARCO DE ACERO

○ PRESERVADO EN ACERO
□ AL OTRO LADO DEL MAR, EN LA FRONTERA DE MOAB (JORDANIA)
◇ LO VERÁS DESDE ALLÍ, UNA PEQUEÑA PUNTA DE ELLO

civilización humana y sigue reduciendo su caudal con celeridad. Y la nueva tierra expuesta también estaba hundiéndose rápidamente. De hecho, un geólogo israelí había acabado de publicar un artículo titulado «El lugar más bajo de la Tierra se hunde».

Era perfectamente posible que un objeto enterrado hace miles de años emergiera repentinamente por efecto de esos fenómenos naturales.

Sólo había un problema. Un objeto de hierro o acero, preservado bajo el mar o bajo tierra durante miles de años, se desintegraría en un minuto en cuanto aflorara a la superficie. Tan pronto como quedara expuesto al aire, al oxígeno, lo que habría sobrevivido a milenios desaparecería en días, incluso en horas.

De repente, me di cuenta de que mi investigación se había vuelto incluso más urgente.

○ DESDE LISAN, SALE A LA SUPERFICIE ◇ LISAN ☐ ÉSTA ES LA SOLUCIÓN

El 5 de octubre de 2000 volé a Amman, en Jordania, para ver al embajador norteamericano, William Burns. Éste me había prometido que intentaría convencer a importantes funcionarios jordanos, incluso al nuevo rey, Abdalá II, de que dieran luz verde a la investigación arqueológica sin más retraso.

Pero cuando llegué, la embajada norteamericana estaba rodeada por veinte mil manifestantes airados que gritaban consignas antijudías y antiamericanas.

Al otro lado de la frontera israelí habían muerto ya cerca de cien palestinos como consecuencia de la nueva intifada iniciada en la Explanada de las Mezquitas en Jerusalén una semana antes. Los tanques y helicópteros israelíes estaban atacando Gaza y Cisjordania. Muchos de los manifestantes fuera de la embajada sostenían fotografías de un niño palestino de doce años caído a causa de los disparos de los soldados.

Las protestas se habían extendido desde los campos de refugiados de las afueras de Amman hasta las universidades y ahora amenazaban al gobierno jordano.

Dentro de la embajada norteamericana vi al embajador Burns. Estaba realmente conmocionado. Me dijo que iba a ser muy difícil persuadir a los jordanos para que me permitiesen llevar a cabo trabajos arqueológicos en Lisan, en la parte del mar Muerto que queda justo frente a Israel.

«Ahora no es el momento apropiado ni siquiera para pedirlo», me dijo.

Tres días más tarde me reuní con el ministro de Turismo y Antigüedades y con el ayudante del primer ministro de Jordania y me aseguraron que darían el visto bueno a la expedición. Pero no en ese momento.

El nuevo estallido de violencia en Israel me impedía buscar la «clave del código», justo en el momento en el que las advertencias del código de la Biblia se empezaban a hacer realidad, cuando todo el Próximo Oriente parecía a punto de estallar trayendo consigo la tercera guerra mundial.

CAPÍTULO SIETE

SHARON

«Me va mejor con los árabes que con los judíos», le expliqué al hijo del primer ministro, Omri Sharon.

Omri rió con ganas. Acababa de entrevistarme con Yasir Arafat, que aceptaba por completo la existencia del código de la Biblia y, sin embargo, no podía hacerlo con el padre de Omri, el nuevo primer ministro israelí, Ariel Sharon.

Era martes, 17 de abril de 2001. La noche anterior, los tanques israelíes habían invadido Gaza, entrando en territorio palestino por primera vez desde los acuerdos de paz de Oslo en 1993. De manera que me sorprendió que Omri quisiese recibirme en medio de aquella crisis.

Lo reconocí de inmediato. Su retrato había aparecido en primera página de todos los periódicos israelíes cuando se supo que el primer ministro había estado enviando secretamente a su hijo de treinta y seis años como emisario ante Arafat. La izquierda del país estaba enojada porque Sharon había pasado por encima de su ministro de Asuntos Exteriores, Simon Peres. La derecha se quejaba, por su parte, de que Sharon hubiese entablado cualquier tipo de negociaciones en la actual oleada de violencia palestina.

Pero Omri era el confidente más cercano de su padre, su consejero más apreciado. Se decía de él que era el segundo hombre más poderoso de Israel. Ciertamente, era el político en la sombra con más sentido común del gobierno del Likud.

Nos sentamos juntos en el patio del hotel King David, mirando hacia la Ciudad Antigua, la amurallada Jerusalén bíblica, ahora el principal campo de batalla del conflicto palestino-israelí.

La nueva intifada había entrado en su séptimo mes, habían muerto casi quinientas personas y ahora se estaban enviando tanques a Gaza. Parecía que Sharon iba a declarar la guerra total en cuestión de días.

En verdad, muchas personas responsabilizaban a Sharon de haber provocado la guerra con su visita a la Explanada de las Mezquitas —el lugar más sagrado de Israel para árabes y judíos— con mil hombres fuertemente armados y policía antidisturbios, en la víspera de las conversaciones de paz de Camp David.

Y ahora, el conservador militar que había encendido la mecha del derramamiento de sangre era primer ministro de Israel. Nadie, incluido Sharon, pensaba que tal escenario podía ser posible.

Pero todo ello ya estaba vaticinado en la Biblia.

«Cuando nadie pensaba que su padre podría ser ni siquiera candidato, el código predijo que sería primer ministro», le expliqué a Omri, acercándole la tabla del código que vaticinaba el resultado de las elecciones del 6 de febrero de 2001.

«"Sharon" estaba codificado junto a la fecha hebrea "13 de shevat" y "primer ministro Sharon", junto al año hebreo "5761". Esto es, el 6 de febrero de 2001.»

Omri examinó la tabla del código con escepticismo.

—No creo en este tipo de cosas —dijo—. Uno puede encontrar todo lo que desee.

—Pero es que esta profecía la hallamos con dos meses de antelación —le respondí—. Y, desde entonces, hemos seguido obteniendo resultados similares. El código de la Biblia ha vaticinado con toda precisión el resultado de las tres últimas elecciones israelíes (al contrario de las encuestas).

Omri seguía impasible.

—Si no lo veo, no lo creo —me dijo—. Y mi padre en eso es como yo.

Ariel Sharon no es sólo un hombre realista, es también un hombre de la

○ 13 SHEVAT/6 DE FEBRERO DE 2001 □ SHARON

tierra. Se crió en una granja. Es desafiantemente secular. No hay una mota de misticismo en él. No es un intelectual como Peres. No le atraen los conceptos abstractos como a Barak. Y, por supuesto, no es un creyente practicante como Arafat.

La mayor parte del mundo no es consciente de ello, pero Israel no es una teocracia. Al menos, medio país es totalmente ajeno a la religión y nunca ha habido un primer ministro muy religioso.

Si Sharon tenía una religión, ésta era la defensa de la tierra de Israel por todos los medios. Él cree que los árabes odian a los judíos y que esto nunca cambiará. Antes de que Sharon pensase en la posibilidad de llegar a ser primer ministro, cuando nadie confiaba en sus posibilidades, dejó muy clara su postura frente a la paz: «Ya saben mi opinión acerca del asunto. No la podremos obtener jamás.»

«Los árabes no nos quieren aquí —declaró en una entrevista en la precampaña electoral—. Ésta es la clave de toda esta historia. Quieren tomar esta tierra por la fuerza.»

«Defenderé la vida de los ciudadanos israelíes —dijo Sharon—. Y no creo que tenga que dar más explicaciones. Los árabes me conocen. Y yo los conozco a ellos.»

Ésta es la auténtica religión de Sharon.

Sabía que no iba a ser fácil venderle el código de la Biblia a Ariel Sharon. Pero también sabía que Omri era el mejor canal de acceso al primer ministro; que él había estado en contra de la visita de su padre a la Explanada de las Mezquitas, que había entablado conversaciones con los líderes árabes de su generación y que quería la paz.

Le entregué a Omri una copia de la carta que le había enviado a Itzhak Rabin un año antes de que fuese asesinado.

—Enséñeme esto —me dijo, señalándome el lugar donde le decía a Rabin: «La única vez que aparece su nombre completo (Itzhak Rabin) codificado en la Biblia, las palabras "asesino que asesinará" lo cruzan.»

Le entregué a Omri una copia de mi libro en cuya portada se puede ver la tabla que contiene esa profecía.

—¿Y usted envió a Rabin esta carta en 1994? —preguntó—. ¿Un año antes de que fuese asesinado?

Era la primera vez que veía a Omri realmente interesado.

—Sí —le dije—. El código no sólo predecía que Rabin iba a ser asesinado, sino también especificaba en qué año iba a suceder y quién sería su asesino. Rabin leyó la carta, pero no hizo caso de la advertencia.

Omri guardó silencio durante un rato. Estaba estudiando el código de la tabla.

—¿Y por qué deseaba verme? —me preguntó de repente.

Le enseñé la misma tabla codificada que le había enseñado a Arafat, donde aparecían dos afirmaciones acerca del «fin de los días» y los nombres de «Arafat» y «Bush» junto con el de «Sharon».

—Las probabilidades de encontrar estos resultados por casualidad son de menos de una entre un millón —le dije.

—Son sólo estadísticas —dijo Omri—. Las estadísticas se pueden manipular.

—Aunque no crea que exista un código en la Biblia que revele el futuro,

O FIN DE LOS DÍAS □ EN EL FIN DE LOS DÍAS ◇ ARAFAT □ BUSH □ SHARON

aunque su padre no crea una palabra de este asunto, es importante que lo vea, porque Arafat sí cree en ello —le dije a Omri.

Omri sabía que yo había visitado a Arafat porque unos días después él mismo se había reunido también con el líder palestino.

—No quisiera ofenderle —le dije—, pero creo que Arafat le da más importancia al código de la Biblia que a cualquier cosa que pueda usted decirle porque él cree en las profecías. Esto forma parte de su cultura.

—Yo sé cómo hablarles a los árabes —replicó Omri.

—Piense que no es occidental —le advertí.

—Ni yo tampoco —dijo Omri—. Yo soy de Oriente Medio y entiendo la manera de pensar de Arafat.

—Mi opinión es que tanto Barak como Clinton no lo entendían —comenté.

—Estoy de acuerdo —dijo Omri.

Le confié a Omri la carta que le había escrito al primer ministro y le dije:

—Creo que su padre es una persona más abierta porque tiene una mayor consciencia de su propio destino.

—Ojalá fuese menos consciente de ello —dijo Omri—. Su vida sería mucho más sencilla.

Omri leyó de nuevo la carta, lenta y cuidadosamente, e hizo una última pregunta:

—Sólo veo peligros. ¿Dónde está la solución?

—El código de la Biblia sólo nos da información —le dije—. No nos dice qué hacer. Pero parece insinuar que su padre puede conseguir la paz.

Le enseñé el párrafo que hacía referencia a «Sharon», codificado junto con la expresión «fin de los días». También se leía allí la palabra «paz».

Acto seguido le mostré otra tabla con las expresiones «holocausto atómico», «Sharon» y «tratado de paz».

Omri releyó unos cuantos párrafos de mi carta y, cuando acabó, me dijo que se la entregaría a su padre ese mismo día.

Mi carta a Sharon decía:

«Le he pedido a su hijo Omri que le entregue esta carta y organice un encuentro entre usted y yo porque el código nos advierte de que Israel puede enfrentarse a un peligro terrible. Es posible que se trate de una hecatombe mortalmente definitiva.

»No hay duda de que la historia de Israel va a pasar por un momento crítico. Está claramente vaticinado en el código de la Biblia.»

○ FIN DE LOS DÍAS □ EN EL FIN DE LOS DÍAS ◇ ARAFAT □ BUSH ◇ SHARON
◊ PAZ

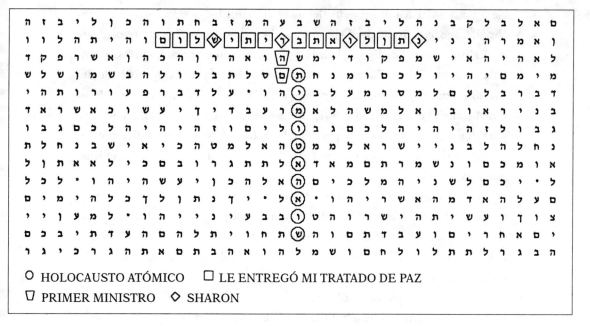

»El texto oculto de la Torá menciona a "Sharon", "Arafat" y "Bush", junto con las dos expresiones bíblicas que hablan sobre el mayor peligro al que se enfrenta la humanidad, "el fin de los días".

»Y aunque existen muchas interpretaciones acerca del significado de la expresión "fin de los días", todos los estudiosos sugieren que se corresponde con la descripción del libro de Daniel:

»"Y ocurrirá un tiempo de angustia, como no la ha habido desde que hubo nación."»

«Si hace referencia a Israel, eso es decir mucho», dijo Omri, levantándose para marcharse.

Ahora pienso que el verdadero problema no es que Sharon creyese o no creyese en el código de la Biblia, sino que no tenía voluntad de firmar la paz.

Lo que me persuadió de ello no fue mi encuentro con su hijo, sino con un viejo amigo del Ministerio de Defensa, el científico y general Isaac Ben-Israel. Conozco a Isaac desde hace unos diez años. De hecho, cuando advertí a Rabin de que el código de la Biblia anunciaba su asesinato, me puse también en contacto con Isaac. Recuerdo que llevé al doctor Rips a la sede del Kirya, el cuartel general del ejército en Tel-Aviv, para que le hablase a Ben-Israel sobre el código. Isaac, el físico que decidía qué armas debía comprar y fabricar Israel, era la única persona del gobierno israelí con suficiente conocimiento científico para entender el código de la Biblia al nivel que Rips podía explicarlo.

Debido a este conocimiento y debido a que había visto cómo la predicción de Rabin se hacía realidad, Isaac nunca tuvo miedo de facilitarle a cualquiera las advertencias que yo le proporcionaba. De hecho, me consta que habló del tema con otros generales, los responsables de la inteligencia militar e incluso con el primer ministro.

Pero ahora, en nuestro último encuentro de abril de 2001, en Tel-Aviv, Isaac me dio miedo. Nunca habíamos hablado acerca de política. Yo asumía que él se situaba a la izquierda, junto con Rabin, Peres y Barak.

En estos momentos, el general Ben-Israel parecía reflejar la actitud de la nueva administración de Sharon.

Sabía que despachaba regularmente con los más importantes cargos de Defensa, a veces incluso con el primer ministro. Y su posición se había endurecido.

Le mostré a Isaac las mismas tablas que le había enseñado a Omri y que esperaba enseñar a Sharon. Puse especial hincapié en la tabla donde aparecían «Sharon», «Arafat» y «Bush» junto al «fin de los días». Le dije lo de siempre, que, según el código, la única posibilidad parecía ser paz o aniquilación.

—¿Qué nos puede hacer Arafat? —preguntaba Ben-Israel—. No puede hacernos daño.

—Claro que puedes derrotarle militarmente —le dije—. Pero si lo haces, todo el mundo condenará tus acciones y entonces es posible que os ataquen lunáticos islámicos con misiles y armas no convencionales.

—No creo que el mundo nos condene —dijo Ben-Israel—. No, si golpeamos después de un importante ataque terrorista.

—¿Cuán importante ha de ser ese ataque? —le pregunté.

—No tres muertos, sino trescientos —dijo Isaac—. Los hemos detenido varias veces planeando saltar por los aires algún edificio de oficinas de Tel-Aviv. Algo como eso.

—¿Qué haría entonces Israel? —le pregunté.

—Una acción devastadora —contestó Isaac.

No estaba dispuesto a dar detalles. Pero era obvio que estaba pensando en planes ya trazados por los altos círculos de la inteligencia militar.

Y supe en ese momento que Sharon estaba sólo esperando la excusa adecuada para llevar a cabo la acción decisiva contra los palestinos. Ya estaba planeado.

Le expliqué a Isaac que tenía miedo de que ello significase el desastre más completo para Israel, que entonces se darían todos los requisitos necesarios para que la profecía se cumpliese: el terrible futuro que vaticinaba el código de la Biblia para Israel en los próximos cinco años.

—Podemos sobrevivir a un ataque químico —dijo Ben-Israel—. Ya lo hemos contemplado. Quizá morirán doce mil personas. Sería trágico, pero no definitivo.

Le mostré a Isaac otra tabla del código. «Arafat» cruzaba a «plaga» y el versículo completo del texto directo decía: «los muertos en la plaga fueron 14 700».

—¿Y qué me dices de un ataque atómico? —le pregunté.

—Eso sí sería definitivo —respondió Isaac.

Abandoné aquella reunión más atribulado que nunca. Los sucesos de los siguientes días —el bombardeo de la estación de radar siria en el Líbano y la invasión israelí de Gaza— me confirmaron que existía un plan para evitar que los jordanos presentasen una oferta de paz a Sharon. Entonces vi con claridad que el primer ministro estaba esperando el momento de cumplir con su destino: golpear definitivamente a los palestinos con toda su fuerza militar.

○ ARAFAT   ◇ PLAGA   □ LOS MUERTOS EN LA PLAGA FUERON 14 700

En ese momento, el futuro vaticinado por el código de la Biblia me pareció más real que nunca. No era suficiente con que Arafat aceptase las advertencias del código. Tenía también que llegar a Sharon. Tenía que asustarlo de la misma forma que había asustado a Arafat.

Tenía que convencer a Sharon de la realidad del «fin de los días».

Al despedirme de mi amigo Isaac, le pregunté quién me podía conseguir una entrevista con Sharon. Me sugirió que fuese a ver al general retirado al que el primer ministro pensaba convertir en nuevo jefe del Mossad.

—He oído rumores que dicen que usted será el próximo responsable del Mossad —le comenté al general Meir Dagan cuando nos encontramos en Rosh Pina, la ciudad donde residía en el norte de Israel.

—Yo también he oído algo de eso —me contestó Dagan.

Había acudido al norte para ver al general porque después de Omri, él era el principal confidente del primer ministro. Tras el ataque de Sharon a la Explanada de las Mezquitas, Dagan habló en un mitin, que tuvo lugar en Jerusalén, en contra de la paz. «Debemos responder a la guerra con guerra —le dijo Dagan a la multitud—. Ha llegado el momento de enviar a Yasir Arafat de vuelta a Túnez», el país norteafricano donde había vivido exiliado.

Ése era el hombre al que tenía que persuadir de que Israel no tenía alternativa a la paz, porque la otra opción era la autodestrucción.

Le mostré a Dagan las mismas tablas que le había enseñado a Omri, donde aparecían «Sharon» y «Arafat» junto a «fin de los días», además de las advertencias de «holocausto atómico» y «guerra mundial» para el 2006.

—Así pues, ¿qué significa esto? —preguntó Dagan—. ¿Y qué podemos hacer?

—Creo que significa que Israel está en serio peligro y que tienen cinco años para encontrar una solución. Una solución que les salve la vida a todos —le respondí—. Estoy convencido de que el futuro se puede cambiar. Ésa es la razón de que haya venido a verle.

Sabía que Dagan desarrollaba su trabajo de una manera totalmente secular. Le pregunté si podía creer en el código de la Biblia.

—Sí —me dijo—, porque tengo la obligación de atender a cualquier amenaza.

Dagan había sido responsable del contraterrorismo durante el último gobierno de derechas, cuando Bibi Netanyahu era primer ministro. Le dije que me había dado cuenta de que las personas que habían trabajado en departamentos relacionados con la inteligencia militar eran más abiertos respecto al código de la Biblia, aunque no fuesen religiosos.

—Está en lo cierto —dijo Dagan—. Tenemos que serlo. No podemos pasar por alto ninguna advertencia.

Pero había algo más, algo que Dagan no me revelaría hasta nuestro siguiente encuentro, meses más tarde.

Fue en diciembre de 2001. Sharon había acabado de nombrar a Dagan jefe del equipo israelí en las conversaciones de alto el fuego con los palestinos. El mediador norteamericano era el general Anthony Zinni.

Todo el mundo sabía que Sharon había nombrado a Dagan para asegurarse de que no se llegaría a una paz definitiva. Pero de nuevo Dagan me sorprendió con su voluntad de persuadir al primer ministro para que nos encontrásemos y discutiésemos las advertencias del código de la Biblia.

Le enseñé las tablas del código de la Biblia que vaticinaban el 11 de setiembre con el ataque a las «Torres Gemelas», expresión que se hallaba codificada junto a «avión». Acto seguido le expliqué que parecía que el código nos advertía de que Israel iba a sufrir ataques a una escala mucho mayor.

—Hablaré con el primer ministro y con Omri —dijo Dagan—, pero dé por seguro que Sharon no le concederá ahora una entrevista.

En esos momentos, Israel se encontraba en un auténtico estado de guerra. En los últimos días, tres grandes ataques terroristas habían segado la vida de veinticinco personas y ahora aviones israelíes se hallaban atacando Gaza y Cisjordania.

—Entiendo que estamos en un momento muy delicado —le dije a Dagan—. Pero esto que sucede ahora es secundario. Veinticinco muertos es una tragedia, pero si el código está en lo cierto, el auténtico peligro está aún por llegar y entonces morirán miles de personas y, después, decenas de miles y, finalmente, toda la nación será aniquilada.

Dagan guardó silencio. Sabía que era un duro combatiente, pero me preguntaba si había ido demasiado lejos.

—Odio tener que decirlo tan duramente —añadí—. Si dispusiésemos de más tiempo, mis palabras serían menos dramáticas. Pero he intentado contactar con el primer ministro durante meses y necesito que entienda y le diga que estamos hablando de la supervivencia del país.

—Le he prometido que hablaré con Sharon y lo haré —me aseguró Dagan—. Yo no soy religioso, pero creo que hay fuerzas sobrenaturales que afectan a nuestra vida.

Reconozco que estaba sorprendido. Sabía por mi primer encuentro con Dagan que estaba abierto a creer en el código de la Biblia. En ese momento intuí su razón para creer.

—¿Por experiencia propia? —le pregunté.

—Sí —contestó Dagan, pero no me explicó más.

Decidí no ir más lejos. Pero no podía dejar de preguntarme qué es lo que había experimentado ese aguerrido guerrero para creer en fuerzas sobrenaturales y, por lo tanto, aceptar la realidad potencial de que un código oculto en la Biblia pudiese anticipar el futuro.

—Simplemente, no descarto que esas cosas puedan ser reales —me confesó Dagan. Para mí era suficiente.

Mi objetivo era sentarme cara a cara con Ariel Sharon como había hecho con Yasir Arafat.

Le dije a Dagan que seguramente me entrevistaría de nuevo con Arafat.

—No lo haga, al menos, durante unos días —me dijo.

—No tengo miedo —repliqué.

—Yo sólo le doy este consejo. No vaya ahora —insistió Dagan.

Unos días más tarde, tras otro atentado terrorista, un helicóptero de combate israelí destruyó parte de la sede del gobierno de Arafat en Ramala y tanques israelíes rodearon las oficinas del líder palestino.

Arafat permanecería bajo «arresto domiciliario» durante los siguientes meses.

Meir Dagan fue nombrado jefe del Mossad en setiembre de 2002 por designio de su viejo amigo, el primer ministro Ariel Sharon.

La fotografía colgada en la pared me devolvió al pasado. Yasir Arafat le daba la mano a Itzhak Rabin en los jardines de la Casa Blanca. Bill Clinton sonreía en medio de los dos. Al lado de Rabin se distinguía claramente la silueta de Simon Peres.

Acababa de entrar en el despacho de Peres en la sede del Ministerio de Asuntos Exteriores israelí, en Tel-Aviv. Pero la paz que tanto había perseguido parecía ahora sólo un borroso recuerdo en mi ajada memoria.

Me condujeron sin más dilación ante la presencia de Peres.

Él era mi última esperanza, pero parecía viejo, cansado y deprimido. Me daba la impresión de que su espalda cargaba con todo el peso de su fracasada política de reconciliación, quizá debido a que él había creído más que nadie en el momento que inmortalizaba aquella instantánea.

La última vez que vi a Peres, él era el primer ministro. Estábamos a finales de enero de 1996, pocos meses antes de que hallara en la Biblia las expresiones «fin de los días», «guerra mundial» y «holocausto atómico» junto con 2006.

—Cuando le vi por primera vez —dijo Peres—, el peligro se hallaba a diez años de distancia. Ahora sólo nos quedan cinco y ya no me parece algo tan improbable.

Después del fracaso de Camp David, tras casi siete meses de intifada, con Sharon instalado en el poder, aquel mensaje apocalíptico que le había confesado temeroso a Peres cuando era primer ministro parecía cosa de sentido común. Pero le dije a Peres que quizá aún había lugar para la esperanza.

—Acabo de entrevistarme con Arafat y parece aceptar sin reserva las advertencias del código —le indiqué.

Peres quería oír todos los detalles de aquel encuentro.

—¿Qué le dijo y cómo reaccionó él? —me preguntó.

—Le dije que, según el código de la Biblia, las opciones no son paz o desórdenes callejeros, o paz o guerra, sino paz o aniquilación. Me dio la impresión de que lo entendía y aceptaba por completo.

Abrí mi libro y le enseñé la ilustración que mostraba las dos expresiones del «fin de los días» y las letras hebreas que componían el nombre de «A-R-A-F-A-T».

—¿Y cómo ha reaccionado? —preguntó Peres.

—No parecía sorprendido —le respondí—. Me explicó que ya pensaba que estábamos viviendo tiempos críticos, pero cuando se dio cuenta de que la expresión hebrea era exactamente la misma en los dos idiomas, se sorprendió. Lo comentó con todos sus ayudantes y todos mostraron la misma perplejidad.

—Si está predicho, ¿qué podemos hacer? —preguntó Peres.

La misma pregunta que me había hecho en nuestra reunión anterior, cinco años atrás. Entonces le enseñé la expresión «holocausto atómico», codificado junto a 2006.

—Arafat me ha preguntado lo mismo —le respondí—. Casi ha usado las mismas palabras; él dijo: «Si está escrito, ¿qué podemos hacer?»

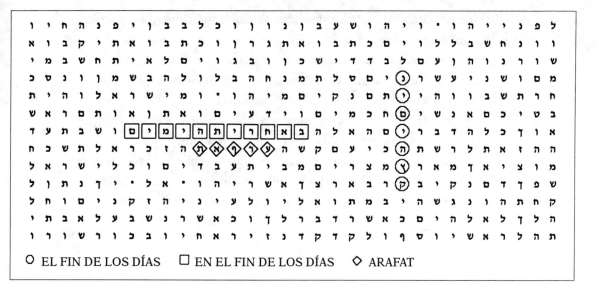

—Así se expresan los árabes —puntualizó Peres—. «Está escrito.» Piensan que todo está predeterminado.

—Intenté convencerle de que el futuro se podía cambiar, que lo que está escrito en la Biblia es una advertencia, no una predicción —le dije a Peres—. «Lo que nosotros hagamos, lo que usted haga, lo que él haga, determinará lo que finalmente vaya a ocurrir.

También le dije a Peres que estaba en contacto con Sharon a través de su hijo Omri, pero que no pensaba que Sharon quisiese la paz.

Peres no protestó. Tampoco defendió a Sharon. Sólo dijo:

—Yo ya pienso que no tenemos elección salvo firmar la paz, de manera que, ¿por qué me cuenta usted todo esto a mí?

—Porque el hecho de que Arafat crea en el código de la Biblia, su completa aceptación de las advertencias bíblicas, puede darle a usted una nueva perspectiva en las negociaciones de paz. Independientemente de que usted crea o no que el código pueda predecir el futuro.

—Él y yo pertenecemos a mundos diferentes —dijo Peres—. Arafat es primitivo, procede de una cultura básicamente rural. Yo tengo una cultura científica, democrática. Ahí está la diferencia. En esas condiciones, la comunicación resulta muy complicada.

Peres guardaba silencio. Su tristeza era palpable.

Él era, sin lugar a dudas, el político israelí más inteligente que había conocido. Para la mayoría de los israelíes, Peres era el soñador y Sharon el realista. Pero yo tenía justamente la idea opuesta. Sharon era el soñador. Todavía creía en una victoria militar, en arreglarlo todo mediante una rápida batalla de tanques. Peres sabía lo que decía. Consideraba que el código de la Biblia estaba en lo correcto, que los árabes tendrían pronto armas nucleares, que Israel sólo disponía de cinco años para encontrar una salida hacia la supervivencia.

CAPÍTULO OCHO

EL CÓDIGO DE LA VIDA

Toda la vida del planeta en el que vivimos procede de un código. Fue impreso en una sola molécula de ADN, aunque nadie sabe de dónde procede.

En mi búsqueda del código de la Biblia, pude haberme tropezado con la clave del código de la vida.

El secreto del código genético se halla revelado en el Génesis, donde Dios le dice a Abraham: «Te bendeciré y multiplicaré tu descendencia como las estrellas de los cielos y como los granos de arena que hay a orillas del mar; y por medio de tu descendencia ciertamente se bendecirán todas las naciones.»

Escondidas tras esas famosas palabras se halla la verdadera historia de nuestra Creación. Según el código de la Biblia, nuestro «ADN fue traído en un vehículo».

○ ADN FUE TRAÍDO EN UN VEHÍCULO   □ TU SEMILLA   ◇ EN UN VEHÍCULO, TU SEMILLA

Como se puede apreciar en la tabla, la expresión «tu semilla» cruza con «ADN fue traído en un vehículo». Además, el texto oculto de la Biblia añade «en un vehículo, tu semilla, toda la gente de la Tierra», allí donde Dios dice: «y por medio de tu descendencia ciertamente se bendecirán todas las naciones».

No lo podía creer. Parecía ciencia ficción. ¡El ADN, la molécula de la vida, enviada a la Tierra en una nave espacial!

Automáticamente, me pregunté si habría algún científico en el mundo capaz de considerar esa idea fantástica.

Así que telefoneé a la máxima autoridad sobre el tema, el biólogo Francis Crick, el premio Nobel que descubrió la doble hélice, la estructura en forma de espiral del ADN. Fue uno de los descubrimientos más importantes de todos los tiempos. Como declaró el mismo Crick poco después del hallazgo, «hemos descubierto el secreto de la vida».

—¿Es posible que nuestro ADN proceda de otro planeta? —le pregunté a Crick en una reunión que mantuvimos en el Salk Institute, en San Diego, California.

—Hace veinticinco años publiqué un artículo con esa teoría —dijo Crick—. Yo lo llamo «panspermia dirigida».

—¿Cree que llegó en un meteoro o en un cometa? —le pregunté.

—Ni una cosa ni la otra —dijo Crick—. Nada podría haber sobrevivido a un viaje tan accidentado por el espacio.

—¿Está diciéndome que el ADN fue traído en un vehículo? —le pregunté.

—Es la única posibilidad —respondió Crick.

Crick había confirmado la afirmación del código de que el origen de la vida estaba en el exterior del planeta. Sin embargo, yo no le había hablado de la Biblia. Las investigaciones de Crick están absolutamente al margen de la religión. Le pedí que me explicase su teoría del génesis del ADN.

La molécula de ADN, dijo Crick, es demasiado compleja para haber evolucionado espontáneamente en la Tierra en un período de tiempo tan corto entre la formación de este planeta, hace cuatro millones de años, y la primera aparición de vida, hace 3,8 millones de años.

«Pero es improbable —continuó Crick— que organismos vivos pudiesen haber alcanzado la Tierra en forma de esporas desde otra estrella o incrustados en un meteorito.»

Por lo tanto, dijo Crick, sólo quedaba una posibilidad:

«Una civilización más avanzada habría plantado en la Tierra una forma primitiva de vida de forma deliberada.»

Era extraordinario. Crick estaba diciéndome exactamente lo que afirmaba el código de la Biblia: «ADN fue traído en un vehículo.»

Crick argumentaba que probablemente nuestro ADN fue enviado intencionalmente a la Tierra en una «nave espacial» y que «toda la vida sobre la Tierra se deriva de un clon procedente de un solo organismo extraterrestre». Todo ello se halla perfectamente detallado en un artículo científico de 1973.

Le pregunté si todavía creía en la «panspermia dirigida».

—Sabemos muy poco acerca del origen de la vida —dijo Crick—, pero todos los nuevos descubrimientos científicos apoyan mi teoría y ninguno la descarta.

»Hemos descubierto muchos nuevos datos desde que publicamos nuestra teoría por primera vez. Ahora sabemos que existen otras estrellas con planetas. Por lo tanto, es posible que existiese una civilización tecnológicamente avanzada en la galaxia incluso antes de que se formase la Tierra.

Crick estaba más seguro que nunca.

—El ADN fue traído aquí en un vehículo —dijo exactamente—. Por alienígenas.

No era exactamente la historia que nos relata el Génesis, pero sí coincidía claramente con la información del código de la Biblia.

Me preguntaba qué opinaría Rips, el científico que descubrió el código, de esta teoría del origen de la vida. ¿Entraría en conflicto con sus creencias religiosas, con su fe firmemente depositada en el texto directo de la Biblia, el cual, por supuesto, afirmaba que Dios creó al hombre y toda forma de vida en la Tierra?

En noviembre de 1998, cuando llegué a Oriente Medio para iniciar mi investigación sobre los obeliscos, para buscar la clave del código oculto de la Biblia, le enseñé a Rips lo que la Biblia decía acerca del código de la vida: «ADN fue traído en un vehículo.»

«Es una combinación extraordinaria —dijo Rips—. "ADN en un vehículo" y "tu semilla en un vehículo": es perfecto, es autorreferencial.»

Le expliqué a Rips lo que Crick me había dicho, ideas ya plasmadas en un artículo publicado hace veinticinco años.

«Sólo se diferencia de la teoría de la Creación en un aspecto, en el nombre que le ponemos al agente inteligente —explicó Rips—. Yo ya sé que la idea de la evolución del ADN en la Tierra no es realista, de manera que es posible que un agente exterior lo trajese. El doctor Crick simplemente no le pone nombre a nuestro héroe.»

Rips nunca ve conflicto entre ciencia y religión. Cree que todo conocimiento es una búsqueda de la verdad última y debe conducir al mismo lugar. En ese momento, estaba sencillamente emocionado por el descubrimiento.

Animado, le enseñé a Eli otras codificaciones relacionadas. «Código genético» aparecía junto a «heredarás su gen». Rips encontró codificado en el mismo lugar: «para el avance del hombre».

○ CÓDIGO GENÉTICO ◇ HEREDARÁS SU GEN □ PARA EL AVANCE DEL HOMBRE

EL CÓDIGO DE LA VIDA

La expresión «espiral de ADN» también estaba en el código y, cruzándola, la frase «en Adán el modelo, plantilla». En la misma tabla hallamos «a partir de un código».

«Se trata de una combinación de palabras y frases que hablan claramente del significado del código —dijo Rips—. Y las probabilidades de encontrar "espiral de ADN" allí son de una entre trescientas.»

Le pregunté a Rips si pensaba que era posible que el código de la Biblia y el código de ADN tuviesen ambos una estructura de hélice, que los dos fuesen espirales entrelazadas. Quizá se tratase de un código universal.

○ ESPIRAL DE ADN ☐ EN ADÁN EL MODELO, PLANTILLA ◇ A PARTIR DE UN CÓDIGO

Finalmente, le mostré las dos expresiones ocultas, «código de ADN» y «código de la Biblia», que aparecían juntas a pesar de que había muy pocas posibilidades de que ello ocurriese por azar.

Rips estaba emocionado. Salió de su estudio un momento y volvió con una tabla del código que había impreso en una transparencia. Se leía en ella «juicio de Dios» y «piedad de Dios» codificado en el mismo lugar. Rips tomó la transparencia y juntó sus extremos convirtiéndola en un cilindro.

162 EL NUEVO CÓDIGO SECRETO DE LA BIBLIA

○ CÓDIGO DE ADN ◇ CÓDIGO DE LA BIBLIA

Las dos expresiones, «juicio» y «piedad», quedaban entrelazadas.

○ PIEDAD DE DIOS ◇ JUICIO DE DIOS

«El código es un cilindro tridimensional —explicó Rips—. Lo que hemos estado haciendo es desenrollarlo para verlo en dos dimensiones en una pantalla de ordenador, tal y como se despliega un mapa plano en vez de un globo terráqueo. Pero mire qué sucede cuando lo convertimos en un cilindro.»

«Piedad de Dios» quedaba claramente entrelazado con «juicio de Dios», las dos caras del Todopoderoso estaban representadas como si se tratase de dos hebras de ADN.

«Se trata de una doble hélice —dijo Rips—. Ambos códigos, el código de la vida y el código de la Torá, pueden tener la misma estructura. Y verdaderamente ninguno de los dos surgió por sí mismo aquí en la Tierra.»

«Las raíces de nuestra forma de vida se hallan en otro lugar del universo, casi con toda seguridad en otro planeta», escribió Crick, ampliando su teoría de la panspermia dirigida.

«En ese lugar, la vida evolucionó y llegó aquí ya formada. La vida ha sido plantada mediante microorganismos enviados en una especie de nave espacial por mano de una civilización avanzada.»

Como evidencia, Crick apelaba a dos hechos: 1) «el código genético es idéntico en todos los seres vivientes»; 2) «los primeros organismos aparecieron repentinamente, sin dejar rastro de otros precursores aquí en la Tierra».

«Debemos postular que en un planeta distante, a unos cuatro billones de años de distancia, evolucionó una forma de ser más avanzado, que como nosotros descubrió la ciencia y la tecnología, pero su desarrollo, obviamente, es mucho mayor que el nuestro», escribió Crick.

«Debían de saber que, a largo plazo, su civilización estaba condenada a la destrucción. Por supuesto, es posible que tuviesen razones para creer que no podrían sobrevivir ni siquiera a corto plazo. En ese caso, podrían haber planeado colonizar planetas vecinos.

»Cuando uno se da cuenta de la naturaleza y escala de la galaxia, no puede menos que dudar de que seamos sus únicos habitantes —continuó Crick—. Sería incluso hasta peligroso no planteárselo.»

Finalmente, Crick se hizo una pregunta clave que todavía no hemos sabido responder: «¿Estarán todavía vivos los que plantaron la vida en nuestro planeta o sus descendientes? ¿O cuatro millones de años han supuesto una distancia demasiado grande entre nuestros mundos?»

El ADN es una forma de lenguaje que se compone de cuatro letras.

«El filamento de ADN es información, un mensaje escrito en un código de sustancias químicas, una sustancia para cada letra», explica Matt Ridley en su libro *Genome*, que cuenta la historia del ahora descodificado genoma humano.

«Es increíble —apunta Ridley—, pero el código genético resulta estar escrito de manera que podemos entenderlo. Es como inglés escrito, el código genético es un lenguaje lineal, escrito en línea recta.»

Era el mismo impresionante hallazgo que había hecho el doctor Rips con respecto al código de la Biblia. Estaba dirigido a nosotros, escrito en un lenguaje que pudiésemos entender. Ya lo decía el mismo código: junto a la expresión «clave del código» aparecía la frase «en nuestras manos el resolverlo».

Por lo tanto, el código del ADN, como el de la Biblia, «existía en el lenguaje del hombre».

¿Era posible que nuestra búsqueda de la clave del código nos condujese también al hallazgo de un código universal, del código de la Biblia, del código de toda la Creación?

En ese momento descubrí que la primera tabla que habíamos hallado, la que me había llevado a buscar la clave del código (es decir, allí donde se cruzaban las expresiones «boca de los obeliscos» y «clave del código»), encerraba otra extraordinaria revelación.

Codificadas en el mismo lugar, hallé las palabras «árbol genealógico en Lisan». Lo cual podía ser también traducido como «él buscará los orígenes de los ancestros en Lisan».

○ CLAVE DEL CÓDIGO □ BOCA DE LOS OBELISCOS/SEÑOR DEL CÓDIGO

◇ ÁRBOL GENEALÓGICO EN LISAN/ÉL BUSCARÁ LOS ORÍGENES DE LOS ANCESTROS EN LISAN

En esta tabla encontramos claramente asociados el código de la Biblia y el código genético. Y lo que nos dice la Biblia es que se hallan localizados en el mismo lugar. La idea de fondo es, asimismo, que el «señor del código» no es un simple codificador, sino nuestro creador.

También encontré codificada la siguiente expresión: «En Lisan ADN.» En hebreo «Lisan» también significa «lenguaje», de manera que las mismas palabras se pueden traducir como «en el lenguaje del ADN». Y a ello le cruzaba la frase «fue traído una copia de todo».

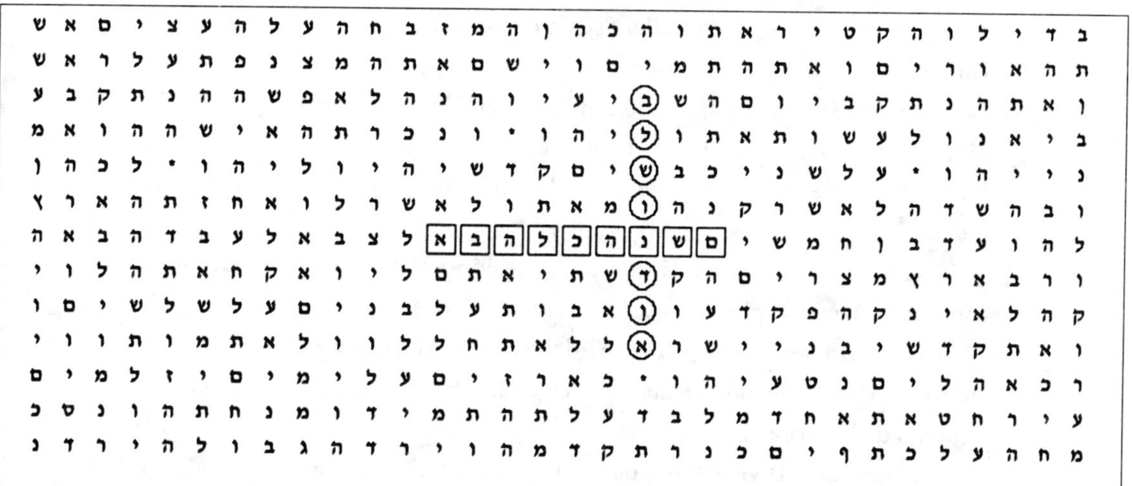

○ EN LISAN ADN/EN EL LENGUAJE DEL ADN □ FUE TRAÍDO UNA COPIA DE TODO

Estábamos ante una especie de Arca de Noé de alta tecnología, con cada forma de vida conservada en un código de ADN. Además, la expresión «en Lisan ADN» aparecía una segunda vez junto a «Mazra».

○ EN LISAN ADN ☐ MAZRA/PLANTADO

En hebreo, «Mazra» también significa «plantado», de nuevo una descripción perfecta de la teoría del origen de la vida de Crick y del código de la Biblia.

Y en el mismo lugar apareció el mismo versículo del Génesis que también vimos junto a «ADN fue traído en un vehículo», la promesa de Dios a Abraham: «Te bendeciré y multiplicaré tu descendencia como las estrellas de los cielos.»

También encontré codificada la expresión «código de vida», de nuevo junto a «Mazra» y «plantado».

Una y otra vez, la X en el mapa del tesoro, «Mazra» y «Lisan», aparecía junto a «ADN». Las dos localizaciones aparecían con todo lo relacionado a «código de la Biblia».

«Espiral de ADN» estaba, de hecho, codificado con «Mazra» y «Lisan, lengua del mar».

Y de nuevo el código afirmaba claramente que el código genético podía

EL CÓDIGO DE LA VIDA   167

○ CÓDIGO DE LA VIDA   □ MAZRA/PLANTADO

ser hallado en un «obelisco». En concreto, «en obelisco» cruzaba «código ADN».

○ ESPIRAL ADN   □ A PARTIR DE UN CÓDIGO   ◇ CLAVE ANTIGUA
□ LISAN, LENGUA DEL MAR   ○ MAZRA

○ CÓDIGO DE ADN □ EN EL OBELISCO ◇ EN ADÁN EL MODELO, LA PLANTILLA

«ADN humano» aparecía también junto a «obelisco» y el texto oculto afirmaba: «copia en un pilar».

○ ADN HUMANO ◇ OBELISCO □ COPIA EN UN PILAR

ש י כ י י ל ד ת י ל ו ש ש ה ב נ י ם ו ת ק ר א א ת ש מ ו ז ב ל ו

ל ו י ו ס ף ז ה פ ת ר נ ו ש ל ש ת ה ש ר ג י ם ש ל ש ת י מ י ם ה

ל פ נ י מ מ ר א ב א ר ץ כ נ ע ן א ש ר ק נ ה א ב ר ה ם א ת ה ש ד

א י ש מ ש ה ג ד ו ל מ א ד ב א ר ץ מ צ ר י ם ב ע י נ י ע ב ד י פ

ל ה י ם י ח ר ס ב ל ת י ל י ה ו • ל ב ד ו ו ג ר ל א ת ו נ ה ו ל

ע ת ה א ם ת ש א ח ט א ת ם ו א ם א י ן מ ח נ י נ א מ ס פ ר ך א ש

ה ק ד ש ו נ ת ן ה כ ה ן מ ן ה ד ם ע ל ק ר נ ו ת מ ז ב ח ק ט ר ת

ר ו ר ח ץ ב מ י ם ו ט ה ר ו א ח ר י ב ו א ל ה מ ח נ ה ו י ש

ר ל פ נ י י ה ו • ת מ י ד ח ק ת ע ו ל ם ל ד ר ת י כ ם ע ל ה מ נ

ו ל כ ה ן ל ו י ה י ה ו א י ש א ת ק ד ש י ו ל ו י ה י ו א י ש א

ם ל ש נ ה ת ש א ו א ת ע ו נ ת י כ ם א ר ב ע י ם ש נ ה ו י ד ע ת

ע ם ב נ ו ב ע ר ו נ א ם ה ג ב ר ש ת ם ה ע י ן נ א ם ש מ ע א מ ר

ב נ י ל ב י ת א ב ת ם ו מ ט ה ב נ י ה ג ד י ל ב י ת א ב ת ם ו ח

א ר י ם ו ה נ ס ת ר י ם מ פ נ י ך ל א ת ע ר ץ מ פ נ י ה ם כ י י

○ CREACIÓN DEL HOMBRE ◇ LISAN □ ÉSTA ES LA SOLUCIÓN

ע ה ו ב ע י נ י כ ל ע ב ד י ו ו י א מ ר פ ר ע ה א ל ע ב ד י ו ה

ק ח ו א ת א ב י כ ם ו א ת ב ת י כ ם ו ב א ו א ל י ו א ת נ ה ל כ

ו ס ף ו ה ש ב י ש י ב ל נ ו א ת כ ל ה ר ע ה א ש ר ג מ ל נ ו א ת

ב ו נ ת ת י א ת ה ל כ ם מ ו ר ש ה א נ י י ה ו • ו י ד ב ר מ ש ה

א ו ר ב מ ו ש ב ת ם ו י ק ר א פ ר ע ה א ל מ ש ה ו י א מ ר ל כ ו

א ו א ל מ ד ב ר ש ו ר ו י ל כ ו ש ל ש ת י מ י ם ב מ ד ב ר ו ל א

א ל ה ל א י ע ש ה ל ה ו י צ א ה ח נ ם א י ן כ ס ף מ כ ה א י ש ו

ו ש נ י א ד נ י ם ת ח ת ה ק ר ש ה א ח ד ו ל י ר כ ת י ה מ ש כ ן

ם ח ק ע ו ל ם ל ו ו ל ז ר ע ו ל ד ר ת ם ו י ד ב ר י ה ו • א ל מ

כ ל ע ב ד ת ו ו ל ב ג ד י ה ק ד ש ו י ב א ו ה א נ ש י ם ע ל ה נ

ח ה ז ה ב ו א ת ש מ ן ה מ ש ח ה ו א ת ק ט ר ת ה ס מ י ם ו א ת מ

י ה ו • ו י ד ב ר י ה ו • א ל מ ש ה ל א מ ר נ פ ש כ י ת ח ט א ו

א ת ה נ ת ן ל כ ם ל ש א ת א ת ע ו ן ה ע ד ה ל כ פ ר ע ל י ה ם ל

ב נ י ה י ו נ ה מ א ש ר ת ש י ג י ד ו א ת א ש ר ת ש י ג י ד ו א

י ר א ת ך ע ד ב ק ר ל א ת ק ל ל ח ר ש ו ל פ נ י ע ו ר ל א ת ת ן

י ש ר א ל ו י ד ב ר י ה ו • א ל מ ש ה ל א מ ר צ ו א ת ב נ י י ש

ה מ ר י מ י ר נ ו ו ה י ה ו א ו ת מ ו ר ת ו י ה י ה ק ד ש ל א

ע ל פ י א ה ר ן ו ב נ י ו ת ה י ה כ ל ע ב ד ת ב נ י ה ג ר ש נ י

ד ב ן ש נ ת ו ל ע ל ה ש ע י ר ע ז י ם א ח ד ל ח ט א ת ו ל ז ב ח

ן ז כ ו ר ל מ ט ה ש מ ע ו ן ש פ ט ב ן ח ו ר י ל מ ט ה י ה ו ד ת

○ CREACIÓN DEL HOMBRE ◇ MAZRA/PLANTADO □ OS LO DI COMO HERENCIA, YO SOY DIOS

Por otro lado, encontramos la expresión «creación del hombre» dos veces, una junto a «Lisan» y otra junto a «Mazra». En las palabras originales de la Biblia encontramos «ésta es la solución» solapándose con «Lisan» y cerca de «creación del hombre».

Las palabras del texto directo que cruzan con «creación del hombre» y «Mazra» son: «Os lo di como herencia, yo soy Dios.»

Se trata de una afirmación realmente extraordinaria que dice abiertamente que el código de la vida, así como el código de la Biblia, pueden estar enterrados en la península cuyo nombre significa «lenguaje», en la bahía cuyo nombre significa «plantado».

También está muy claro, por lo tanto, que el código de la Biblia y el código genético tienen una fuente común, que el mismo ser los trajo a ambos desde el exterior a nuestro planeta.

CAPÍTULO NUEVE

LA INVASIÓN

Siempre que volvía a Oriente Medio tenía la sensación de que nos aproximábamos más rápido hacia el fin de los días.

29 de marzo de 2002. Viernes Santo de la Pascua judía. Tierra Santa. El primer ministro Ariel Sharon envía sesenta tanques y doscientos camiones con 2 500 soldados al cuartel general de Yasir Arafat en Ramala, en represalia por una semana de atentados suicidas.

Los bulldozer golpean los muros del edificio que alberga las oficinas del líder palestino. Soldados israelíes ocupan unas cuantas salas convirtiendo a Arafat en prisionero de forma indefinida. Yo había estado allí hacía un año, reunido con él y algunos de sus colaboradores.

Israel ocupó prácticamente todas las ciudades importantes de Cisjordania, en la mayor ofensiva desde la guerra de los Seis Días de 1967.

Como era de esperar, todo ello ya se había vaticinado. La frase «Sharon invadirá» cruzaba «Arafat» en el código de la Biblia.

○ SHARON INVADIRÁ   ☐ ARAFAT

Había encontrado esa predicción con cerca de un año de antelación e incluso había hallado el momento en que iba a tener lugar. «Sharon invadió» apareció de nuevo, esta vez cruzando con «pascua».

○ SHARON INVADIÓ   □ PASCUA

Y, lo que era peor, la frase «Sharon invadió» aparecía otra vez junto a «guerra» y «en el fin de los días».

○ SHARON INVADIÓ   □ EN EL FIN DE LOS DÍAS   ◇ GUERRA

LA INVASIÓN

Los acontecimientos seguían su curso tal y como rezaba el guión del código de la Biblia.

Arafat y Sharon estaban haciendo válidos sus propios destinos. Arafat había hecho posible que Sharon llegase al poder rechazando el plan de paz que le ofrecieron Barak y Clinton en Camp David. Ahora Sharon, invadiendo Palestina y los alrededores del cuartel general de Arafat en Ramala, había convertido a Arafat en un mártir, un héroe para todo el mundo árabe.

Mientras en Cisjordania se libraba una auténtica batalla campal, fui a ver a Eli Rips a su casa de Jerusalén. Decidimos seguir investigando el código.

Rips tecleó el nombre de la operación militar israelí, «muro defensivo». Apareció una vez en el código de la Biblia y cruzando a esa expresión el nombre de la ciudad palestina donde se estaban dando los combates más duros, un campo de refugiados llamado «Jenin». Justo debajo de esas palabras, se leía «Casbah». Era el nombre de la ciudad antigua de Nabus, donde tenía lugar el segundo choque más importante.

○ MURO DEFENSIVO □ JENIN △ CASBAH □ EL DERROCAMIENTO DE LAS CIUDADES

El texto directo que cruzaba a «muro defensivo» hablaba de «el derrocamiento de las ciudades». Por encima se hallaba codificado «lucha». Y también en el mismo lugar, las palabras originales de la Biblia describían el momento: «Odiaban y les era imposible hablar de paz.»

Era tan exacto y detallado como los reportajes de noticias de la CNN, tan precisos como los titulares del *Jerusalem Post* o del *New York Times*. La única diferencia es que ésta se trataba de información codificada en un texto de tres mil años de antigüedad.

Rips calculó las probabilidades. El emparejamiento entre los nombres de las ciudades y el nombre de la operación militar tenía una probabilidad de aparición por azar de una entre varios miles.

—Esto dice exactamente lo mismo que el reportaje que vi ayer en televisión —le dije a Rips—. ¿Adónde cree que conducirá esta situación?

—Creo que Israel se encontrará de espaldas al mar otra vez, como los antiguos israelitas en el mar Rojo —dijo el matemático.

Entendí la alusión. Rips hablaba de aquel episodio de la Biblia, en la primera pascua, 3 200 años atrás, en el que los hebreos, huyendo de Egipto, se encontraron atrapados entre el ejército del faraón y las aguas del mar Rojo, enfrentándose a su completo exterminio.

—Necesitaremos de nuevo de la intervención divina —dijo Rips.

Rips entendía que aunque Israel tenía ahora la sartén por el mango, la batalla no había hecho más que empezar. No podía dejar de darle la razón, aunque no me imaginaba un nuevo milagro de partición de las aguas.

Si tenía que haber un milagro, debía de ser el que estábamos presenciando él y yo. El futuro vaticinado en un texto antiguo; una advertencia de lo que estaba por venir.

—Lo que sucede ahora es secundario —le dije al general Meir Dagan, mano derecha de Sharon, antiguo jefe de la contrainteligencia y próximo responsable máximo del Mossad.

Le enseñé a Dagan las precisas predicciones de la guerra que estaba por venir y le dije que debía advertir a Sharon que, según el código, nos hallábamos ante el «fin de los días» y que Israel se enfrentaba a su aniquilación total.

—Ya le he entregado su carta al primer ministro —dijo Dagan—, pero no sé si la leerá.

—Debe decirle que todo está sucediendo tal y como predice el código —le dije.

—Usted me recuerda una historia escrita por el poeta griego Homero —dijo Dagan—. La historia de Casandra, a la que maldijeron para que conociese el futuro, pero que nadie la creyese.

Le entregué una nueva carta para Sharon. Repetía la advertencia que había estado intentando hacerle llegar durante todo el año.

«Este momento crítico para la historia de Israel fue, sin duda, predicho por el código —afirmaba mi carta—. Los nombres de "Sharon", "Arafat" y "Bush" se hallan codificados en la Torá, junto con una expresión que designa el peor de los peligros existentes: "el fin de los días".»

En esta ocasión añadí una nueva advertencia: «Si el código es correcto, lo que está sucediendo ahora es secundario. El peligro real está todavía por venir. Primero, una "plaga", un ataque con armas biológicas y químicas, en el que morirán decenas de miles de personas. Finalmente, un "holocausto atómico".»

Dagan prometió una vez más que haría entrega de mi carta a Sharon a través del jefe de gabinete del primer ministro Uri Shani.

—Él es la persona más cercana a Sharon en el día a día del gobierno, incluso más influyente que Omri —dijo Dagan, refiriéndose al hijo del primer ministro, al cual había conocido un año antes.

Al cabo de unos días, el jefe de gabinete de Sharon accedió a verme, pero sólo después de que el primer ministro hubiese acabado con su encuentro con el secretario de Estado norteamericano Colin Powell, que acababa de llegar a Israel para negociar un alto el fuego entre israelíes y palestinos.

Así que, en su lugar, fui a ver al único líder palestino al que los israelíes no mantenían prisionero, en la única ciudad de Cisjordania que no había sido invadida, la urbe más antigua del mundo, Jericó.

Saeb Erekat, el jefe de los negociadores de paz de los palestinos, recordaba nuestro pasado encuentro, un año atrás. Había hecho de traductor para mí en la reunión que tuve con Arafat en su cuartel general, ahora semiderruido y rodeado de tanques.

Le entregué a Erekat una nueva carta para Arafat, pero antes de que pudiese leerla sonó el timbre del teléfono. Era el líder palestino. Arafat le decía que tenía frío, que se le acababa la comida, el combustible y las medicinas y estaba preocupado de que Powell no pudiese verlo porque había habido un nuevo atentado suicida en Jerusalén.

A pesar de todo, después de una rápida llamada a la embajada norteamericana, Erekat leyó mi carta. Decía:

«Estoy de vuelta en Oriente Medio para avisarle a usted y a los israelíes de que ha llegado el momento previsto por las tres grandes religiones de Occidente: el "fin de los días", la peor época de peligro que el mundo ha visto jamás.

»Ésta puede ser la última oportunidad que tengamos de conseguir la paz y evitar el horror que está por venir. Tanto a israelíes como a palestinos les espera el mismo destino. Si no firman la paz, se enfrentarán juntos al "fin de los días". Ahora deben actuar. Éste es el momento.»

Erekat leyó mi carta con atención y dijo que se la entregaría a Arafat cuando se encontrase con Colin Powell.

—¿Cuándo va a ser el "fin de los días"? —preguntó Erekat—. ¿Ahora?

—Justo ahora —le respondí—. Ya ha empezado.

—¿Lo que los israelíes han hecho llevará al mundo a la destrucción? —preguntó Erekat.

—Lo que se están haciendo los unos a los otros —le dije.

Le enseñé las tablas que le había enseñado a Dagan, donde se lee «Sharon invadirá» cruzando a «Arafat» y, una vez más, «en el fin de los días».

Asimismo le mostré una tabla donde aparecía la expresión «guerra mundial» codificada junto a «terrorismo» y la palabra árabe que significa «terrorista suicida»: «*shahid*».

—¿Dice ahí *shahid*? —preguntó Erekat, escudriñando en los caracteres hebreos.

Señalé la palabra en cuestión y le leí parte de mi carta a Arafat. «Debe usted estar por encima de su lucha con Sharon. Los terroristas son los verdaderos enemigos de ambos bandos y si consiguen un mayor poder destructivo acabarán con ambas naciones y, ulteriormente, con toda la civilización humana.»

Erekat prometió de nuevo que le haría llegar mi carta a Arafat y que me conseguiría un encuentro con él (siempre y cuando Powell convenciese a los israelíes de que levantasen el sitio).

Cuando conducía de vuelta hacia el control militar israelí me pregunté otra vez si no habría ido demasiado lejos. Erekat se lo había tomado muy en serio, Arafat me creía a pie juntillas y Dagan estaba intentando advertir a Sharon de que el código de la Biblia decía que el Apocalipsis ya había llegado.

De repente, todo me pareció absolutamente irreal. Incluso cuando las advertencias que había propagado por todas partes durante años se habían convertido en algo de sentido común.

De hecho, un mes antes de los atentados suicidas que segaron las vidas de 150 israelíes, antes de que Sharon empezase la guerra abierta contra los palestinos, el columnista del *New York Times* Tom Friedman, había advertido de un peligro muy similar al del código.

Friedman decía en el *Times* exactamente lo que yo le había intentado comunicar a todo primer ministro israelí desde que Rabin fue asesinado y a la Casa Blanca desde Camp David: que el conflicto en Oriente Medio «va a ser la espoleta de una guerra mucho más generalizada entre civilizaciones».

Friedman avisaba, tal y como yo había intentado antes con Sharon, de que si caían «armas de destrucción masiva» en manos de terroristas o estados árabes radicales, «podrían borrar a Israel de la faz de la Tierra».

La proliferación de armas nucleares y biológicas, la aparición de Bin Laden, el creciente vínculo entre terroristas y fanáticos religiosos había hecho que lo que parecía, hacía sólo unos años, apocalíptico y paranoico pareciese, en la actualidad, cosa de sentido común. El mundo se había actualizado según los parámetros del código de la Biblia.

Y nunca antes había sido tan consciente de ello —al menos desde que vi caer las torres del World Trade Center— como en ese momento, cuando pasé el control militar para salir de Jericó.

Desde la muerte de Itzhak Rabin había estado asistiendo al desarrollo de un guión perfectamente detallado. Para empezar, por encima de donde se leía la frase codificada «asesino que asesinará» cruzando con «Itzhak Rabin», se distinguía la advertencia: «Toda su gente en guerra.»

○ ITZHAK RABIN   □ ASESINO QUE ASESINARÁ   ◇ TODA SU GENTE EN GUERRA

El asesinato del primer ministro que firmó la paz con Arafat no fue sólo un hecho que determinaría la historia de Israel, sino la de todo el mundo.

En mi último viaje a Israel había conocido a la hija de Rabin, Dalia.

—Ya ha empezado —me dijo en una conversación que mantuvimos en el *knesset*, el Parlamento israelí—. He intentado detenerlos, pero nadie me ha escuchado. Y en estos momentos ya no hay marcha atrás.

No entendía.

—Sharon —dijo—. El ataque ya está en marcha.

Más tarde, en la CNN, vi lo que quería decir. Sharon había enviado aviones F-16, helicópteros y tanques a Gaza y Cisjordania. Era el inicio del mayor ataque israelí a territorios palestinos desde que Rabin y Arafat se estrecharon las manos en los acuerdos de Oslo de 1993.

Dalia Rabin supo al instante que la paz que había conseguido su padre era papel mojado. Ahora era ayudante del ministro de Defensa y, de hecho, acababa de salir de un encuentro ministerial.

—He intentado detenerlos —repetía—, pero nadie me ha hecho caso.

Le entregué una copia de la carta que le había enviado a su padre un año antes de que fuese asesinado en noviembre de 1995, advirtiéndole de que el código de la Biblia predecía que iba a ser asesinado. La leyó sin decir una palabra, pero vi que la afectó profundamente.

Su cara traslucía perfectamente lo que pasaba por su mente: el recuerdo de ese momento tan desagradable, junto con el horror de lo que sucedía en el presente. No quise preocuparla más. Pero esa mujer no era sólo la hija de Rabin. También era un importante cargo del gobierno israelí y tenía que saber que grandes peligros se cernían sobre su pueblo.

—Si el código es correcto, lo que ha sucedido y lo que sucederá ahora es sólo el inicio —le dije.

Habían pasado cuatro meses desde la invasión de Cisjordania (en concreto, de la zona denominada *West Bank*), suceso que yo ya conocía de antemano gracias al código. Pero ahora lo que ocupaba mi mente era la gran advertencia: una «plaga» que el código situaba en el año 2005, una «guerra mundial» y un «holocausto atómico» para el año 2006.

—Yo también creo que esos peligros son reales y no necesito que me lo ratifique el código —dijo Dalia Rabin—. Estoy intentando frenar a Sharon y organizar la defensa ante un ataque atómico, químico o biológico.

Guardó silencio durante un momento.

—Pero si ya está predicho, ¿qué podemos hacer? —me preguntó.

—Tanto Peres como Arafat me hicieron la misma pregunta —le dije—. No pienso que se trate de una predicción, sino de una advertencia. Creo firmemente que podemos variar el curso de los acontecimientos.

Dalia le echó una mirada a mi libro, que se hallaba sobre su escritorio, junto a la carta que le había enviado al primer ministro un año antes de su muerte. En la portada se veía una ilustración del código que describía el asesinato de su padre.

—Nadie hubiese podido evitarlo —dijo ella.

—Yo creo que sí —repliqué—. Su padre recibió la advertencia, pero no creyó en ella.

Volvió a guardar silencio. Parecía triste.

—En estos momentos están bombardeando Gaza —dijo—. ¿Qué podemos hacer?

—Le digo lo mismo que le dije a Arafat y lo que intento expresarle a Sharon: no creo que se llegue a un acuerdo de paz hasta que ambas partes no entiendan que la única alternativa es la aniquilación. Creo que Arafat asume este hecho, pero no he podido hablar todavía con Sharon.

—No le hará caso —respondió—. No quiere escuchar ese tipo de cosas. Sólo si las cosas se pusiesen realmente mal, habría una posibilidad de influirle.

Mientras esperaba un posible encuentro con Sharon fui a ver al militar más influyente en la esfera de poder de la inteligencia israelí.

El general Yossi Kuperwasser estaba a cargo de los análisis de la inteligencia. Toda la información que reunían los espías israelíes, todos los datos procedentes de los satélites norteamericanos y europeos, iban a parar a su despacho.

El lunes 15 de abril de 2002 me reuní con él en Kirya, el cuartel general del ejército israelí, en el corazón de Tel-Aviv.

—Se ha afeitado la barba —me dijo el general Kuperwasser cuando entré en su despacho. Al principio no sabía de qué demonios hablaba. Después me di cuenta de que nos habíamos conocido diez años atrás, en mi primer viaje a Israel, cuando fui a hablar con el jefe de la inteligencia israelí acerca de la guerra del futuro.

Kuperwasser era entonces el joven asistente del general responsable del servicio. En aquel entonces se me presentó como Yossi y lo cierto es que no había relacionado los nombres. Todo encajaba en un círculo perfecto. Fue a la salida de aquel encuentro, diez años atrás, que tuve por primera vez noticia del código de la Biblia.

Kuperwasser no necesitaba que nadie le convenciese. Aunque no era religioso, creía en el código de la Biblia.

—Hace varios años me encontraba en el aeropuerto buscando algo que leer y tropecé con su libro —me dijo—. Nosotros tenemos que estar atentos a cualquier advertencia de peligro.

Nuestro amigo mutuo, el científico y general Isaac Ben-Israel, ya le había informado a Kuperwasser de los nuevos peligros de que advierte el código de la Biblia.

En ese preciso momento le enseñé algunas tablas codificadas.

—La palabra «viruela» está codificada junto a «2005» —le dije al general.

○ VIRUELA   ◇ EN 5765/2005   □ LOS MUERTOS EN LA PLAGA FUERON 14 700

Miró la tabla donde aparecía el año predicho y vio que el texto directo de la Biblia que cruzaba con «viruela» decía «los muertos en la plaga fueron 14 700».

—Ésas son las palabras originales de la Torá —dijo Kuperwasser, sorprendido—. Se aproxima enormemente a nuestras estimaciones del coste de vidas de un ataque de ese tipo.

—Tanto «Jerusalén» como «Tel-Aviv» también aparecen codificadas junto a «viruela» y «en el fin de los días» —le dije, mostrándole las tablas impresas del ordenador.

○ VIRUELA □ EN EL FIN DE LOS DÍAS

El general Kuperwasser dijo que él también se tomaba en serio la amenaza de un «holocausto atómico» para 2006. «Coincide con nuestra propia estimación de cuándo alguno de nuestros vecinos se harán con armas nucleares», dijo.

—Los americanos están obsesionados con Iraq —comentó—. A nosotros nos preocupa más Irán.

—Quizá debería poner los ojos en Libia —respondí—. El código de la Biblia sugiere en más de una ocasión que el arma mortal saldrá de Libia, aun cuando el ataque lo perpetren terroristas.

Meses más tarde, el 4 de setiembre de 2002, el primer ministro Sharon dijo en la televisión israelí: «Libia está convirtiéndose en una nación más peligrosa de lo que imaginábamos. Libia puede convertirse en el primer país árabe en hacerse con armas de destrucción masiva.»

No sé si tal declaración fue producto de mi advertencia al general Kuperwasser, pero no era la primera vez que el código de la Biblia había puesto sobre aviso a la inteligencia israelí y la prensa había reproducido la noticia como si procediese de informes militares.

Le mostré a Kuperwasser la localización de una posible base terrorista en Yemen o Irán. Estaba codificada en la Biblia junto a los principales peligros de Israel: con «viruela», «holocausto atómico» y «Bin Laden».

Pero existían dos localizaciones con el mismo nombre, una en Yemen y otra en Irán, ambas sospechosas de albergar terroristas.

—Isaac me dio las coordenadas —dijo Kuperwasser—. De hecho, ya habíamos investigado. En Yemen nada. En Irán captamos alguna actividad, pero nada definitivo. Quizá buscamos demasiado pronto. Seguiremos en ello.

Era evidente que Kuperwasser se tomaba el código con seriedad. Le pregunté si podía arreglarlo para que pudiese ver a Arafat, en ese momento aislado en sus propias oficinas de Ramala, rodeado por tanques israelíes.

—Hace un año me entrevisté con Arafat —le informé al general—. Él cree en el código de la Biblia; de hecho, creo que piensa que soy una especie de profeta. Le dije que, según el código de la Biblia, la elección gira en torno a paz o aniquilación.

—Es posible que le crea —dijo Kuperwasser—, pero eso no significa que Arafat vea las cosas igual que usted. No sería de extrañar que él escogiese la aniquilación.

Sabía que Kuperwasser no apreciaba mucho a Arafat. De hecho, el general acababa de regresar de Washington con la misión de persuadir a la Casa Blanca de que Arafat era un terrorista y que nunca cambiaría.

En cualquier caso, Kuperwasser añadió que de ninguna forma podría abrirme paso hasta las oficinas de Arafat.

—Sólo el primer ministro puede aprobar algo así —me dijo.

El día del Memorial del Holocausto me entrevisté en Jerusalén con Dan Meridor, el ministro encargado de prevenir ataques terroristas con armas químicas, biológicas y nucleares.

Le mostré a Meridor las dos advertencias más importantes del código de la Biblia. Que Israel sería golpeada por una plaga «moderna» —la «viruela»— en 5765, el año hebreo equivalente al 2005 occidental.

Y después el aviso final, que Israel se enfrentaría a un «holocausto atómico» al año siguiente, en 2006.

«Ya sabíamos que eso era posible —dijo Meridor—. Incluso que esos años tienen cierta probabilidad.»

Meridor se expresaba de forma fría. No mostraba ninguna emoción. Hablaba como un contable que repasa los balances y concluye que las cuentas cuadran perfectamente.

El hecho de que estuviésemos hablando de dos hechos terribles y definitivos no parecía alterarle. Estábamos sentados en el mismísimo polvorín y el código de la Biblia no dejaba de predecir con exactitud fechas y nombres, pero él seguía con su expresión calculadora.

Lo cierto es que mi conversación con Meridor, uno de los pocos hombres con conocimiento profundo del asunto, confirmaba de forma notable lo que predecía el código.

Tanto la CIA como la inteligencia israelí habían llegado independientemente a la misma conclusión: que la amenaza de terrorismo nuclear llegaría a su apogeo en 2005 y 2007.

El ministro de Defensa israelí, Benjamin Ben-Eliezer, había dicho públicamente que «alrededor del año 2005 Irán dispondría de armas nucleares capaces de amenazar a la región y posiblemente a todo el mundo conocido».

Y poco después del 11 de setiembre, Meridor mismo presidió un comité nacional para la seguridad que advirtió al primer ministro Sharon de que la peor amenaza para el país era la viruela.

De hecho, Meridor acababa de dar una charla sobre la inminente amenaza del «terrorismo no convencional» en el National Security College de Israel el mismo 11 de setiembre, cuando se recibió el primer informe sobre el ataque a las Torres Gemelas.

—Desafortunadamente, este ataque es sólo el comienzo —comentó.

Pero aunque los avisos del código de la Biblia eran virtualmente los mismos que las estimaciones de la inteligencia israelí, Meridor subestimaba la importancia de nuestras predicciones.

—Todo esto ya lo sabíamos —volvió a repetir—. Para eso no necesitamos un código en la Biblia.

—Quizá —respondí—, pero el código ha estado prediciendo esos mismos peligros mucho antes de que ustedes llegasen a vislumbrarlos. No olvide que se trata de un texto de tres mil años de antigüedad.

—Yo soy una persona racional —dijo Meridor—. No creo en tales cosas.

—Pero fíjese que se cumplen todas las predicciones —le respondí—. Simon Peres le podrá explicar que cuando me reuní con él justo después de la muerte de Rabin en 1996, cuando ya era primer ministro, le avisé del peligro del «holocausto atómico» en 2006. Y recuerde que un año antes de que lo mataran también advertí a Rabin de que podía ser asesinado.

Le entregué a Meridor una copia de la carta que le había enviado a Rabin. La leyó mostrando signos de impaciencia.

—Digamos que le creo —dijo Meridor—. ¿Qué podemos hacer al respecto?

Esto era exactamente lo que me había dicho el hijo del primer ministro, Omri Sharon, la última vez que hablamos. Era, más o menos, lo que todos me decían, tanto si creían en el código de la Biblia como si no. Y lo cierto es que no tenía respuesta para esa pregunta.

—Tenemos que prestar mucha atención a los próximos años —le respondí.

—Ya lo hacemos —replicó Meridor.

Más allá de eso, no tenía ninguna solución real, excepto la de comunicar la advertencia a los principales mandatarios implicados, como ya había hecho con Arafat y Clinton. Todavía me faltaba informar a Sharon y Bush. Les tenía que decir que sólo teníamos dos opciones, y éstas no eran paz o guerra, sino paz o aniquilación y que no sería posible alcanzar la paz hasta que todo el mundo lo entendiese así.

Tenía que ver a Sharon. De hecho, antes de partir a Israel me había anotado en mi diario: «Sharon es la clave. Debes asustarlo como hiciste con Arafat.» Para alcanzar la paz, estos dos viejos adversarios tenían que creer que no había más elección que paz o aniquilación.

Tres importantes generales israelíes, Kuperwasser, Ben-Israel y Dagan, todos con mucha experiencia en inteligencia militar, se tomaban seriamente las predicciones del código. Tanto el responsable de los análisis de la inteligencia como el de los análisis científicos y el anterior responsable del contraespionaje y próximo jefe del Mossad creían que la Biblia podía vaticinar el futuro.

Pero me era imposible acceder al máximo mandatario israelí. No podía llegar hasta el hombre cuyas decisiones decidirían el destino final de Israel.

El primer ministro Ariel Sharon no iba a recibirme. Su jefe de gabinete dejó el puesto el día en que tenía previsto reunirme con él y no había nadie más al que acudir. Ya había hablado con todo el mundo del entorno del primer ministro.

Antes de abandonar Israel fui a ver a Eli Rips. Contemplamos de nuevo las palabras que habíamos encontrado en la Biblia años antes, justo después del asesinato de Rabin: «Holocausto de Israel.»

En ese preciso momento le indiqué a Rips que «Sharon» estaba codificado en el mismo lugar.

Una ulterior investigación reveló que aparecía dos veces la palabra «anexionado» en esa misma tabla. Era evidente que hacía referencia a que las victorias militares de Israel, su ocupación de la tierra árabe, podía conducir a un nuevo holocausto.

Recordé entonces las palabras que le dirigió el primer ministro de Israel, Levi Eshkol, a un joven Ariel Sharon, después de la impresionante victoria en la guerra de 1967.

«Nunca conseguiremos algo estable mediante las victorias militares. Los árabes seguirán allí.»

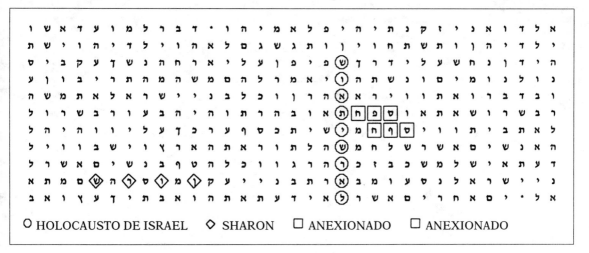

Pero treinta y cinco años después, en junio de 2002, Sharon volvió a invadir Cisjordania y una vez más hizo prisionero a Arafat en su propio cuartel general. Y esta vez Sharon dijo que la ocupación israelí de Palestina podría durar años.

De manera que en verano de 2002, con los tanques israelíes de nuevo en Palestina, la amenaza del «holocausto» codificada en la Biblia parecía más real que nunca.

CAPÍTULO DIEZ

EXTRATERRESTRE

La gente imagina que el día que contactemos con una civilización extraterrestre veremos una nave espacial aterrizando en la Tierra de la que saldrá un curioso alienígena.

Pero los científicos que buscan vida inteligente consideran que un aterrizaje de ese tipo es la forma más improbable de contacto. Las enormes distancias requeridas para un viaje interestelar —cientos, miles o millones de años luz— lo hacen prácticamente imposible.

El SETI, un programa de búsqueda de inteligencia extraterrestre, ha estado escuchando durante diez años señales de radio procedentes de unas quinientas estrellas como el sol. El SETI dispone de una enorme red de satélites y veintisiete antenas dispuestas en forma de Y (es decir, una gran antena de 35 kilómetros), escrutando el cielo desde el antiguo lecho de un lago en el desierto de Nuevo México. Hasta el momento, sólo silencio.

Cuando preparaba mi expedición arqueológica a Lisan —mi búsqueda de la «clave del código» y «los obeliscos»—, la NASA (National Aeronautics and Space Administration) anunció la creación de un nuevo programa de búsqueda de vida extraterrestre mediante naves no tripuladas.

Pero lo cierto es que el espacio exterior es muy grande. Sólo nuestra galaxia, la Vía Láctea, posee miles de millones de estrellas. Y existen miles de millones de galaxias.

Sin embargo, disponemos de otra opción de búsqueda, quizá más fructífera.

Se trata de la alternativa mejor considerada por los científicos: el descubrimiento de un artefacto extraterrestre en la Tierra o cerca de ella.

¿Y si ese tan esperado contacto con otra forma de inteligencia hubiese tenido lugar hace mucho tiempo? ¿Y si el código de la Biblia fuese ese contacto?

Desde el inicio de mi investigación intuí que había algo de otro mundo en el código de la Biblia. Ningún ser humano podía haber previsto hechos que acaecerían al cabo de tres mil años. Ni siquiera era posible codificar información de la manera en que se había hecho en la Biblia.

Era evidente que la mera existencia del código de la Biblia implicaba que, hace miles de años, había alguien sobre la Tierra que poseía una ciencia más avanzada que la que poseemos hoy.

En su libro *Are We Alone?* [*¿Estamos solos?*], el físico australiano Paul Davies imagina la existencia de un aparato extraterrestre abandonado en la Tierra por los extraterrestres... «programado para manifestarse sólo cuando la civilización llegase a cierto nivel de evolución. Tal ingenio, una especie de cápsula alienígena, podía almacenar una vasta cantidad de información para nosotros».

Una magnífica descripción del código de la Biblia.

El astrónomo Carl Sagan apuntó que si existiese otra forma de vida inteligente en el universo, posiblemente habría evolucionado más de lo que lo hemos hecho nosotros, pues hubiese tenido miles, o cientos de miles, o millones, o cientos de millones de años para desarrollar una tecnología que sólo ahora empezamos a vislumbrar.

«Lo que para nosotros es tecnológicamente difícil o imposible —escribió Sagan—, auténtica magia a ojos de nuestros contemporáneos, podría ser para ellos una trivialidad.»

¿Y si existiese realmente una clave mágica del código? ¿Y si los obeliscos que buscaba hubiesen sido enterrados por una civilización avanzada? ¿Y si proviniesen realmente de ese más allá que es el espacio exterior?

¿Y si una de las afirmaciones más antiguas de la humanidad fuese cierta: «No fueron trabajo del hombre, sino del Cielo»?

Sería la primera prueba de que no estamos solos. No pude evitar imaginarme el momento en el que desenterrábamos el monolito para encontrarnos un objeto procedente del exterior. La solución a la gran pregunta que el hombre se había estado haciendo desde el inicio de los tiempos: sí existe otra vida en el universo y ha estado aquí.

Pero todavía era escéptico. Cuanto más me acercaba al descubrimiento, menos podía creer en él.

Aunque el código de la Biblia decía que los obeliscos, de miles de años de antigüedad, estaban preservados en una «arca de acero», lo que sugería que procedían de una civilización más avanzada, yo no estaba enteramente convencido.

Pero cuando el premio Nobel Francis Crick me confirmó lo que el código decía —que nuestro «ADN fue traído en un vehículo»—, que el código de la vida fue enviado aquí en una «nave espacial», busqué en el código de la Biblia la palabra que tanto había evitado: «extraterrestre».

Más tarde encontré la expresión «extraterrestre de Lisan» codificada en el libro de Josué, el único libro de la Biblia cuyas palabras originales describen exactamente la localización de nuestra búsqueda. El texto apuntaba de nuevo a esa parte de la península que entra en el mar Muerto formando una pequeña bahía, «al norte de la bahía en Lisan».

○ EXTRATERRESTRE DE LISAN
☐ (AL NORTE) DE LA BAHÍA EN LISAN, DESDE EL EXTREMO DEL JORDÁN

La expresión «extraterrestre de Lisan» está también codificada en la Torá, y está atravesada por el texto directo de la Biblia que hace referencia a Jordania, «en un campo de Moab, en lo alto de la colina».

ע	י	ה	ו	•	ו	י	ח	ר	א	פ	ו	ו	ת	ב	ע	ר	ב	ם	א	ש	י	ה	ו	•	ו	ת	א	כ	ל	ב	ק
ם	י	פ	ל	ו	ב	מ	ד	ב	ר	ה	ז	ה	ו	ב	נ	י	כ	ם	י	ה	י	ו	ר	ע	י	ם	ב	מ	ד	ב	ר
י	ו	ת	ל	כ	ת	ל	ו	נ	ת	ם	מ	ע	ל	י	ו	ל	א	י	מ	ת	ו	ו	י	ע	ש	מ	ש	ה	כ	א	ש
י	א	א	ש	ר	ב	ש	ד	ה	מ	ו	א	ב	ר	א	ש	ה	פ	ס	ג	ה	ו	נ	ש	ק	פ	ה	ע	ל	פ	נ	י
ר	י	ה	ו	•	א	ל	מ	ש	ה	ק	ח	א	ת	כ	ל	ר	א	ש	י	ה	ע	ם	ו	ה	ו	ק	ע	א	ו	ת	ם
ו	ש	ע	י	ר	ח	ט	א	ת	א	ח	ד	ל	כ	פ	ר	ע	ל	י	כ	ם	מ	ל	ב	ד	ע	ל	ת	ה	ב	ק	ר
א	מ	ר	ו	א	ל	מ	ש	ה	ו	א	ל	א	ל	ע	ז	ר	ה	כ	ה	ן	ו	א	ל	נ	ש	י	א	י	ה	ע	ד
ת	נ	ו	ש	ש	ע	ר	י	מ	ק	ל	ט	ת	ה	י	י	נ	ה	ל	כ	ם	א	ת	ש	ל	ש	ה	ע	ר	י	ם	ת
ם	מ	מ	ד	ב	ר	ק	ד	מ	ו	ת	א	ל	ס	י	ח	ו	ן	מ	ל	ך	ח	ש	ב	ו	ן	ד	ב	ר	י	ש	ל

○ EXTRATERRESTRE DE LISAN □ EN UN CAMPO DE MOAB, EN LO ALTO DE LA COLINA

Por lo tanto, se hablaba claramente de una determinada zona Lisan, en la parte alta del cabo, en el extremo norte de la península. De hecho, la palabra «cabo» estaba codificada en el mismo lugar.

Y justo debajo, las palabras directas de la Biblia dicen: «Hizo una escultura para ti con todas las formas que hay en el Cielo.»

Y todavía había mucho más en el código que parecía confirmar que la clave del código llegó realmente de otro planeta.

En una misma tabla encontramos «código extraterrestre», «Mazra», «detector», «obelisco» y «clave».

En otra matriz se leía «código del extraterrestre» junto a «horno de hierro» y «desde Lisan».

«Lisan extraterrestre», que en hebreo también significa «lenguaje extraterrestre», también se hallaba codificado cruzando a «Mazra».

«Mazra» en hebreo significa «área sembrada» y justo encima de esas expresiones encontramos «ADN», sugiriendo de nuevo que el código de la vida, como el código de la Biblia, son un «lenguaje extraterrestre».

EXTRATERRESTRE

○ CÓDIGO EXTRATERRESTRE ◇ MAZRA ○ DETECTOR △ CLAVE □ OBELISCO

○ CÓDIGO DEL EXTRATERRESTRE □ DE UN HORNO DE HIERRO ◇ DESDE LISAN

○ LISAN EXTRATERRESTRE/LENGUAJE EXTRATERRESTRE   □ MAZRA/SEMBRADO

¿Estaría Crick en lo cierto? ¿Habrían llegado el código de la Biblia y el código genético aquí en un «vehículo»?

Miré de nuevo la tabla del código donde aparecía «vehículo de acero» junto a «Mazra» y «Lisan». Ahora vi que justo encima de «vehículo de acero» el texto oculto decía «obligado a bajar, interceptado».

En hebreo, esa expresión sólo tenía un significado, la intercepción de un aparato volador.

○ VEHÍCULO DE ACERO   □ OBLIGADO A BAJAR, INTERCEPTADO

Esto era ciencia ficción. No podía ser real. ¿Cómo podía haber existido una nave espacial en aquellos días? Obviamente, sólo si procedía de otro mundo.

Para mi sorpresa, hallé que también estaba codificada la expresión «extraterrestre en la Tierra» y, además, aparecía junto a «Mazra». Y de nuevo se sugería que la llegada a la Tierra no había sido intencional: «por error», cruzaba a «extraterrestre en la Tierra».

La descripción más clara de una nave espacial que encontramos en la Biblia se halla en el Libro de Ezequiel. Se trata de un párrafo al que se le denomina la «visión del carro».

«Y empecé a ver y, ¡miré!, había un viento tempestuoso que venía del norte, una gran masa de nubes y fuego trémulo, y tenía un resplandor todo alrededor; y de en medio de ello había algo como el parecer de electro, de en medio del fuego. Y de en medio de él había la semejanza de cuatro criaturas vivientes, y esto era lo que parecían: tenían la semejanza del hombre terrestre.»

○ EXTRATERRESTRE EN LA TIERRA   ◇ MAZRA   □ POR ERROR

Y en ese mismo párrafo de Ezequiel encontramos codificadas las palabras «extraterrestre humano».

```
ש פ ה ה ב ו ד י ש ו א ה ת ה ו ל ו א ה ל ב י ת ש ר א ל א נ כ י ל
פ נ י א מ צ ל ע ה ו ב א ש ר ה כ ר ו ב י ם א נ פ כ ת א ה ס ר ו ל ם מ
נ י ש נ ו ב ר ה ס ה ו ש ה י ת ב י מ ו י ה נ י ם א ג נ ו ל נ ת א ת
ט ב ה ו ה ל ה ד ה ה ל ע ה ל ב ה י ק מ ר ת ה א ו נ י ש ו ב ט
ה י ק י כ י ו נ י א מ ר א י ד א ז ד ג נ י ש ל י מ י מ ה
י ר ד ל ג ב ד ו ה ל ח ד ט ה ל י ה י ם ו נ ת י ו ש ד ת ל ב ב ו ר י
מ א ו י ה ע ל ה ו ב י ל ס ב ו ה ס ה ו ב צ פ ב ל י ז ב ל ש פ ע י ה ס
י ש ר א ו ר ק ר י ב ל ס י ה ו י ק ו ש ע ה ק ד ש י ם ש ד נ י ח ו
ת ו י ל ג ל ע י ל א ש נ ר א ת ה מ ה ס ד מ ת ד א מ י ת מ ה נ פ ת
```

○ EXTRATERRESTRE HUMANO ☐ HUMANO CERCA DE UNA CRIPTA ◇ LISAN

«Lisan» aparecía dos veces sin saltos en el mismo lugar y solapándose, en el sentido contrario, la expresión codificada: «humano cerca de una cripta».

Además, había otra codificación en la Torá que parecía confirmar que una criatura parecida al hombre había venido a la Tierra en un pasado muy remoto, dejándonos el código de la Biblia.

«El extraterrestre es un hombre», aparecía una vez en la Biblia.

```
א ב י מ ל ך א ת כ ל ה ע ם ל א מ ר ה ג ע ב א ש ה ז ה ו ב י א
ל ל א ה ה י נ א ל י מ ד ו י מ ע ב נ ד א ת ר ה מ א ק ע ט ק
א ה ת ק ק ת ה ת ד ה א ר ו נ ט ה ס ה נ ל ו מ י ב ד ה ה ח י ע ט
א מ א ת א ש מ ו ל ה י ה ב כ ז ב י ר ה ד ת ב ד ת י ו י ח ק ש ה
ט ע ל ה א ר ץ י ו ה ו א מ ה י ל כ ל ע ה ה א נ ר ה ו י ב מ ו ה ח
כ ל ה ה ד ש ה ה ט ב א נ ת ק מ א ע ר פ ו מ ר ב צ ת ו ע ל פ נ י מ ה ה
ר י כ י ר ה מ ט ו י ה ש ו י ה ה נ י ה ע ב ד ר ת כ מ ד י מ כ א ש א ט ה ע מ ד י ו ל ה
ע כ ב ד ש ר י ק ר ה פ ס י ו ת ל ק ה ה ד ר ב ה נ פ ה ק ל ה ש ק ר ב
י ש מ י ט ה ב ה ד ב ר ה כ ל א מ ש ה ו י א ב י ה ה ש ק ר ב
```

○ EL EXTRATERRESTRE ES UN HOMBRE ☐ SEÑOR DEL CÓDIGO
◇ BOCA DE LOS OBELISCOS

En el mismo lugar, en el texto directo de la Biblia, encontré las dos frases que hallamos asociadas en un principio a «clave del código»: «boca de los obeliscos» y «señor del código».

Todo ello parecía sugerir bastante claramente que el codificador era humano, pero no uno de nosotros. Y de nuevo, en el mismo lugar, el código afirmaba: «obligado a bajar, interceptado».

¿Qué o quién podía haber forzado a aterrizar a un astronauta de la antigüedad? Sobre eso, el código no decía nada.

Pero todo parecía indicar que la clave del código había llegado a la Tierra en una nave espacial.

¿Era el «arca de acero» un medio de transporte extraterrestre?

Cuanto más evidencia encontraba de que estábamos delante de un fenómeno extraterrestre, más dificultades tenía para creer en todo aquello.

Podía aceptar que la clave del código estuviese grabada en un obelisco y que el obelisco estuviese enterrado en una árida península, deshabitada desde tiempos bíblicos. Pero no podía creer que todo ello fuese consecuencia de una visita extraterrestre.

Pero Crick, el descubridor de la estructura del ADN, decía que nuestro código genético había llegado a la Tierra en una nave espacial enviada por alienígenas. Si el ADN era fruto de tal suceso, ¿por qué no el código de la Biblia?

La mera existencia de un código de la Biblia que revela el futuro demuestra que no estamos solos. El hecho de que exista un código que vaticine el futuro y que proceda de los tiempos de la Biblia nos sugiere que alguna clase de inteligencia superior tuvo que intervenir en nuestro mundo.

De hecho, ésta es una de las creencias que comparten todas las religiones. En cierto sentido, se puede decir que la Biblia es la historia de un encuentro con un ser que no pertenece a la Tierra. No se le ve, pero en muchas ocasiones se le oye.

En todo mito antiguo, en todas las religiones, existen historias de vehículos y seres que descienden del Cielo, de temerosos visitantes de otros mundos, de «barcos del Cielo». Incluso el descenso de Dios al monte Sinaí vino acompañado de humo y fuego.

Pero yo no creo en Dios. Y aunque casi todos los científicos están de acuerdo ahora en que es posible que exista vida inteligente en el universo, de ninguna manera creeré en la existencia de hombrecillos verdes hasta que aterricen aquí y se presenten ante todos.

Soy periodista. Necesito pruebas definitivas.

En el Shavuot, la celebración que conmemora la entrega de la Biblia a Moisés en el monte Sinaí, encontré en el código de la Biblia la prueba final de que la clave del código que estaba buscando se hallaba en unos pilares depositados en una cubierta de acero.

Y en el mismo texto codificado encontré la palabra «Dios».

La expresión «en acero, obeliscos» se halla codificada en la Biblia cruzando el versículo del Génesis que explica la creación de la humanidad:

«A imagen de Dios lo creó; varón y hembra los creó.»

Ello probaba que los «obeliscos» se hallaban, en verdad, en una especie de «arca de acero».

ד ם ב ד מ ו ת א ל · י ם ע ש ה א ת ו ז כ ר ו נ ק ב ה ב ר א ם ו י

ד ב נ י ם ו ב נ ו ת ו י ח י נ ח ו ר ת ש ע ו ע ש ר י ם ש נ ה ו י

א ל נ א י ח ר ל א ד נ י ו א ד ב ר ה א ו ל י מ צ א ו ן ש ם ש ל

ל ב ן מ ל כ ה א ש ת נ ח ו ר א ח י א ב ר ה ם ו כ ד ה ע ל ש כ מ ה

ד י ם ע ד א ש ר ת ש ו ב ח מ ת א ח י ד ע ד ש ו ב א ף א ח י ך מ מ

ל י ש ו ר ו ח מ ו ר צ א ן ו ע ב ד ו ש פ ח ה ו א ש ל ח ה ל ה ג י

א מ ר י ם נ ל כ ה ד ת י נ ה ו י ל ד י ו ס ף א ח ר א ח י ו י מ

ה ר ע ב ב א ר ץ כ נ ע ן ו י ו ס ף ה ו א ה ש ל י ט ע ל ה א ר ץ ה

נ י ם כ ל ה נ פ ש ל ב י ת י ע ק ב ה ב א ה מ צ ר י מ ה ש ב ע י ם

ד ו י א מ ר מ י ש מ ך ל א י ש ש ר ו ש פ ט ע ל י נ ו ה ל ה ר ג נ

א מ ר א ל א ה ר ן נ ט ה א ת י ד ך ב מ ט ך ע ל ה נ ה ר ת ע ל ה י

א ו מ מ צ ר י ם ע ג ת מ צ ו ת כ י ל א ח מ ץ כ י ג ר ש ו מ מ צ ר

○ EN ACERO, OBELISCOS

□ A IMAGEN DE DIOS LO CREÓ; VARÓN Y HEMBRA LOS CREÓ

Las palabras del Génesis parecían confirmar también el único comentario antiguo acerca de los «obeliscos», la afirmación del Midras de que tenían forma humana, de que eran «hombre y mujer».

Más que eso, parecía que vinculaba los obeliscos a nuestra creación, a nuestro creador:

«Éste es el libro de los descendientes de Adán: Cuando Dios creó al hombre, lo hizo a semejanza de Dios.»

Todo el párrafo del Génesis 5:1 que cruzaba «en acero, obeliscos» parecía confirmar que los obeliscos eran la clave del código, que iban a revelar nuestro pasado oculto y todo nuestro futuro.

Si nos fijamos bien, parece que se sugiere que el futuro de la humanidad se conocía desde el día de nuestra creación, que toda la historia del hombre fue escrita antes de que sucediera. Si pudiésemos leer ese libro, hallaríamos en él no sólo todo lo que ya ha sucedido, sino todo lo que está por suceder.

Y la misma tabla del código confirma, una vez más, la localización de los «obeliscos». «Pilar de Lisan, lengua de mar» aparece exactamente en el mismo lugar.

ד ם ב ד מ ו ת א ל · י ם ע ש ה א (ת) ו ז כ ר ו נ ק ב ה ב ר א ם ו י ב

ד ב נ י ם ו ב נ ו ת ו י ח י נ ח (ו) ר ת ש ע ו ע ש ר י ם ש נ ה ו י ו

א ל נ א י ח ר ל א ד נ י ו א ד ב (ר) ה א ו ל י י מ צ א ו ן ש ם ש ל ש

ל ב ן מ ל כ ה א ש ת נ ח ו ר א ח (י) א ב ר ה ם ו כ ד ה ע ל ש כ מ ה ו

ד י ם ע ד א ש ר ת ש ו ב ח מ ת א (ח) י ך ע ד ש ו ב א ף א ח י ך מ מ ך

ל י ש ו ר ו ח מ ו ר צ א ן ו ע ב (ד) ו ש פ ח ה ו א ש ל ח ה ל ה ג י ד

א מ ר י ם נ ל כ ה ד ת י נ ה ו י (ל) ך י ו ס ף א ח ר א ח י ו ו י מ צ

ה ר ע ב ב א ר ץ כ נ ע ן ו י ו ס (ף) ה ו א ה ש ל י ט ע ל ה א ר ץ ה ו

נ י ם כ ל ה נ פ ש ל ב י ת י ע ק (ב) ה ב א ה מ צ ר י מ ה ש ב ע י ם ו

ך ו י א מ ר מ י ש מ ך ל א י ש ר ו ש פ ט ע ל י נ ו ה ל ה ר ג נ י

א מ ר א ל א ה ר ן נ ט ה א ת י ד ב מ ט ך ע ל ה נ ה ר ת ע ל ה י א

א ו מ מ צ ר י ם ע ג ת מ צ ו ת כ י ל א ח מ ץ כ י ג ר ש ו מ מ צ ר י

ו י ס פ ר מ ש ה ל ח ת נ ו א ת כ ל א ש ר ע ש ה י ה ו · ל פ ר ע ה ו

ת י ם ע ש ר ה [מ] [צ] [ב] [ה] [ל] [ש] [נ] [י] [ם] ע ש ר ש ב ט י י ש ר א ל ו י ש ל ח

ן ו ב נ י ו ו ח ב ש ת ל ה ס מ ג ב ע ת ו ה י ת ה ל ה ם כ ה נ ה ל ח

○ EN ACERO, OBELISCOS ☐ PILAR DE LISAN, LENGUA DE MAR

«En acero» encontraremos no sólo los «obeliscos», sino también nuestros auténticos orígenes. Toda la matriz decía: «Señor, propietario, será reconocido en acero, obeliscos.»

○ EN ACERO, OBELISCOS □ PILAR DE LISAN, LENGUA DE MAR
◇ SEÑOR, PROPIETARIO, SERÁ RECONOCIDO EN ACERO, OBELISCOS

Parecía sugerirse que los obeliscos están hechos a la imagen de su creador, que puede ser también nuestro Creador.

Había llegado el momento de emprender, sin más dilación, la búsqueda en Lisan, pero antes anoté en mi diario: «Estoy obligado a concluir que además de un "obelisco" o una "clave", estoy buscando al "extraterrestre" que creó el código, o al menos el que lo trajo aquí, y, con él, el "vehículo" que lo transportó hasta nuestro planeta.»

CAPÍTULO ONCE

BUSH

El 3 de agosto de 2001 le envié al presidente George W. Bush una carta, diciéndole que «el código de la Biblia nos advierte que el mundo se enfrenta a un terrible peligro (una guerra nuclear mundial que empezará en Oriente Medio) y que tendrá lugar siendo usted el presidente de la nación».

Mi carta llegó al jefe de Personal de la Casa Blanca, Andrew Card, justo cuando Bush iniciaba unas vacaciones de un mes en su rancho de Crawford, Texas. Card reenvió mi misiva a la consejera de Seguridad Nacional, Condoleezza Rice. Pero mi carta nunca llegó al presidente.

El 10 de setiembre, al regreso de Bush, llamé a la Casa Blanca para insistirle a Card de que entregase mi carta al presidente y que me ayudase a concertar una entrevista con él.

«El señor Card le ha dado su carta a la doctora Rice —me dijo su asistente—. Ha sido leída por dos de los cargos más importantes del gobierno. Lo siento, pero han decidido que no se la van a hacer llegar al presidente.»

Al día siguiente, el 11 de setiembre de 2001, unos terroristas árabes atacaban Nueva York y Washington, destruyendo las Torres Gemelas y causando graves destrozos en el Pentágono. La Casa Blanca se libró del ataque sólo gracias a que los pasajeros del cuarto avión secuestrado estrellaron el aparato antes de que llegase a la capital norteamericana.

La carta que había enviado a Bush, un mes antes del 11 de setiembre, no fue la única advertencia desaprovechada. Más tarde se supo que el 6 de agosto, casi al mismo tiempo que llegaba mi carta a la Casa Blanca, la CIA informó al presidente que los seguidores de Osama bin Laden estaban planeando secuestrar aviones comerciales. Y un informe, que nunca llegó a Bush, le advertía de que Bin Laden podría haber mandado operativos para aprender a pilotar aviones en escuelas de aviación norteamericanas con el fin de perpetrar ataques terroristas.

De hecho, a mediados de agosto fue arrestado el que se sospecha iba a ser el secuestrador número veinte. Pero el FBI no consiguió encontrar la clave que desprotegía su ordenador portátil: una palabra que podía haber conducido a la detención del líder de los atentados, Mohammed Atta.

Y ahí no acaba la cosa: el 10 de setiembre de 2001, la Agencia de Seguridad Nacional interceptó un mensaje en árabe: «Mañana es la hora cero.» Pero el mensaje no fue traducido hasta el 12 de setiembre.

Yo sabía perfectamente que, en aquellas frenéticas jornadas posteriores al ataque, no habría manera de llegar al presidente. Pero el 1 de octubre le envié una carta a Bush a través de su jefe de Personal, Card, y de Condoleezza Rice.

Les decía, una vez más, lo mismo de siempre: «Si vuelven a leer mi carta teniendo en cuenta los atentados, creo que decidirán entregársela al presidente. Y si el señor Bush lee la carta, creo que querrá verme.

»Pueden decirle al presidente que el ataque a Nueva York, que presencié con mis propios ojos, estaba codificado en la Biblia desde hace tres mil años.»

La carta que le había escrito al presidente el 1 de octubre decía: «Yo no soy religioso, de manera que no puedo explicarle cómo es posible que se pueda conocer el futuro o por qué existe un código en la Biblia.

»Pero lo cierto es que "Torres Gemelas" se halla codificado junto a "avión" y la reveladora frase "hará que se caigan". "Pentágono" está codificado con "dañado" y "Bin Laden" con "la ciudad y la torre".»

Le expliqué al presidente que el peligro no había pasado: «El código de la Biblia habla claramente de esta amenaza en términos modernos: el código menciona tanto "holocausto atómico" como "guerra mundial". Y ambos están codificados junto al mismo año, 2006.»

Acabé mi carta a Bush con una disculpa: «Siento no haber podido avisarle con anticipación de los ataques terroristas de Nueva York y Washington. Ambos estaban codificados en la Biblia desde hace tres mil años. Pero no los vimos hasta el mismo 11 de setiembre.

»Si el código de la Biblia es correcto, aquí no acaba la amenaza. No ha hecho más que empezar. Con el código no podemos anticipar todos los peligros, pero podemos prevenir los que detectamos.

»Es muy importante que nos reunamos porque el peligro es real y mortal: es posible que nos enfrentemos a una guerra mundial en cinco años».

«Presidente Bush» está codificado en la Biblia junto con «el segundo», descubrimiento que hallamos meses antes de las elecciones de noviembre de 2000.

מ ד ם ה א ש ם ו נ ת ן ה כ ה ן ע ל ת נ ו ך א ז ן ה מ ט ה ר ה י
ו ש ת י ת ר י ם א ו ש נ י ב נ י י ו נ ה א ש ר ת ש י ג י ד ו ו
י ה י ו נ ה מ א ש ר ת ש י ג י ד ו א ת א ש ר ת ש י ג י ד ו א ת
ת ה א ב נ י ם א ש ר ב ה ן ה נ ג ע ו ה ש ל י כ ו א ת ה ן א ל מ
ת י צ פ ר י ם ו ע ץ א ר ז ו ש נ י ת ו ל ע ת ו א ז ב ו ש ח ט א
ה מ ש כ ב א ש ר י ש כ ב ע ל י ו ה ז ב י ט מ א ו כ ל ה כ ל י א
נ י י ק ח ל ו ש ת י ת ר י ם א ו ש נ י ב נ י י ו נ ה ו ב א ל פ
ג ע ו ב ו י ט מ א ע ד ה ע ר ב ו א ם ש כ ב י ש כ ב א י ש א ת ה
ת ו כ ם ז א ת ת ו ר ת ה ז ב ו א ש ר ת צ א מ מ נ ו ש כ ב ת ז ר
מ ו ע ד ו נ ת ן א ה ר ן ע ל ש נ י ה ש ע י ר ם ג ר ל ו ת ג ו ר
ל ד ם ה פ ר ו ה ז ה א ת ו ע ל ה כ פ ר ת ו ל פ נ י ה כ פ ר ת ו
ח א ת ה ש ע י ר ב מ ד ב ר ו ב א א ה ר ן א ל א ה ל מ ו ע ד ו פ
ת ט ה ר ו ש ב ת ש ב ת ו ן ה י א ל כ ם ו ע נ י ת ם א ת נ פ ש ת

○ PRESIDENTE BUSH ☐ EL SEGUNDO

Es asombroso cómo el código de la Biblia, de tres mil años de antigüedad, predice adecuadamente el resultado de una elección tan reñida como ésta. De hecho, no se supo quién había ganado hasta que la Corte Suprema declaró a Bush vencedor un mes más tarde de finalizados los comicios.

De hecho, el código también habla de ello. Yo estaba al corriente del resultado de las elecciones incluso antes de que ningún candidato fuese nominado.

Diez meses antes de las elecciones más disputadas de la historia de Estados Unidos fui a ver al doctor Rips a Nashville, Tennessee, donde ejercía de profesor en la Vanderbilt University. Rips me contó que había dado una charla sobre el código de la Biblia en una sinagoga local y, en respuesta a una pregunta del público, buscó en el código información sobre el héroe local, el vicepresidente del gobierno de Clinton, Al Gore.

Rips me mostró la tabla del código. «Al Gore» estaba codificado en el Génesis junto con la palabra «presidente» con una poquísima probabilidad de aparición azarosa.

○ AL GORE   ☐ PRESIDENTE

Le expliqué a Rips que me parecía muy improbable que Gore alcanzase la presidencia. Todas las encuestas daban a Bush como ganador. De hecho, no estaba claro que Gore llegase a ser el candidato demócrata.

Así que busqué la expresión «presidente Bush» y la encontré codificada junto con la palabra «presidente» y ésta a su vez cruzada por la misma expresión: «presidente».

—Esto no tiene un significado claro —dijo Rips—, porque ya ha habido un presidente Bush.

Entonces le enseñé a Rips que en esa misma tabla la expresión «presidente Bush» estaba codificada junto a «el segundo».

—¿Qué cree que significa? —le pregunté a Rips.

—No lo sé —me contestó—. Quizá que tanto Gore como Bush son probabilidades, que ambos tienen posibilidades de ser presidentes.

A lo largo de los siguientes diez meses, el doctor Rips y yo vimos cómo Bush y Gore eran nominados y después asistimos a su enconada pugna electoral. Finalmente, el día después de las elecciones volvimos a hablar.

Había sido una noche trepidante. Primero Gore llamó a Bush para felicitarlo por la victoria. Después le volvió a llamar para retirarle la felicitación. Al final, el resultado iba a ser decidido por unos cuantos cientos de votos de un solo estado, Florida.

—Ahora ya sabemos por qué el código contemplaba la posibilidad de la victoria de los dos contendientes —dijo Rips.

○ PRESIDENTE GORE   ◇ AL GORE
□ AHORA DECIDIRÁ UN JUEZ, SE TE HARÁ MUCHO MAL

Mientras se llevaban a cabo los innumerables recuentos y batallas legales, yo consulté el código para intentar vaticinar el resultado. Ahora vi que donde «Al Gore» estaba codificado como «presidente Gore», las letras hebreas que seguían a su nombre predecían otro final: «Ahora decidirá un juez, se te hará mucho mal.»

Dos horas antes de la medianoche del 12 de setiembre de 2000, la Corte Suprema de Estados Unidos le robó las elecciones a Al Gore, quien había obtenido un mayor voto popular, deteniendo el recuento de Florida. George W. Bush, con el respaldo de cinco jueces conservadores, fue declarado presidente de Estados Unidos.

Aquella noche busqué de nuevo en la tabla del código donde se predecía la victoria de Bush. Justo por encima de «presidente Bush» aparecía «por error».

○ PRESIDENTE BUSH   □ PRESIDENTE   ◇ POR ERROR

Pero lo más importante hacía referencia a un momento histórico decisivo para la humanidad.

«G. W. Bush» estaba codificado junto a «presidente» donde el texto directo mencionaba «el fin de los días».

○ G. W. BUSH   □ PRESIDENTE   ◇ EL FIN DE LOS DÍAS

Yo sabía, mucho antes del 11 de setiembre, que Bin Laden era una amenaza muy seria pues el código de la Biblia advertía sobre él. En la primavera de 1998, cuando visité al doctor Rips en Israel, me mostró una tabla que él creía revelaba la auténtica naturaleza de Dios: junto a la expresión «juicio de Dios» encontrábamos asociada la de «piedad de Dios».

«Según el Midras —dijo Rips—, el mundo fue creado dos veces: primero fue concebido desde el punto de vista del juicio absoluto, donde prima lo correcto y lo incorrecto. Entonces, Dios vio que el mundo no podía existir de esa manera, que de esa forma no había espacio para la imperfección humana y añadió la piedad.

»Pero esto no es como mezclar agua caliente y agua fría para obtener templada, es como mezclar fuego y nieve y que cada uno de estos elementos mantenga su existencia de forma separada. Ésas pueden ser las dos hebras del código de la Biblia.»

Tan pronto como Rips me mostró esa tabla, sin embargo, vi algo más. «Bin Laden» aparecía sin saltos, perfectamente deletreado, y cruzaba a la expresión «juicio de Dios».

○ JUICIO DE DIOS   □ BIN LADEN

No le dije nada a Rips. No sabía cómo iba a reaccionar. Yo mismo estaba conmocionado. Era como si Bin Laden fuese el moderno instrumento elegido por Dios para nuestra destrucción, de la misma manera que se relataba en la Biblia al respecto de otros enemigos.

Fue sólo después del 11 de setiembre que le mostré a Rips lo que había hallado años antes. Su interpretación era muy diferente. «Es una afirmación muy clara de que Dios juzgará a Bin Laden», dijo Rips. Me explicó que un amigo suyo en Israel había encontrado una codificación muy similar: «maldito sea Bin Laden y al Mesías le corresponde la venganza».

Le dije a Rips que creía que era tarea nuestra, de la gente del mundo real, ajusticiar a Bin Laden, independientemente del castigo que mereciese en el otro mundo.

Pero Rips se mantenía en su perspectiva religiosa, la cual entendía porque el terrorismo se había convertido en una religión y Bin Laden era su sumo sacerdote.

Rips me enseñó entonces algo nuevo que había encontrado en una tabla donde se mencionaba al líder del ataque del 11 de setiembre. En cierta parte de la Biblia, justamente donde se lee «su alma le fue arrancada ante mí, yo soy el Señor», se leían las siguientes palabras: «terrorista Atta».

«Eso contradice directamente la creencia de Atta y Bin Laden de que tendrán una recompensa en la otra vida —comentó Rips—. Se trata de una afirmación clara de exactamente lo opuesto; significa que será castigado en el Más Allá.»

Rips estaba tratando el tema desde una perspectiva religiosa, al igual que lo hacían los terroristas. Después del 11 de setiembre, el FBI encontró un diario manuscrito perteneciente a Atta, con mucha información y que manifestaba que estaba llevando a cabo una misión en nombre de Dios.

Pero para mí, el código de la Biblia era sólo información, un sistema de advertencias. Nuestro futuro dependía de nuestra capacidad para hacer frente a esos peligros.

La primera tarea era encontrar a Bin Laden.

Cuando Estados Unidos lanzó su ataque sobre Bin Laden y sus aliados talibanes en Afganistán, el 7 de octubre de 2001, y la CIA informó al Congreso de que las probabilidades de que hubiese otro importante atentado terrorista eran «del ciento por ciento», busqué en el código de la Biblia las dos palabras cruciales: «Bin Laden.»

El terrorista más buscado, decía el código, se convertirá en un fugitivo, huyendo constantemente de lugar en lugar.

«Ciudad de refugio» aparece dos veces en el texto directo de la Biblia y en el mismo lugar. El significado original de esos versículos es muy significativo. Hablaban de las antiguas «ciudades de refugio» donde un «asesino» podía escapar a su castigo, y que la única manera de matarlo era en caso de que saliera de su refugio. Quizá ésa era la manera como le gustaría ser atrapado a Bin Laden.

○ BIN LADEN □ DE CUARTEL GENERAL EN CUARTEL GENERAL
◇ CIUDAD DE REFUGIO △ ASESINO ⬠ CAPTURADO

«Capturado» estaba, de hecho, codificado paralelamente a «Bin Laden», sugiriendo que en un momento dado sería encontrado.

En realidad, donde se hallaba codificado «Bin Laden» junto a «el próximo terrorista», el texto oculto afirmaba: «se movió y fue asesinado».

Pero el código de la Biblia decía claramente que Bin Laden no sería detenido en Afganistán. El código parecía afirmar que escaparía al ataque norteamericano en sus escondites y campos de entrenamiento y reestablecería su red de terror desde una base en otro punto de Oriente Medio.

El código de la Biblia hacía mención a un lugar exacto. Cruzaba por dos

BUSH

veces al nombre hebreo de «Bin Laden» y especificaba claramente la localización de su «cuartel general del ejército». La misma localización también estaba vinculada a las diferentes expresiones del último peligro, entre las que se contaban «arma atómica», «holocausto atómico», «ataque químico» y «la próxima guerra».

○ BIN LADEN   ◇ EL PRÓXIMO TERRORISTA

Esa misma localización, en el desierto, que nunca había aparecido en un informe de inteligencia también estaba codificada junto a los dos objetivos más probables: «Nueva York» y «Jerusalén».

Sin perder tiempo, les entregué la información a miembros destacados de la inteligencia militar israelí y estadounidense. Les dije que ello «podía estar relacionado con Bin Laden y su organización, Al Qaeda». También añadí que «podría tratarse de la localización de armas no convencionales, quizá la fuente de la amenaza más importante para Israel y Estados Unidos».

Les dejé bien claro que no había una evidencia definitiva que apoyase lo que decía el código de la Biblia y que no sabía cuándo sucedería. Yo no podía saber si Bin Laden ya había huido del lugar y dónde se reagruparía su red terrorista.

«No sé si la base está activa en estos momentos —dije—. Pero éste puede ser el momento adecuado para averiguarlo. Lo que es seguro es que es mejor intentarlo demasiado pronto que demasiado tarde.»

Y todavía les dije otra cosa a americanos e israelíes: allí donde aparecía el nombre de los terroristas hallamos las palabras «arma de Libia». Todo parecía sugerir que Libia adquiriría alguna arma de destrucción masiva que los terroristas usarían para atacar a Occidente.

Varios meses después se publicó en la prensa israelí: «Los esfuerzos de Libia para conseguir armamento nuclear preocupan seriamente a los gobiernos norteamericano e israelí. La semana pasada, los dos países aliados mantuvieron conversaciones estratégicas en Washington para tratar de la amenaza de Libia.»

El artículo del *Ha'aretz* decía: «Aunque Libia no ha sido incluida de manera formal entre los países del "eje del mal" citados por el presidente George Bush, el gobierno norteamericano considera que está en la órbita de este eje y tiene informaciones de que está desarrollando armas de destrucción masiva.»

Se trataba de la misma advertencia que le había dado a Simon Peres cinco años antes, cuando era primer ministro de Israel; que «Libia» estaba codificado junto a «holocausto atómico», pero que el peligro real era el terrorismo nuclear.

Días después, en un discurso en Jerusalén, Peres hizo mención a esta advertencia públicamente, aunque sin hacer alusión al código de la Biblia. El peligro más importante al que se enfrenta el mundo, dijo Peres, es que las armas nucleares «caigan en manos de países irresponsables, de locos fanáticos».

Ahora el código nos proporcionaba los nombres de esos radicales, Osama bin Laden y su organización terrorista Al Qaeda. Tenía la esperanza de que también revelase su paradero.

En mayo de 2001, en plena ola de violencia en Oriente Medio, le envié una carta al secretario de Estado, Colin Powell. Se trataba de una carta personal dirigida a su residencia de Virginia.

No estaba seguro de que escribirle a su hogar fuese la mejor idea, pero quería contactar con él antes de que iniciase su gira diplomática europea. Existían rumores que decían que se iba a reunir, por primera vez, con el líder palestino Yasir Arafat.

Aviones F-16 israelíes acababan de golpear Gaza y Cisjordania. Desde la guerra de los Seis Días, en 1967, no se llevaba a cabo una acción militar de tal envergadura. El motivo, como siempre, era la represalia por un atentado suicida. Mi instinto me decía que iba a suceder algo terrible y que ahora tenía la oportunidad de hablar con Powell, justo antes de que se hubiese entrevistado con Arafat y Peres.

Mi carta a Powell del 19 de mayo decía: «Acabo de volver de Oriente Medio y me he entrevistado con Yasir Arafat y Simon Peres. Espero ver pronto al primer ministro Sharon.

»Es posible que exista una posibilidad de que se dé un alto el fuego, una nueva manera de que las dos partes se avengan a negociar. Es por eso que le mando esta carta a su casa. Normalmente, me hubiese dirigido a usted a través de los canales oficiales, pero he leído hoy en el *New York Times* que usted decía que "si hubiese una solución para el problema de la región trabajaríamos en ella inmediatamente; organizaríamos un encuentro de forma inmediata". Pues es posible que tengamos tal solución, al menos un nuevo enfoque con el que empezar.

»Arafat cree en las profecías. Yo mismo he estado más de una hora hablando con él acerca de lo que profetiza la Biblia. Al final se convenció de que las dos únicas opciones existentes son la paz o la aniquilación.

»Nadie ha intentado aproximarse a él desde esta perspectiva y es posible que ahí esté la clave.»

Le expliqué a Powell qué era el código oculto de la Biblia. Tenía la esperanza de que el secretario de Estado estuviese abierto a este tipo de informaciones porque leí en su autobiografía que era un hombre religioso, que en alguna ocasión había dado clases de catequesis y que creía en el Antiguo Testamento.

Así que le dije a Powell lo que le había dicho a Bush: «El código de la Biblia nos advierte de que existe un peligro real de guerra nuclear mundial que se iniciará en Oriente Medio.»

«Aunque usted no crea que exista un código de la Biblia que prediga el futuro es importante que nos veamos porque Arafat sí cree en él», le decía a Powell en mi carta.

«Cuando Sharon acepte también que la única alternativa a la paz es la aniquilación, entonces habrá paz —continuaba—. A mi entender, no importa cómo convenzamos a Sharon de que debe firmar la paz, mediante informes militares o profecías.»

Al final, Powell regresó a Estados Unidos sin haber visto a Arafat y nunca respondió a mi carta. Pero al cabo de un mes, Bush lo envió de nuevo para intentar conseguir un alto el fuego entre Arafat y Sharon.

Todos esos esfuerzos, que continuarían durante un año más, no dieron ningún resultado.

Pero en el código de la Biblia parecía entreverse alguna esperanza. «C. Powell» estaba codificado junto a «jefe de la cumbre», sugiriendo que el secretario de Estado podría acercar a las dos partes.

Pero en el mismo lugar encontramos su nombre, «Powell», junto con el grave peligro que también se halla asociado a «G. W. Bush»: «en el fin de los días».

○ C. POWELL   □ JEFE DE LA CUMBRE   ◇ EN EL FIN DE LOS DÍAS

A medida que la cuenta atrás hacia 2006 continuaba, me preocupaba cada vez más el no poder llegar al presidente. Y lo peor es que éste planteaba su guerra contra el terrorismo como una cruzada religiosa.

El código de la Biblia parecía advertir que la guerra contra el terrorismo de Bush, la guerra librada en Afganistán (con Bin Laden todavía en paradero desconocido), podía conducir a un terrible final.

«Guerra de Bush» estaba codificado en la Biblia junto a la última advertencia: «el mal que caerá sobre ti en el fin de los días».

Las palabras del texto directo que cruzan «guerra de Bush» dejaban claro que el peligro era global: «Todas las naciones bajo el cielo.»

La expresión «el próximo terrorista» estaba codificada junto al peligro más temido de nuestros días, «atómico».

[Hebrew letter grid]

○ GUERRA DE BUSH   □ EL MAL QUE CAERÁ SOBRE TI EN EL FIN DE LOS DÍAS
◇ TODAS LAS NACIONES BAJO EL CIELO

La expresión «el próximo atentado terrorista» estaba codificada junto a «Bin Laden» y la única ciudad del mundo que estaba codificada junto a «holocausto atómico» y «guerra mundial» era «Jerusalén».

Pero el código de la Biblia advertía que el impacto de la catástrofe podría ser global. «Guerra mundial» estaba codificado junto a «terrorismo» y, en el mismo lugar, aparecía la palabra árabe que significa «terrorista suicida» o «*shahid*».

De repente, temí que la suma de todas las advertencias del código de la Biblia fuese que el mundo iba a estar en un estado de guerra perpetuo durante los próximos cinco años, no una guerra convencional, sino una serie de ataques terroristas con armas de destrucción masiva y sucesivos contraataques del mundo occidental.

Se trataría de una guerra indefinida, algo que nadie querría admitir, una

○ EL PRÓXIMO TERRORISTA   ◇ ATÓMICO

batalla entre nosotros y un islam militante, entre la civilización occidental y los fanáticos religiosos que quieren destruirla.

De hecho, las hostilidades ya habían comenzado. Todo aquello que había intentado evitar, todo lo que había visto codificado en la Biblia, se estaba convirtiendo en realidad. Y no estaba seguro de qué es lo que debía hacer.

○ EL PRÓXIMO ATENTADO TERRORISTA ◇ BIN LADEN □ JERUSALÉN

○ GUERRA MUNDIAL □ TERRORISMO ◇ TERRORISTA SUICIDA

Todas las advertencias del código de la Biblia que aparecían en mi primer libro sobre la materia, publicado hace cinco años, habían pasado de rarezas apocalípticas a posibilidades reales, e incluso a realidades completamente aceptadas. En muchos casos, nuestros gobernantes empezaban a sospechar que no iban a ser capaces de prevenir las desgracias que se avecinan.

Todos los miembros del gabinete de Bush y el mismo presidente afirmaron que era prácticamente seguro que iba a haber un nuevo atentado terrorista (incluso un ataque nuclear).

«La posibilidad de que haya otro ataque sobre Estados Unidos es muy, muy real —dijo el vicepresidente Dick Cheney—. No es una cuestión de si nos atacarán o no, sino de cuándo lo harán.»

El secretario de Defensa, Donald Rumsfeld, le dijo al comité del Senado que los terroristas iban a obtener armas de destrucción masiva: «Tienen armas biológicas, químicas y algunos pronto tendrán armas nucleares.

»Es inevitable que se hagan con ellas y les aseguro que no dudarán un minuto en usarlas», dijo Rumsfeld.

«Nos vamos a tener que enfrentar a terribles atentados terroristas —añadió—. Lo importante es saber cuándo, dónde y cómo.»

«Es inevitable —dijo el director del FBI Robert Mueller—. Habrá otro ataque. No podremos detenerlo. Quisiera ser más optimista, pero no puedo.»

El problema, hasta el momento, había sido persuadir a los gobernantes de que los peligros que anunciaba el código de la Biblia eran reales. Ahora el problema era convencerlos de que esos peligros se pueden prevenir si atendemos a los avisos del código.

CAPÍTULO DOCE

EL VIAJE DEL HÉROE

Algunas mañanas, cuando me despertaba con las noticias de nuevas amenazas terroristas, me daba la impresión de que mi búsqueda de la clave del código no era más que un sueño.

Frente a la amenaza de Bin Laden, todavía con el 11 de setiembre fresco en mi mente y la certeza de que ni Nueva York ni el mundo habían vivido su última pesadilla, mi aventura por el desierto parecía irrelevante.

Pero algo me decía que debía de haber una solución, quizá la única solución. Necesitábamos un milagro puesto que el horror podía alcanzar unas proporciones míticas.

Quizá, por esa misma razón, se necesitaba un acto igual de mítico: «El héroe mítico es aquel que se aventura; aquel que parte de su previsible mundo para introducirse en una región de maravillas sobrenaturales. Allí encuentra fabulosas fuerzas que le permiten alcanzar la victoria. Después, el héroe retorna de su misteriosa aventura con la capacidad de ayudar a sus congéneres.»

Ésta es la descripción de Joseph Campbell del «viaje del héroe». Se trata de un mito presente en casi todas las culturas antiguas. De hecho, Campbell gustaba de llamarlo *El héroe de las mil caras*.

Efectivamente, encontramos héroes en Prometeo, que asciende a los Cielos para robar el fuego y entregárselo a los hombres. En Jasón, que se embarca en una aventura para capturar el vellocino de oro. Y, en su forma más antigua, Gilgamesh, el legendario rey sumerio que hace seis mil años luchó contra los mares que rodean al mundo, los empujó a las profundidades y obtuvo la planta de la inmortalidad.

Pero inevitablemente, el poder sobrenatural ganado en la batalla se pierde cuando el héroe entra de nuevo en este mundo. A veces se lo roban, otras se desintegra o simplemente desaparece.

Y la moraleja de la historia es siempre la misma: que la recompensa real no son los resultados finales de la campaña, sino el viaje mismo. En palabras de Campbell: «Los poderes sobrenaturales que busca el héroe y que tan peligrosamente consigue resultan haber estado siempre en su corazón.»

El viaje, la aventura, es sólo una vía para descubrir lo que ya había dentro del héroe.

En ocasiones, mientras buscaba la «clave del código», los «obeliscos», el mágico talismán procedente de otro reino, la clave para la revelación del pasado olvidado y todo nuestro futuro, imaginé que estaba en mi propio viaje heroico.

Pero la verdad es que yo no era un héroe. Y, por supuesto, no era un ser mitológico. En todo caso, yo era un antihéroe, un periodista cínico que había tropezado con un antiguo misterio en un mundo moderno.

Es posible que, como decía Campbell, todo lo que necesitamos, las respuestas a los misterios más profundos, moran ya en nuestro interior. Sólo tenemos que descubrirlas.

La Biblia dice básicamente lo mismo. Moisés, en sus últimas palabras a los israelitas antes de morir, les comunica: «No está lejos de vosotros, no está oculto. No está en los cielos, para que se diga: "¿Quién ascenderá por nosotros a los cielos y nos lo conseguirá, para que nos deje oírlo para que lo pongamos por obra?" Porque la palabra está muy cerca de ti, en tu propia boca y en tu propio corazón, para que la pongas por obra.»

Quizá. Quizá el camino, la búsqueda, era una manera de desenterrar el secreto que yace en nuestro interior. Pero es que ese mismo párrafo me revelaba también que podía encontrar la «clave del código» en la Tierra, que podía sacar a la luz los obeliscos, que estaban a mi alcance.

En el párrafo de la Biblia donde Moisés dice sus últimas palabras —«No está en los cielos para que se diga: «¿Quién ascenderá por nosotros a los cielos?»— encontré codificado de nuevo las palabras «en Lisan» y «Mazra».

O EN LISAN ◇ MAZRA □ ¿QUIÉN ASCENDERÁ POR NOSOTROS A LOS CIELOS?

Ésta no es una afirmación metafísica. No quiere decir que la búsqueda es una manera de desentrañar los secretos que guardamos dentro. Es una afirmación directa de que existe un objeto físico enterrado en ese mismo lugar.

Por muy improbable que pareciera que pudiese encontrar el tesoro, yo siempre había creído que el código de la Biblia significaba exactamente lo que decía. «Lisan» y «Mazra» eran lugares, localizaciones geográficas, la X del mapa del tesoro.

El doctor Rips coincidió conmigo en que «Lisan» y «Mazra» no podían aparecer de esa manera por azar, no podía ser por casualidad que «obeliscos» cruzase dos veces a «clave del código». Pero, como siempre, no podía adivinar el significado que tenían esas palabras en el mundo real.

«Nada sería más emocionante que encontrar esos restos guiados sólo por el código de la Biblia —dijo Rips—. Pero yo sólo puedo hablar de la coherencia de lo hallado; sólo puedo decir que, matemáticamente, va más allá del azar. Lo que no puedo es afirmar que los obeliscos existen en la actualidad.»

Al margen de lo improbable que podía parecer que un simple periodista tropezase con el secreto más importante de todos los tiempos, yo creía que allí abajo había algo extraordinario —no de este mundo, pero en este mundo— y que se encontraba justo donde indicaba el misterioso texto.

Cabía la posibilidad que el hallazgo detuviese el mismísimo Armagedón.

Existe, además, en la Biblia otra evidencia de que el código es una realidad. Sólo tenemos que acudir al adivinador más famoso de la Biblia, José. Sus palabras son definitivas: «Ésta es la solución.»

Confirma que en un tiempo antiguo, algo mágico vino a la Tierra, exactamente donde estoy buscando y sigue ahí hasta nuestros días.

En la historia de José encontramos oculta la confirmación de la existencia de la clave del código y su localización secreta.

Vendido como esclavo por sus celosos hermanos, José llegó a ser el auténtico gobernante de Egipto gracias a su capacidad para adivinar el futuro. En concreto, vaticinó una larga hambruna y salvó a Egipto. El faraón convirtió a José en su regente, le puso una cadena de oro alrededor del cuello y le dio un nuevo nombre: «Zafenat-panea.»

Durante miles de años, grandes sabios han debatido acerca del significado de ese nombre. Algunos creen que es una traducción hebrea de jeroglíficos egipcios y que significa «revelador de secretos». Otros dicen que los pictogramas originales de pájaros y serpientes significan «Dios habla y vive».

Pero, de hecho, el nombre tiene un significado muy claro en hebreo: «descodificador del código».

De manera que la existencia del código de la Biblia, el código que predice el futuro, es algo de lo que habla el mismo texto directo de la Biblia.

Y en esa parte de la Biblia, el código decía en vertical «descodificador del código» y en horizontal se hacía mención al auténtico objeto de mi búsqueda: «clave». Junto a esta última palabra también encontré «acero en el cabo».

○ DESCODIFICADOR DEL CÓDIGO □ CLAVE ◇ ACERO EN EL CABO

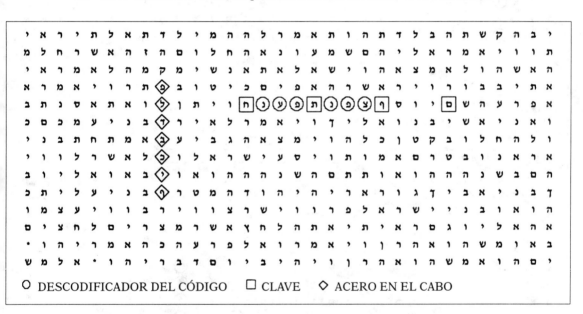

«Ésta es la solución», dice José cuando vaticina el futuro. Y bajo esas palabras, siempre que son pronunciadas por José, el texto oculto revela la localización de la clave del código: «Lisan.»

«Ésta es la solución.» Es como si el antiguo profeta hubiese querido revelar de la manera más directa posible dónde buscar la «clave» que descodifique el código... en la península que se adentra en el mar Muerto, «Lisan».

La expresión «código de Dios» está codificada en el punto donde «Lisan» se cruza con «ésta es la solución». No podía estar más claro. Otra tabla del código decía «encontró el lugar exacto, Mazra», frase que también aparecía junto a «Lisan» y «ésta es la solución».

○ CÓDIGO DE DIOS   ◇ LISAN   □ ÉSTA ES LA SOLUCIÓN

○ ENCONTRÓ EL LUGAR EXACTO, MAZRA   ◇ LISAN   □ ÉSTA ES LA SOLUCIÓN

Por increíble que parezca, en la historia del antiguo adivinador había encontrado, miles de años después, la confirmación de un detalle esencial de mi búsqueda.

En realidad, todas estas expresiones, «arca de acero», «arca de hierro», «ADN en obeliscos», «creación del hombre», «Lisan» y «código de Dios», se hallan codificadas bajo la frase de José: «Ésta es la solución.»

La «clave» se tenía que encontrar en alguna forma de barco de metal y nos revelaría tanto el código de la Biblia como el código de la vida.

Y no sólo hallé pruebas en la Torá, sino también en los últimos libros de la Biblia.

«Clave del código» está codificado en Job, junto a la expresión «en la punta de Lisan que se asemeja a un látigo».

ה ת ב ו א א ל י ך ו ת ל א ת ג ע ע ד י ך ו ת ב ה ל ה ל א י ר א ת

ל ח מ ה מ י ד י ח ר ב ⟨ב⟩ ⟨ש⟩ ⟨ו⟩ ⟨ט⟩ ⟨ל⟩ ⟨ש⟩ ⟨ו⟩ ⟨ן⟩ ת ח ב א ו ל א ת י ר א מ ש

י ר י מ י ו כ ע ב ד י ש א ף צ ל ו כ ש כ י ר י ק ו ה פ ע ל ו כ ן

ב כ ו ב י ת א ב נ י ם י ח ז ה א ם י ב ל ע נ ו מ מ ק ו מ ו ו כ ח

ו ל א א י ר א נ ו כ י ל א כ ן א נ כ י ע מ ד י נ ק ט ה נ פ ש י ב

ר ח י ק ה ו ו א ל ת ש כ ן ב א ה ל י ך ע ו ל ה כ י א ז ת ש א פ נ

ו ע ו ל ה ו ל ו ת ד ב ר ו ר מ י ה ה פ נ י ו ת ש א ו ן א ם ל א ל

י ת ס פ ו ר ל א ת ש מ ו ר ע ל ח ט א ת י ח ת ם ב צ ר ו ר פ ש ע י

ת מ ו ר ת ו ב ל א י ו מ ו ת (מ) ל א ו כ פ ת ו ל א ר ע נ נ ה י ח מ

ם י ש י מ ו א ו ר ק ר ו ב מ (פ) נ י ח ש ך א ם א ק ו ה ש א ו ל ב י

ו נ י ג ר י ב י ת י ו א מ ה (ת) י ל ז ר ת ח ש ב נ י נ כ ר י ה י י

ל מ ל א ב ט נ ו י ש ל ח ב ו (ח) ר ו ן א פ ו ו י מ ט ר ע ל י מ ו ב

ה מ י י ש ל ם ל ו ו ה ו א ל (ק) ב ר ו ת י ו ב ל ו ע ל ג ד י ש י ש

מ ש פ ט י ה ן ק ד ם א ה ל ך (ו) א י נ נ ו ו א ח ו ר ו ל א א ב י ן

ל א ל מ ל ת י ו י ע ן ב ל ד (ד) ה ש ח י ו י א מ ר ה מ ש ל ו פ ח ד

ו ת ל י ל ה ג נ ב ת ו ס ו פ ה י ש א ה ו ק ד י ם ו י ל ך ו י ש ע

○ CLAVE DEL CÓDIGO ◇ EN LA PUNTA DE LISAN QUE SE ASEMEJA A UN LÁTIGO

De nuevo nos hallamos ante otra afirmación precisa que hace referencia a la localización, a la punta que se introduce en el mar Muerto desde el extremo norte de la península formando la bahía de Mazra.

Por otro lado, la frase «encontró el lugar exacto, Lisan», está codificada en Josué, donde el versículo del texto directo describe la misma localización: «Lisan, lengua del mar, en el extremo.»

○ ENCONTRÓ EL LUGAR EXACTO, LISAN   ◇ LISAN, LENGUA DEL MAR, EN EL EXTREMO

Por lo tanto, es cierto que en la Biblia existe un auténtico mapa del tesoro. Nos confirma que estamos sobre la pista correcta. Afirma que el objeto todavía existe en la actualidad.

Si pudiésemos encontrar la clave del código, si pudiésemos encontrar los obeliscos, encontraríamos incluso la identidad del codificador.

¿Quién es el codificador?

El científico que descubrió el código, el doctor Rips, tiene su propia respuesta. El código, como la misma Biblia, son obra de Dios.

«Procede de una inteligencia que no es simplemente superior, sino diferente —dijo Rips—. Ve lo que sucederá en el futuro, existe a lo largo de los tiempos. Todo lo que pensamos y hacemos está previsto.»

Pero, a diferencia de Rips, yo no asumo que el codificador sea el Creador. Para mí, la existencia del código no prueba la existencia de Dios, sólo la del codificador.

Existe una persistente sugerencia en el código de que el codificador está, en cierta forma, aún vivo. De hecho, la misma palabra «codificador» también significa en hebreo «él está codificando».

Le pregunté a Rips si el código de la Biblia podía llegar a ser una forma de diálogo con la humanidad. ¿Era posible que el código de la Biblia estuviese escrito en tiempo real, que obtuviésemos respuestas a las preguntas que hacemos en este momento y en este momento fuesen respondidas?

«Puedo imaginarme una inteligencia que haya existido a lo largo de los tiempos, para la que el pasado, el presente y el futuro son una misma cosa —aseguró Rips—. Así que aunque uno esté haciéndose preguntas "ahora" y busque las respuestas en un libro escrito en el "pasado", desde el punto de vista del codificador, todo está sucediendo en un mismo instante, incluido el "futuro" que nos revela a través del código.»

Y no sólo Rips, una persona religiosa que cree en el Dios eterno, era capaz de imaginar tales fantasías. También Einstein dijo: «La distinción entre pasado, presente y futuro es sólo una ilusión, aunque, eso sí, persistente.»

Pero para mí esto no era una respuesta completa. No quería un concepto metafísico. Quería evidencia irrefutable.

¿Procede el código de un hombre, un dios o un extraterrestre?

El texto directo de la Biblia nos da una sola pista al respecto. Las palabras originales dicen muy claramente que Dios bajó al monte Sinaí y le dio la Biblia a Moisés.

La expresión «códigos de Moisés» aparece en el texto oculto junto con «codificador» y las probabilidades de hallar esta asociación son minúsculas.

[matriz de letras hebreas con símbolos]

○ CÓDIGOS DE MOISÉS   ◇ CODIFICADOR

«Códigos de Moisés» aparece de nuevo cruzando a «clave» y «barco de hierro».

[matriz de letras hebreas con símbolos]

○ CÓDIGOS DE MOISÉS   ◇ CLAVE   □ BARCO DE HIERRO

Si, según la Biblia, Moisés escribió las palabras del texto original, es inevitable que, aun sin darse cuenta, escribiese también el código.

Sin embargo, debido a que Moisés era humano, no podía haber creado el código porque no podía predecir el futuro.

Mi suposición es que la Biblia y su código son una forma de información que ni siquiera podemos imaginar.

Los textos bíblicos fueron, en un inicio, escritos en pieles de animales y grabados en piedras. Más tarde se usaron pergaminos y, finalmente, libros.

Pero la Biblia siempre ha sido como un programa de ordenador más avanzado de los que disponemos en la actualidad.

¿Qué otra fuente de información podría contener? Quizá algo que ahora no podemos ni imaginar, como los nómadas del desierto de hace dos siglos no hubiesen entendido un ordenador. Quizá una información para la que estemos preparados dentro de tres mil años.

Stanley Kubrick lo comparó con el monolito negro de su película *2001, una odisea en el espacio*, la misteriosa fuente de conocimiento que parecía reaparecer en sucesivos momentos de la evolución humana, cada vez que estábamos preparados para ascender a un nivel superior.

En el código de la Biblia también encontramos la expresión «máquina del tiempo». Y, lo más sorprendente, a «máquina del tiempo» la cruzaba la frase «vendrá en todos los tiempos». Parece una promesa de eterno retorno. Pero en hebreo las mismas palabras también significan «podría venir en cualquier momento». Aquello me parecía una advertencia de que la próxima visita podría ser inminente.

א כ ל ה מ ש כ ב א ש ר ת ש כ ב ע ל י ו כ ל י מ י ז ו ב ה כ מ ש כ

ט מ א י ה י ה כ ט מ א ת נ ד ת ה ו כ ל ה נ ו ג ע ב ם י ט מ א ו כ

ט ה ר ה מ ז ו ב ה ו ס פ ר ה ל ה ש ב ע ת י מ י ם ו א ח ר ת ט ה ר

ב נ י י ו נ ה ו ה ב י א ה א ו ת ם א ל ה כ ה ן א ל פ ת ח א ה ל מ

ע ל ה: ו כ פ ר ע ל י ה ה כ ה ן ל פ נ י י ה ו • מ ז ו ב ט מ א ת ה

ו ב ט מ א ת ם ב ט מ א ם א ת מ ש כ נ י א ש ר ב ת ו כ ם ז א ת ו

ב ה ו ה ד ו ה ב נ ד ת ה ו ה ז ב א ת ז ו ב ו ל ז כ ר ו ל נ ק ב ה

ל מ ש ה א ח ר י מ ו ת ש נ י ב נ י א ה ר ן ב ק ר ב ת ם ל פ נ י י

ה ר ן א ח י ך ו א ל י ב א ב כ ל ע ת א ל ה ק ד ש מ ב י ת ל פ ר כ

י ב ע נ ן א ר א ה ע ל ה כ פ ר ת ב ז א ת י ב א א ה ר ן א ל ה ק ד

ק ד ש י ל ב ש ו מ כ נ ס י ב ד י ה י ו ע ל ב ש ר ו ו ב א ב נ ט ב

ר ח ץ ב מ י ם א ת ב ש ר ו ו ל ב ש ם ו מ א ת ע ד ת ב נ י י ש ר א

ל ע ל ה ו ה ק ר י ב א ה ר ן א ת פ ר ה ח ט א ת א ש ר ל ו ו כ פ ר

ה ע מ י ד א ת ם ל פ נ י י ה ו • פ ת ח א ה ל מ ו ע ד ו נ ת ן א ה

○ MÁQUINA DEL TIEMPO

□ VENDRÁ EN TODOS LOS TIEMPOS/PODRÍA VENIR EN CUALQUIER MOMENTO

«Se trata de una expresión perfecta de lo que yo decía —dijo Rips—. Desde el punto de vista del código, o del codificador, no hay una diferencia real entre el presente y cualquier otro momento.»

Quizá tanto Rips como yo teníamos razón. Quizá el código procediese de un tipo de inteligencia que ha existido durante todos los tiempos y, al mismo tiempo, la «clave del código» es un objeto físico que trajo a la Tierra un viajero del tiempo.

Algunos científicos importantes, incluido el más importante de todos ellos en la actualidad, Stephen Hawking, creen que la gente podría ser capaz un día de viajar a través del tiempo. «Viajar en el tiempo —dijo Hawking— podría estar dentro de nuestras capacidades en el futuro.»

Cualquier forma de viaje espacial, cualquier desplazamiento entre estrellas y galaxias, implica unas distancias tan grandes que se requeriría desplazarse más rápido que la luz. Para ello tendríamos que deformar la relación espacio-tiempo.

Según la mayoría de los científicos, ello significaría automáticamente que también viajaríamos en el tiempo, específicamente que viajaríamos hacia el pasado.

¿Pudo venir a la Tierra un antiguo astronauta, no sólo de otro lugar, sino de otro tiempo?

El auténtico objeto de mi investigación ha sido siempre identificar al codificador.

En cuanto supe que había un código en la Biblia que vaticinaba el futuro, me obsesionó la idea de saber de quién procedía.

La existencia del código de la Biblia es la primera evidencia científica de que no estamos solos, ya que ningún hombre puede ver el futuro.

Por ahora, el codificador permanece no identificado. Pero es posible que nos esté conduciendo, paso a paso, a él mismo.

Quizá mi búsqueda de la clave del código fuese sólo un viaje para revelarme niveles de realidad que, de otra manera, no alcanzaría jamás. Quizá ese viaje era lo que me había llevado a hacerme las preguntas cósmicas que me estaba haciendo en esos momentos. Quizá me llevase a tropezar con el origen de la vida.

Lo cierto es que, a día de hoy, estoy seguro de que encontraré la clave del código, los obeliscos y quizá incluso la faz del codificador.

«No me cabe duda de que detrás de las tablas que está usted encontrando hay algo de realidad —dijo Rips—. Pero no puedo decir si se trata de una realidad física o metafísica.»

Ésa era la cuestión que me había estado preguntando a mí mismo. ¿Pertenecía la clave del código a este mundo o a otro reino?

«Si es metafísico, todavía es más real, más cercano a la fuente última de toda realidad —dijo Rips—. Pero quizá lo que está usted buscando sólo puede verse con herramientas espirituales, porque requiere que contacte con ese otro reino.»

Le pregunté a Rips qué razón podía haber para que el código de la Biblia me estuviese conduciendo hacia una búsqueda si no iba a encontrar nada allí.

«Podría ocurrir que no encontrase nada no porque el código fuese falso sino porque se situaría a otro nivel», dijo Rips. Su consejo era práctico. Estaba de acuerdo con mi instinto en que «Lisan» significaba «Lisan», «Mazra» significaba «Mazra» y que «obelisco» era un objeto físico, en el cual estaba codificada la «clave».

«Obviamente, la primera cosa que hay que probar es un magnetómetro, un radar de baja frecuencia, es decir, la tecnología de que disponemos —dijo Rips—. Pero es posible que usted se halle sobre el lugar correcto y no lo vea, porque las herramientas de que disponemos no puedan detectarlo.»

La cuestión podría ser no que la Biblia esté en lo cierto o no, o que la hayamos interpretado bien, sino si nuestra tecnología está suficientemente avanzada como para encontrar la clave o no. Quizá esté tan lejos de nuestro alcance como estaba cuando se escribió la Biblia, hace tres mil años. Quizá requiera de una tecnología que todavía no se ha inventado.

No sabremos la respuesta hasta que se nos permita excavar en Lisan.

¿Encontraremos la primera evidencia de que no estamos solos? ¿Acabará esa revelación con la violencia que azota a Oriente Medio? ¿O la misma guerra impedirá que encontremos el código?

¿Encontraremos la clave a tiempo para salvarnos del peligro que nos acecha?

¿A quién le importamos tanto que hizo un viaje en el tiempo para salvarnos de un desastre anunciado?

Estamos convencidos de que no es por accidente que esa inteligencia capaz de ver el futuro haya creado un código para que lo encontremos en este momento de la historia de la humanidad. El código contiene una cerradura que sólo podía abrir el paso del tiempo. Su época de apertura era, sin duda, la de los ordenadores.

Sólo puede haber una razón para ello: en estos momentos necesitamos esa información.

Como ya hemos visto, el código habla de un «ataque atómico» junto a la localización de la clave del código, «Lisan» y la reveladora frase, «ésta es la solución».

Por otro lado, encontramos «ataque atómico» codificado también junto a 2006, el mismo año que aparece asociado a «holocausto atómico», «guerra mundial» y el «fin de los días».

Si el código de la Biblia es correcto, estamos ante el último horror, no una epifanía religiosa, sino la destrucción total de la humanidad, una pesadilla de muerte y aniquilación que va más allá de nuestra imaginación, en la cual, todos y todo morirá de manera horrible.

Aquellos que rezan por el fin no entienden lo que sucede. Los fanáticos religiosos que desean traer el Apocalipsis adoran a la muerte. El mismo Bin Laden dijo: «Los americanos aman la vida, ésa es su debilidad. Nosotros amamos la muerte, ésa es nuestra fuerza.»

El peligro definitivo vaticinado por el código de la Biblia es que los fanáticos religiosos obtengan armas de destrucción masiva y hagan que la antigua profecía se convierta en realidad.

○ ATAQUE ATÓMICO   ◇ LISAN   □ ÉSTA ES LA SOLUCIÓN

La cuenta atrás ya ha empezado. Quizá, la única manera de detenerla sea encontrar a tiempo la antigua advertencia.

Es posible que el mensaje que necesita la humanidad para creer, y por lo tanto prevenir, el horror que se nos avecina sea precisamente la clave que nos permita ver todo nuestro futuro.

CAPÍTULO TRECE

LA CUENTA ATRÁS

Muchas veces pienso que el 11 de setiembre de 2001 fue el precio que tuvimos que pagar para darnos cuenta de la magnitud del peligro al que nos enfrentamos. Quizá era necesario vivir ese horror para poder entender la dimensión del «fin de los días».

Días después del atentado, hablé con el doctor Rips. Ya habíamos encontrado el vaticinio del ataque a las «Torres Gemelas» en el código de la Biblia, y, profundamente afectado, le dije que incluso las personas desvinculadas de la religión, como yo, no podíamos menos que creer en ese terrible destino del que hablan las religiones occidentales.

Buscamos de nuevo la expresión que usa el código para definir ese momento de destrucción mítica, «el fin de los días». Allí donde esas palabras se cruzan con «en el fin de los días» encontramos los nombres de «Bush», «Arafat» y «Sharon». Se trataba, sin lugar a dudas, de una descripción del momento actual. Por lo tanto, estábamos hablando del presente.

Se trataba de la misma profecía que aparecía en el texto directo del Antiguo y Nuevo Testamento. En Oriente Medio se iniciaría una «batalla final» que acabaría engullendo a todo el mundo.

En el Libro de las Revelaciones se lee: «Satán será liberado de su prisión, y saldrá a extraviar a aquellas naciones que están en los cuatro ángulos de la Tierra, a Gog y a Magog, para reunirlos para la guerra. Y rodearon el campamento de los santos y la ciudad amada. Pero fuego descendió del Cielo y los devoró.»

En el código de la Biblia se narra la misma profecía antigua, pero en términos modernos: «guerra mundial» y «holocausto atómico» están codificados junto a «Jerusalén» y el año 2006.

Y en el mismo código se pueden leer con absoluta propiedad los nombres de los gobernantes actuales. De repente, todo parecía muy real.

Aquel desgraciado 11 de setiembre, mientras veía caer las torres del World Trade Center, recordé con un escalofrío las palabras del primer profeta, Isaías:

«¿Es éste aquel varón que hacía temblar la tierra, que trastornaba los reinos y destruía sus ciudades?»

Se trata del primer relato sobre el mito de Lucifer, del diablo caído del Cielo. Pero en ese momento, el 11 de setiembre, entendí claramente que una terrible maldad andaba suelta por el mundo. Eran locos, y no naciones, los que podían destruir ciudades enteras.

Eso era lo que me asustaba de las palabras de Isaías, que descubriríamos que el gran diablo no era más que un hombre. No se trata de una fuerza sobrenatural que no podamos combatir, sino uno de nosotros, alguien a quien hubiésemos podido derrotar fácilmente.

Si Hitler hubiese permanecido escondido durante toda la segunda guerra mundial y sólo lo hubiésemos descubierto al final de la guerra, nos habríamos hallado ante una sorpresa similar a la de ese párrafo de la Biblia: «¿Es éste aquel varón que hacía temblar la tierra?»

En aquel caso no se trataba de un poder enorme, de un ser omnipotente, sino de un hombrecillo patético que, sin embargo, hizo que el mundo se convirtiese en un páramo salvaje.

Si los acontecimientos de hoy nos conducen a una tercera guerra mundial, entonces seguro que cuando saquen a Osama bin Laden de su cueva la gente se hará la misma pregunta.

¿Cómo hemos permitido que el mundo esté a merced de Bin Laden, de un fanático religioso que pueda usar la tecnología avanzada de una civilización que detesta y desea destruir? ¿Cómo podemos permitir que un lunático como ése se haga con armas de destrucción masiva?

Si eso sucediese ahora, después de que hayamos abierto los ojos, será porque nos negamos a ver el serio peligro del fanatismo religioso y apocalíptico de un mundo que ha perdido el control de su tecnología militar, incluso de su poder nuclear.

Pero si la tecnología es lo que puede darles poder a los terroristas, es la religión la que los guía. Y si el problema es la religión, entonces la solución podría ser el código de la Biblia.

En la tabla donde encontramos las expresiones codificadas de «fin de los días» junto con los nombres de los líderes de Israel, Palestina y Estados Unidos, también encontramos la palabra «terrorismo» que se solapa con «paz».

Cuando le enseñé esta tabla al doctor Rips, vio que habíamos dado con

א ת ה ק ה ל ת ת ק ע ו ו ל א ת ר י ע ו ו ב נ י א ה ר ן ה כ ה נ י

פ ה ל פ נ י י ה ו • ו י ה ו ש ע ב ן נ ו ן ו כ ל ב ב ן י פ נ ה ח

מ נ ו ו נ ח ש ב ל ל ו י ם כ ת ב ו א ת ג ר ן ו כ ת ב ו א ת י ק ב

ת א ש ו ר נ ו ה ן ע ם ל ב ד ד י ש כ ן ו ב ג ו י ם ל א י ת ח ש ב

מ י מ ם ו ש נ י ע ש ר נ י ם ס ל ת מ נ ח ה ב ל ו ל ה ב ש מ ן ו נ

ו א ח ר ת ש ב ו ו ה י י ת ם נ ק י ם מ י ה ו • ו מ י ש ר א ל ו ה

י ש ב ט י כ ם א נ ש י ם ח כ מ י ם ו י ד ע י ם ו א ת ן א ו ת ם ר

מ צ א ו ך כ ל ה ד ב ר י ם ה א ל ה ב א ח ר י ת ה י מ י ם ו ש ב ת

ו ב ה ה ז א ת ל ר ש ת ה כ י ע ם ק ש ה ע ר ף א ת ה ז כ ר א ל ת ש

ד ה מ ו צ י א ך מ א ר ץ מ צ ר י ם מ ב י ת ע ב ד י ם ו כ ל י ש ר

א י ש פ ד ד ם נ ק י ב ק ר ב א ר צ ך א ש ר י ה ו • א ל • י ך נ ת

י ל ק ח ת ה ו נ ג ש ה י ב מ ת ו א ל י ו ל ע י נ י ה ז ק נ י ם ו

ה י ה ל ך ל א ל ה י ם כ א ש ר ד ב ר ל ך ו כ א ש ר נ ש ב ע ל א ב

ו א ת ה ל ר א ש י ו ס ף ו ל ק ד ק ד נ ז י ר א ח י ו ב כ ו ר ש ו

○ FIN DE LOS DÍAS □ EN EL FIN DE LOS DÍAS ⬡ PAZ

□ TERRORISMO/DOLORES DE PARTO DEL FIN DE LOS DÍAS

algo importante y, emocionado, me explicó que existía un segundo significado de la raíz de la palabra «terrorismo».

«Es perfecto —dijo Rips—. En el Talmud, en el Midras, aparece esta misma expresión junto a "fin de los días". Significa "el sufrimiento del fin de los días", pero también "los dolores de parto del fin de los días", porque se entiende como el tiempo anterior al advenimiento del Mesías.

»Pero al mismo tiempo habla del momento presente de Israel, en el que cualquier esfuerzo por hallar la paz es dinamitado por los actos de terrorismo. Quizá ésos sean los "dolores de parto del fin de los días".»

A veces me desesperaba. El código de la Biblia parecía advertir que los principales problemas vendrían después de haber sellado la paz, que la paz en sí misma no era la solución; no en Oriente Medio.

Rabin había sido asesinado por hacer la paz con Arafat. Sadat había muerto por hacer la paz con Israel. Yo ya le había dicho a Arafat que podrían asesinarlo si llegaba a un acuerdo de paz con Sharon. Y era obvio para mí, quizá ahora para todo el mundo, que los Bin Laden, los fanáticos religiosos que deseaban una batalla apocalíptica final, no permitirían nunca que reine la paz.

Incluso a Rips, judío ortodoxo, se le notaba cierta satisfacción ante la idea de que se aproximaba la venida del Mesías.

El cristianismo y el islam también comparten esa creencia, que antes de la llegada del Salvador el mundo experimentará un sufrimiento terrible. Será el reinado del Anticristo, el reinado de Dajal.

Las tres principales religiones occidentales tienen la misma visión del mundo y su final, excepto en el punto que hace referencia a la fuente de la salvación divina.

Así que mientras tenía dificultades para entender cómo el doctor Rips, ese gran científico, ese brillante matemático que había descubierto el código de la Biblia, podía creer en una fantasía tan primitiva, me veía obligado a aceptar que la mayor parte del mundo compartía esa visión. Incluso los líderes políticos a los que había acudido aceptaban los principios básicos de este mito.

Para mí sólo existía el horror de un futuro lleno de peligros, pero estaba seguro de que nadie vendría a salvarnos desde los cielos.

El peligro al que nos enfrentábamos era tan grande que sólo el lenguaje bíblico podía describirlo.

En la carta sellada que entregué a mi abogado en 1998 (que debía ser abierta en 2002) figuraban tres predicciones bíblicas:

«*a*) que el mundo se va a enfrentar a un "colapso económico" que empezará en el año hebreo de 5762 (2002 en nuestro calendario moderno);

»*b*) que ello nos conducirá a una amenaza sin precedentes ya que las naciones con armas nucleares se desestabilizarán y los terroristas podrán comprar o robar bombas capaces de destruir ciudades enteras;

»*c*) que el peligro alcanzará su apogeo en el año hebreo de 5766 (2006 en nuestro calendario moderno), el año más claramente codificado junto a "guerra mundial" y "holocausto atómico".»

El 11 de setiembre de 2001, después de presenciar el atentado al World Trade Center de Nueva York, recuperé una copia de esa carta.

Dos días más tarde le envié una nueva misiva a Alan Greenspan, el presidente de la Reserva Federal.

Mi carta a Greenspan decía: «En la Biblia existe un código profético oculto en el que se lee "crisis económica" junto a los años hebreos equivalentes a 1929 y 2002. También habla de "las depresiones".

»El famoso matemático israelí que descubrió el código de la Biblia ha calculado las probabilidades de encontrar esta información por azar y éstas son de una entre veinte mil.

»Hace ya algunos años, en pleno boom económico, que encontramos esta advertencia profética —le dije al hombre con mayor influencia en la economía mundial—. Le quiero hacer llegar este mensaje porque esta crisis puede estar muy próxima y más tras los acontecimientos de esta semana.»

Mi carta llegó a Greenspan el 17 de setiembre, la víspera del Año Nuevo hebreo de 5762. El año codificado junto a «crisis económica». Ese día, los mercados de valores abrían sus puertas por primera vez tras el 11 de setiembre y el Dow Jones caía 684 puntos, su máxima pérdida en la historia, lo que dio pie a la peor crisis de la Bolsa desde 1929, en plena Gran Depresión.

CRISIS ECONÓMICA ◇ DESDE 5762/2002 ◇ 5690/1929
☐ LAS DEPRESIONES ☐ MERCADO DE VALORES

Dos meses después, el gobierno lo hizo oficial. Estábamos atravesando una «recesión». *The New York Times* informó de ello: «La economía estadounidense ha caído en la depresión, cerrando un período continuado de diez años de expansión.» Por su parte, el *Times* decía que casi todos los países estaban sufriendo su primera recesión en dos décadas.

Por un momento parecía que el mundo se iba a pique. En el verano de 2002 se vivió el peor período del mercado de valores de toda una generación, lo que devolvió a los índices de Bolsa por debajo de las profundidades a las que se había llegado justo después del 11 de setiembre.

El Dow Jones cayó por debajo de 800 puntos, perdiendo 1 500 en los diez días que siguieron a la visita del presidente a Wall Street. El índice Standard & Poor cayó por debajo de los 800 puntos por vez primera en cinco años. El Nasdaq perdió un 75 % de su valor y todo el mercado perdió más de siete billones en sólo dos años.

El mercado de valores cerró el año hebreo de 5762, el viernes 6 de setiembre de 2002, con pérdidas en seis de los últimos ocho días hábiles y en todos y cada uno de los últimos cinco meses.

Era la primera vez que el índice Dow Jones había bajado cinco meses seguidos desde la recesión de 1981. El *Times* informó que «ahora podría darse una caída de tres años seguidos, la más larga desde la Gran Depresión».

La primera predicción del código de la Biblia ya se había cumplido. En el año hebreo de 5762 había empezado «una crisis económica». La cuestión era cuán profunda podría ser la «crisis económica» y si la «recesión» de 2002 iba a ser una «depresión» real.

Mi temor no era el de enfrentarnos a tiempos difíciles. Podríamos superarlo. De hecho, ya habíamos pasado por ello en el pasado. Mi principal temor era que las dos siguientes predicciones de la Biblia se hiciesen realidad.

Mi temor era que si el código predecía una «crisis económica» y ésta ya había empezado, ello significaba que nos precipitábamos sin remedio hacia el «fin de los días», y que la fecha de tan terrible acontecimiento iba a ser el año 2006.

En cualquier caso, desde el 11 de setiembre, era obvio que el mundo se enfrentaba a una época de peligros sin precedentes.

En el verano de 2002, con la economía cayendo en picado, con Oriente Medio en estado de guerra y Bin Laden en paradero desconocido, investigué de nuevo el código de la Biblia, con la seguridad de que los peligros reales estaban todavía por venir.

«Ataque atómico» estaba codificado junto a «misil».

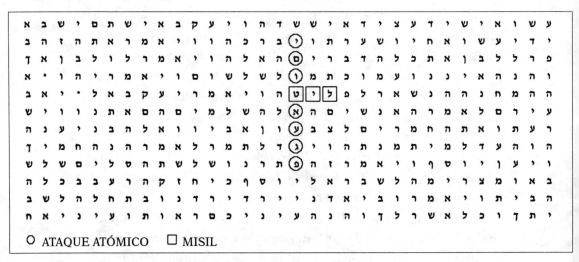

○ ATAQUE ATÓMICO   □ MISIL

También aparecía «ataque químico» junto a «misil».

○ ATAQUE QUÍMICO   □ MISIL

Los dos objetivos más probables eran «Nueva York» y «Jerusalén».

El código de la Biblia parecía afirmar que todavía tendría que ocurrir un gran ataque sobre la ciudad de Nueva York. Las palabras «misil» y «guiado» estaban ambas codificadas junto a «Nueva York», lo que sugería que el atentado contra las Torres Gemelas era sólo el primer golpe de una guerra terrorista, pero ni el peor ni el último.

○ NUEVA YORK   □ GUIADO   ◇ MISIL

En el código distinguimos claramente dos años cruciales asociados a «Nueva York»: «En 5761» (2001), el año del ataque del 11 de setiembre, y «en 5764» (2004). A 2004 le cruza la expresión «por el fuego de un misil».

«Jerusalén» está codificado junto a «holocausto atómico» y «guerra mundial». También aparece junto a «Bin Laden»

El código de la Biblia sugiere claramente que el mundo se enfrentará a

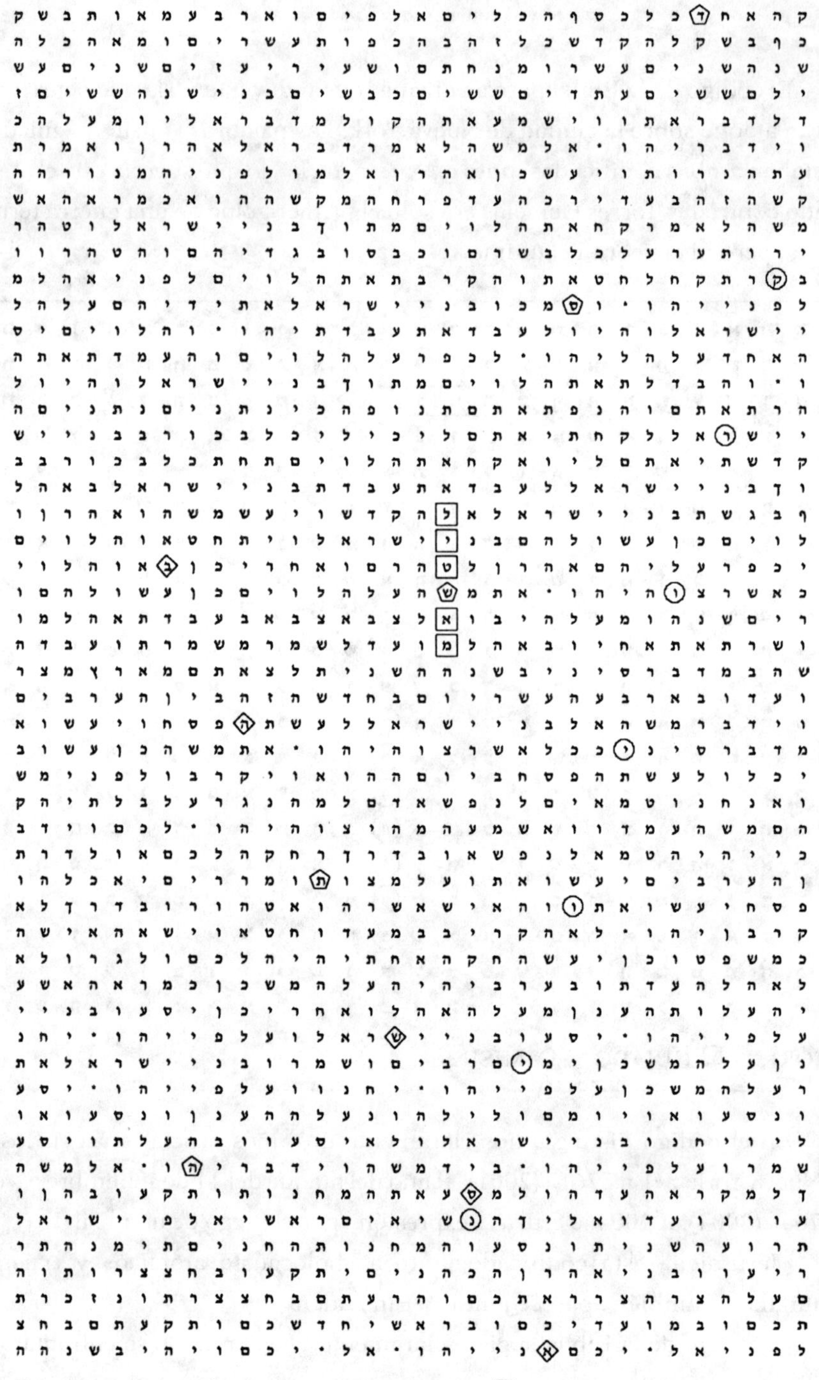

○ NUEVA YORK ◇ EN 5761 ⬠ EN 5764 □ POR EL FUEGO DE UN MISIL

LA CUENTA ATRÁS

○ BIN LADEN   □ JERUSALÉN

una época de terror a una escala completamente diferente de lo que hemos experimentado hasta el momento. Sucesos que harán que los atentados suicidas de Israel, e incluso el ataque del 11 de setiembre, sean sólo una minucia, el inicio de una larga guerra cuyos objetivos serán las ciudades más grandes y, finalmente, toda la civilización.

Será una guerra enteramente diferente de cualquier otra que hayamos vivido hasta el momento. No se tratará de conquistas de espacios físicos o de hacerse con recursos naturales, sino del asesinato de los «infieles» por parte de aquellos hombres que creen que cumplen una misión divina, que están llevando a cabo la voluntad de Dios de acabar con el mundo.

La *yihad* seguirá su camino con Bin Laden o sin él. El código de la Biblia afirma claramente que la red terrorista de Al Qaeda continuará «después de Bin Laden».

○ DESPUÉS DE BIN LADEN   □ SU EJÉRCITO   ◇ IRÉIS A LA GUERRA

El «terrorismo» será coordinado desde unos cuarteles generales en Oriente Medio, «en el fin de los días».

Me parecía que la única manera de detener estos actos de terrorismo es acabar con su fuente generadora.

Mi única esperanza es que el código de la Biblia me indicase con precisión dónde se hallaba esa base terrorista. De hecho, ya había entregado una localización a los servicios de inteligencia norteamericanos e israelíes. Teníamos que encontrar a los fanáticos y su arsenal de armas químicas, biológicas y nucleares antes de que dejasen caer sobre la humanidad las terribles plagas bíblicas.

«Plaga» es uno de los peores peligros codificados junto con «fin de los días».

○ FIN DE LOS DÍAS □ EN EL FIN DE LOS DÍAS ○ TERRORISMO ◇ PLAGA

Cuando el primer ministro de Israel preguntó a sus asesores en seguridad cuál era el principal peligro al que se enfrentaba la nación, le contestaron que era la viruela.

La viruela es la más temida de las armas biológicas. Esta enfermedad mató cientos de millones de personas, más que todas las guerras juntas, antes de que fuese erradicada en 1980.

El hecho de que ya no exista en nuestro planeta hace que la gente sea más vulnerable si, de repente, reapareciese. Nadie es inmune a ella.

Un tercio de sus víctimas muere y los que sobreviven sufren sus terribles secuelas. Es muy infecciosa. Se transmite por el aire de persona a persona. No se puede contener. Se extendería por el mundo como el fuego por un bosque seco.

Los únicos países que reconocen oficialmente que guardan muestras de viruela en sus laboratorios militares son Rusia y Estados Unidos. Pero otros países, incluidos Iraq y Libia, podrían obtener secretamente el virus.

«Nueva York», «Jerusalén» y «Tel-Aviv» están todas codificadas junto a «viruela».

Estados Unidos ha ordenado que sean vacunadas medio millón de personas que trabajan en los servicios sanitarios, es decir, aquellas que ocuparían la primera línea de trabajo en cualquier ataque bioterrorista. Israel almacena vacunas antivariólicas para toda la población.

Al principio de la guerra del Golfo, hace más de diez años, Israel estudió el tema de la amenaza de un ataque con viruela. Pero según el jefe de los servicios científicos del ejército, el general Isaac Ben-Israel, todo el mundo coincidió en que incluso Saddam Hussein no estaba tan loco como para liberar la viruela. En ese caso, atacar a Israel sería atacar también a los palestinos, jordanos, libaneses, sirios, egipcios, y finalmente a todo Oriente Medio, incluida Iraq.

«Así que concluimos que no había un peligro inmediato —dijo Ben-Israel—. Pero ahora está Osama bin Laden.»

Un «piloto suicida» a bordo de un aeroplano procedente de Karachi o Kabul podría volar a Nueva York o Tel-Aviv e iniciar una plaga que matase a un tercio de la población mundial.

Era obvio que habíamos llegado a un momento crítico en la historia de la humanidad en la que las armas más mortíferas habían escapado a nuestro control y pronto, si no las tenían ya, caerían en manos de estados deshonestos y locos de atar.

Por eso, ahora, el «fin de los días» me parecía tan real. Era de lo que había estado advirtiendo durante años.

«Si el código de la Biblia es correcto, los terroristas nucleares podrían encender la mecha de la próxima guerra mundial», escribí hace cinco años en mi primer libro sobre el código.

«La segunda guerra mundial acabó con una bomba atómica. La tercera guerra mundial puede empezar de esa manera.»

Durante los últimos diez años, desde la caída de la Unión Soviética, hemos visto señales de advertencia por doquier, algunas bien obvias. Como decía un informe del Senado: «Nunca antes se había desintegrado un imperio estando en posesión de treinta mil armas nucleares.»

El mismo informe calificaba a la antigua Unión Soviética de «enorme supermercado potencial de armas químicas, biológicas y nucleares», y añadía que «la probabilidad de que Rusia, Europa, Oriente Medio o incluso Estados Unidos sufran las consecuencias de un ataque nuclear han aumentado considerablemente».

Armas que estaban antes sólo a disposición de algunas superpotencias entraron, de repente, en el mercado negro, disponibles para todos aquellos que pudiesen pagar su precio. Y no hemos hecho nada para impedirlo.

De hecho, una de las primeras medidas del presidente Bush fue detener el programa de Clinton de cien millones de dólares para comprar armas y material nuclear a la Unión Soviética. Más tarde, el Congreso rechazó el programa para pagar a los científicos militares soviéticos desempleados.

Ahora, países inestables del Tercer Mundo, como Pakistán, tienen armas nucleares. Armas que mañana podrían caer en manos de radicales islámicos. No hay duda de que pronto naciones como Iraq, Irán y Libia comprarán o construirán sus propios arsenales nucleares.

Es sabido que Bin Laden intentó adquirir armas nucleares y es posible que Al Qaeda hubiese conseguido hacerse con una «bomba sucia», no una arma nuclear, sino una bomba convencional con material radiactivo que podría hacer inhabitable cualquier ciudad.

Hasta recientemente, nos engañábamos pensando que la pesadilla nunca ocurriría. En palabras de un artículo en *The New York Times*, «La mejor razón para pensar que no sufriremos un atentado terrorista nuclear es que todavía no ha sucedido y eso no tiene ninguna lógica».

Un escalofriante titular del *Times* de mayo de 2002, cuyo autor es el conocido periodista Bill Keller, decía: «Tarde o temprano, tendrá lugar un ataque aquí.»

Estos artículos han marcado un hito en la historia del periodismo norteamericano, aunque llegan diez años tarde. Entonces aún hubiésemos estado a tiempo de hacer algo. De hecho, tras el 11 de setiembre, el *Times*, el periódico de referencia en Estados Unidos, decía abiertamente: «Todo lo que hizo el 11 de setiembre fue convertir una posibilidad teórica en un peligro real.»

Y daba un ejemplo; una simulación realizada por ordenador recreaba el estallido de un artefacto nuclear de un kilotón en medio de Times Square. No se trataba de una bomba de quinientos kilotones, sino una mina nuclear que puede llevar un hombre en una mochila.

Un terrorista con una bomba en una mochila podría destruir el centro de cualquier ciudad. Si ocurriese esto en Nueva York, sería el horror: veinte mil personas morirían en cuestión de segundos. Todas las personas que se hallasen a un cuarto de kilómetro a la redonda del centro de la explosión morirían durante ese mismo día de una muerte muy cruenta. En ese radio viven doscientas cincuenta mil personas. La nube tóxica que provocaría ascendería más de dos kilómetros en el aire para después dejar caer material contaminante a la tierra, lo que ampliaría la destrucción a diez kilómetros a la redonda.

Si la bomba fuese de un megatón, destruiría todos los edificios de Manhattan. Según Jonathan Schell, en su libro *El destino de la Tierra*: «El derrumbe físico de la ciudad mataría a millones de personas. A una distancia de dos kilómetros del centro de la explosión, los vientos alcanzarían los cuatrocientos kilómetros por hora. La bola de fuego crecería hasta alcanzar un kilómetro de diámetro y una altura máxima de seis kilómetros. Durante diez segundos asaría todo lo que hubiese en la superficie. Al poco tiempo se levantarían nubes de polvo y humo que invadirían todo el paisaje de la zona. El hongo de la explosión seguiría creciendo en el aire hasta alcanzar los doce kilómetros de diámetro, impidiendo la entrada de los rayos solares, con lo cual se haría de noche repentinamente.»

Pero los expertos consideran que lo más probable es que si el objetivo fuese Nueva York, los terroristas usarían una bomba de veinte megatones: «La bola de fuego alcanzaría cuatro kilómetros de diámetro. La gente expuesta a la superficie en un radio de veintitrés kilómetros sería borrada de la faz de la Tierra. La ciudad de Nueva York y sus alrededores quedarían transformados en un desierto plano en unos pocos segundos.»

Pero lo más probable es que los terroristas nucleares hiciesen estallar una bomba sobre el terreno. Una vez más, Jonathan Schell nos explica: «Si estallase una bomba de veinte megatones en la superficie, la bola de fuego sería de, al menos, seis kilómetros de diámetro y todo el mundo que cayese dentro moriría instantáneamente, la mayoría desaparecería físicamente. Nueva York y su población, ahora convertidos en polvo radiactivo, quedarían esparcidos en el enorme hongo atómico.»

Tengo el temor de que cualquier día me despertaré con la noticia de que toda una ciudad ha sido destruida —no dos edificios, sino toda una ciudad—, que Nueva York, Tel-Aviv o Jerusalén ya no existirán más.

El 11 de setiembre se convertiría en una minucia, un recuerdo distante. El suceso que cambió el mundo sería olvidado porque lo que ocurra no sólo lo cambiará, sino que lo pondrá patas arriba.

Y lo cierto es que ya estamos viviendo en esa nueva era y, al negar la evidencia, estamos cruzándonos de brazos esperando que llegue lo peor.

«El presidente Bush dice que el atentado del 11 de setiembre marca el inicio de un nuevo tipo de guerra —escribió el experto en terrorismo Robert Wright en *Times* dos semanas después del 11 de setiembre—. En cierto sentido es cierto, pero lo escalofriante es que el verdadero nuevo tipo de guerra está por venir. Los terroristas no usaron armas nucleares o biológicas, pero la próxima vez podrían hacerlo. Un futuro ataque enemigo podría matar no seis mil personas, sino seiscientas mil.»

La advertencia del código de la Biblia, el aviso final que encierra el mensaje del «fin de los días» no hace referencia al 11 de setiembre. Los hechos del 11 de setiembre pueden ser sólo la preparación para algo mucho peor: el «fin de los días».

Cuanto más analizamos las advertencias del código de la Biblia, más claramente vemos que el peligro está centrado en el año 2006. Ése es el año más claramente codificado con «holocausto atómico» y «guerra nuclear» y también con «fin de los días».

Si la cuenta atrás comienza el 11 de setiembre de 2001, entonces contamos con cinco años para ganarnos la supervivencia.

Una nueva ojeada al código de la Biblia nos revela los siguientes mensajes: «holocausto atómico» junto a «en 5766», es decir, en el año 2006.

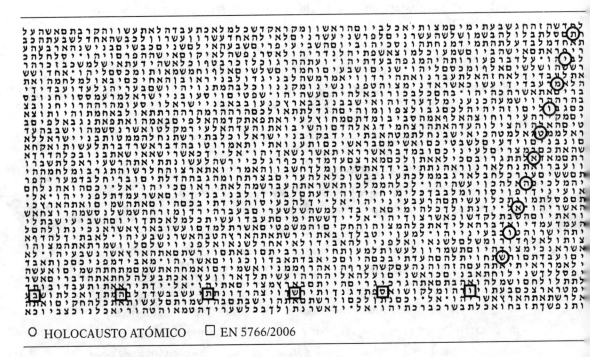

O HOLOCAUSTO ATÓMICO □ EN 5766/2006

En otra tabla, la expresión «guerra mundial» está codificada junto al mismo año: «en 5766».

○ GUERRA MUNDIAL   □ EN 5766/2006

Escuchemos, de nuevo, lo que el científico que descubrió el código de la Biblia, el doctor Rips, dijo acerca de las probabilidades matemáticas de encontrar juntos «holocausto atómico», «guerra mundial» y «fin de los días» junto al mismo año, 2006: «las probabilidades de encontrar ese conjunto de coincidencias por azar es de menos de una entre cien mil».

□ EN EL FIN DE LOS DÍAS   ○ EN 5766/2006

Y, con su personalidad característica, el doctor Rips aún dejaba abierta la puerta a la esperanza. Me hizo notar que donde se hallaba codificado el año hebreo de «5766» junto a «en el fin de los días», Moisés, en el texto directo de la Biblia, advertía: «seguro que la calamidad les sobrevendrá en el fin de los días».

Abrió la Biblia y leyó un pasaje del Deuteronomio en el que Moisés decía sus últimas palabras antes de morir, planteando dos alternativas a la maldad, el camino de la maldad y el de la rectitud.

«No es una predicción —dijo Rips—, sino una advertencia de qué es lo que puede suceder, según lo que hagamos.»

Sin hacer ninguna referencia bíblica, eso es exactamente lo que le había dicho a todos los gobernantes que había visto. El código de la Biblia pone sobre la mesa probabilidades, no habla de hechos irremediables. En el fondo, nuestras acciones son las que determinan lo que sucede.

El código de la Biblia no predice que todos moriremos en el año 2006. Es una advertencia de que, si no cambiamos nuestro futuro, *podríamos* morir en el año 2006. Lo que hacemos aquí y ahora, en la Tierra, determinará nuestro destino.

EPÍLOGO

El científico más importante de todos los tiempos, el hombre que creó por sí solo la ciencia moderna, sir Isaac Newton, tenía razón cuando decía que no sólo la Biblia, sino todo el universo, era un «criptograma organizado por el Todopoderoso», un rompecabezas ideado por Dios. Nuestro deber es resolverlo.

Newton demostró ser capaz de resolver parte del rompecabezas de la naturaleza a través de su ciencia. Debemos concederle, pues, cierto crédito.

Pero Newton se dio cuenta de que la ciencia moderna no era suficiente. Para resolver los misterios más profundos, también era necesaria la sabiduría antigua. Antes de morir, hace trescientos años, Newton guardó bajo llave miles de documentos manuscritos. El afamado economista John Maynard Keynes los descubrió en Cambridge. Esperaba encontrar datos acerca de la gravedad y el cálculo. Cuál debió de ser su sorpresa cuando lo que halló fueron infinidad de informes y estudios acerca de civilizaciones perdidas, el código de la Biblia y el Apocalipsis.

«Newton no fue el primer hombre de la era de la razón —escribió Keynes—. Fue el último mago, el último babilónico y sumerio, la última gran mente en escudriñar el mundo visible e intelectual con los ojos de los que construyeron nuestra herencia intelectual.»

Newton hubiese querido ver las palabras grabadas en los obeliscos.

Yo, como periodista ajeno a la religión, también tenía mi fe en la investigación periodística: no hay misterio que no se pueda resolver.

Para mí no fue una casualidad que, mientras nos hallábamos intentando descifrar el código de la Biblia, la ciencia estuviese, simultáneamente, descifrando el código genético. La humanidad iba a descubrir la huella del ADN en el mismo momento en que nosotros íbamos a descifrar lo que el código decía acerca de nuestros orígenes y nuestro futuro.

Por otro lado, el telescopio espacial Hubble nos ha enviado imágenes que captan la luz cercana al inicio del universo, el momento del teórico «Big Bang». Y algunos científicos creen ahora que en el momento de la creación existieron algunas afirmaciones matemáticas básicas, quizá sólo una secuencia de seis números que determinó la forma de todo.

Tal y como dijo el astrónomo sir Martin Rees, esos pocos números podrían explicar «cómo un solo "evento" creó billones de galaxias, agujeros negros, estrellas y planetas y cómo se han unido los átomos —aquí en la Tierra y quizá en otros mundos— para formar seres vivos».

A medida que avanza la ciencia, vamos respondiendo a estos grandes interrogantes. Después de seis mil años de civilización humana estamos enfrentándonos por fin a los últimos misterios de la vida. Pero por muy a punto que estemos de descubrir tan fascinantes saberes, si el código de la Biblia está en lo cierto, es posible que todo ello sea interrumpido por la más grande de las hecatombes.

Es como si alguna forma de bondad quisiera revelárnoslo todo, y una forma de maldad, destruirnos antes de que lo consigamos.

En cualquier caso parece que el objetivo que debemos perseguir para sobrevivir y obtener el saber que buscamos se halla en la «clave del código» enterrada en Lisan.

NOTAS

El doctor Rips ha empleado en sus investigaciones un texto en hebreo conocido como *Textus Receptus*. Ésta es la información base que emplea su programa informático, por lo tanto, la materia prima de su trabajo. El software que yo he utilizado ha sido diseñado por el mismo Rips y su programador, el doctor Rotenberg.

Todas las Torás —los primeros cinco libros de la Biblia escritos en hebreo— que existen en la actualidad contienen las mismas palabras. Una Torá con un solo error, por pequeño que sea, invalida el ejemplar.

La edición más famosa de ese texto, *The Jerusalem Bible* [*La Biblia de Jerusalén*] (Koren Publishing Co., 1992), contiene la traducción inglesa del Antiguo Testamento de mayor aceptación y es la principal fuente de referencias del texto directo que cita este libro.

También he consultado, y en ocasiones empleado, una traducción que prefieren numerosos estudiosos: la del rabino Aryeh Kaplan, con el nombre de *The Living Torah* [*La Biblia viva*] (Maznaim, 1981).

Las citas del Nuevo Testamento proceden fundamentalmente de la versión *King James*, aunque también he consultado una versión moderna conocida como la *New International Version* [*Nueva versión internacional*].

Las afirmaciones de Rips que he incluido en este libro son producto de una serie de conversaciones que he mantenido con él a lo largo de cinco años, principalmente en su casa de Jerusalén y en su despacho de la Universidad Hebrea, y de cientos de entrevistas telefónicas.

Muchos de los acontecimientos que describo fueron presenciados directamente por mí. Los demás sucesos relatados se basan en entrevistas con personas que participaron en ellos o fueron confirmados por artículos de prensa.

Los nombres y acontecimientos codificados en la Biblia están en el mismo hebreo que el texto directo de la Biblia y el mismo hebreo que usan los israelíes de hoy. Los nombres de lugares y gentes son tomados de referencias estándares como la *Enciclopedia Hebrea*. Los nombres de los sucesos más corrientes son los que usan los periódicos israelíes.

Los años codificados en la Biblia se corresponden con los del antiguo calendario hebreo, que empieza en los tiempos bíblicos, 3 760 años antes del calendario moderno. El año corriente, 2003, es equivalente al año hebreo de 5763. Pero los años hebreos empiezan en setiembre u octubre, según el calendario lunar, y terminan en setiembre y octubre del año siguiente.

Para todas las tablas del código de la Biblia que se muestran en este libro se han calculado las probabilidades asociadas y sólo se han incluido las que no se deben al azar. Estas probabilidades han sido calculadas mediante un programa informático elaborado por Rips y Rotenberg. El ordenador calcula el grado de ajuste entre palabras usando dos criterios: cuán cercanas aparecen éstas y si los saltos que las definen son los más cortos.

Cada palabra determina cómo el ordenador presenta el texto de la Biblia, es decir, qué crucigrama se forma. El orden original de las letras no se varía nunca.

Tomemos como ejemplo la búsqueda de la expresión «fin de los días». Estas palabras de Daniel están codificadas con un salto de 7 551. De manera que el ordenador dividió toda la Biblia —el total de 304 805 letras— en 40 filas de 7 551 letras. La tabla que presentamos (p. 26) muestra sólo el centro de esa matriz.

Si el «fin de los días» estuviese formado por un salto de cien letras, entonces las filas serían de cien letras de longitud. Si el salto fuese de mil, entonces las filas serían de mil letras de longitud. Y, en cualquier caso, las filas están colocadas una encima de otra, nunca cambiando su orden original.

Hace tres mil años, la Biblia fue codificada de manera que las palabras de Daniel que predicen el «fin de los días» apareciesen exactamente donde las palabras de Moisés nos hablan de qué sucederá «en el fin de los días». Y, hace tres mil años también, se codificaron los nombres de los líderes del mundo moderno de manera que apareciesen en el mismo lugar.

La cita que abre este libro fue pronunciada por el premio Nobel de Física Richard Feynman en una conferencia que dio en la Universidad de Washington, en abril de 1963, publicada en el libro *The Meaning of It All* [*El significado de todo*] (Helix/Addison-Wesley, 1998). Feynman, a quien muchos consideran el físico más importante desde Einstein, decía: «La única cosa que puede predecirse es la probabilidad de suceso de diferentes eventos» (*Six Easy Pieces* [*Seis escritos sencillos*], Helix, 1995, p. 135).

El antiguo libro de comentarios sobre la Biblia, el Talmud, dice algo similar: «Todo está previsto, aunque se nos ha dado libertad de acción.» Durante dos mil años, los sabios han debatido esta aparente paradoja: ¿Cómo podemos tener libre albedrío si Dios sabe todo de antemano? El código de la Biblia plantea la misma pregunta, incluso para alguien no religioso. La respuesta parece estar, una vez más, en la ciencia: sólo se trata de probabilidades, no hay un solo futuro, sino muchos posibles. Somos nosotros quienes definimos el resultado.

CAPÍTULO UNO: EL FIN DE LOS DÍAS

El 11 de setiembre de 2001 presencié en directo los terribles atentados a las Torres Gemelas. Más tarde, leí los detalles en los reportajes del *New York Times*, *Time* y *Newsweek*. En el momento en que acaecieron, no atendí a la televisión porque estaba asistiendo en directo desde la azotea de mi casa.

El doctor Rips me envió por correo electrónico una tabla que yo también había encontrado minutos después de que cayesen las torres, pero las líneas telefónicas estaban bloqueadas y no pude hablar con él hasta el día siguiente. Lo que más le conmocionó, como matemático, fue que las tres palabras que cualquiera hubiese buscado automáticamente, «Gemelas», «Torres» y «avión», estaban codificadas juntas en el mismo lugar con una probabilidad de una entre diez mil.

John Podesta, jefe de Personal de la Casa Blanca, me dijo que el presidente Clinton tenía una copia de mi primer libro en Camp David, cuando reunió allí, en julio de 2000, a Arafat y Barak.

Mi encuentro con Arafat en Ramala tuvo lugar el 13 de abril de 2001. Mi encuentro con Simon Peres en el Ministerio de Defensa israelí, en Tel-Aviv, tuvo lugar el 22 de abril de 2001. Mi reunión con Omri Sharon fue el 17 de abril de 2001, en el hotel King David de Jerusalén. Me entrevisté con Podesta en la Casa Blanca el 16 de octubre de 2000.

Mi carta al presidente Bush llevaba fecha del 3 de agosto de 2001 y llamé a la Casa Blanca el 10 de setiembre de ese mismo año. Me dijeron que la había recibido el jefe de Personal, Andrew Card, y la consejera de Seguridad Nacional, Condoleezza Rice.

Por aquellas fechas, *The New York Times* publicó las palabras del presidente que decían que había estallado «la primera guerra del siglo XXI». La columna de Thomas Friedman en el *Times* del 13 de setiembre de 2001 empezaba con el titular «Tercera guerra mundial».

La búsqueda del código de la Biblia por parte de sir Isaac Newton se halla descrita en el ensayo «Newton, the Man» [«Newton, el hombre»], del famoso economista John Maynard Keynes (*Essays and Sketches in Biography* [*Ensayos y esbozos en biografías*], Meridian Books, 1956). Richard S. Westfall, en *The Life of Isaac Newton* [*La vida de Isaac Newton*] (Cambridge University Press, 1993, p. 125) afirma que el genial físico «creía que la esencia de la Biblia era la profecía de la historia humana».

Cuando Rips decía que Newton no pudo encontrar el código porque estaba «el libro sellado hasta el momento del fin», en realidad estaba citando las palabras del Libro de Daniel 12:4.

La idea de que la Biblia le fue dictada a Moisés por Dios de forma «continua, sin rupturas entre las palabras», la encontramos por primera vez en el sabio del siglo XIII Nachmanides, en su *Commentary on the Torah* [*Comentario de la Torá*] (Shilo, 1971, Charles Chavel, ed., vol. I, p. 14). La continuidad de la Torá también queda reflejada en su forma tradicional de pergamino, un rollo de texto sin interrupciones.

La Biblia original está formada por los cinco primeros libros. Del Génesis al Deuteronomio. Los judíos lo llaman la Torá. Pero en este libro yo me refiero a ello como la Biblia y, por lo tanto, al código que estudiamos lo llamo el código de la Biblia.

El experimento original de Rips fue publicado en *Statistical Science* en agosto de 1994 (vol. 9, n.º 3), pp. 429-438, «Equisdistant Letter Sequences in the Book of Genesis», y sus autores fueron Doron Witztum, Eliyahu Rips y Yoav Rosenberg. Sus resultados afirmaban que en el código de la Biblia aparecían los nombres de 32 rabinos famosos. Éstos vivieron y murieron mucho después de que fuese escrita la Biblia y, sin embargo, se leen en ella hasta sus fechas de nacimiento y defunción. La probabilidad de hallar tal información por azar es de cuatro entre un millón. En una serie de experimentos posteriores, las probabilidades llegaron a ser de una entre diez millones.

El descodificador de la Agencia de Seguridad Nacional estadounidense, Harold Gans, me informó de los resultados de su experimento independiente en dos entrevistas telefónicas, en enero de 1993 y diciembre de 1996.

Gans me dijo que las probabilidades de encontrar los nombres de las ciudades donde vivieron los rabinos era de uno entre doscientos mil. Y allí estaban.

La primera noticia que tuve sobre el código de la Biblia me llegó en junio de 1992, después de encontrarme con el general Uri Saguy, a la sazón jefe de la Inteligencia Militar israelí.

Conocí al doctor Rips en su casa de Jerusalén a finales de junio de 1992. La codificación sobre la guerra del Golfo que me enseñó aquella noche había sido encontrada por su colega Witztum. Rips me dijo que tanto Witztum como él habían leído en el código la fecha exacta del ataque a Israel con misiles Scud tres semanas antes de que empezase la guerra del Golfo.

El 1 de setiembre de 1994 me entrevisté con Chaim Guri en su casa de Jerusalén. Aquella misma noche llamó a las oficinas de Rabin y a la mañana siguiente el chófer del primer ministro recogió mi carta y se la entregó a su jefe. En ella le explicaba que el código predecía su asesinato. La carta llevaba fecha del 1 de setiembre de 1994.

Rabin fue asesinado en un mitin político en Tel-Aviv, la noche del 4 de noviembre de 1995. Yigal Amir, un judío ortodoxo de veintiséis años de edad, le disparó tres tiros y dos le alcanzaron en la espalda.

Las cuatro menciones al «fin de los días» de la Torá aparecen en el Génesis 49:1, Números 24:14, Deuteronomio 4:30 y Deuteronomio 31:29. La expresión alternativa del «fin de los días» aparece en Daniel 12:13.

El presidente Clinton anunció la cumbre de Camp David el 5 de julio de 2000. Arafat y Barak se reunieron con él el 11 de julio de aquel año. Mi carta al entonces presidente de Estados Unidos estaba fechada el 5 de julio de 2000.

Las negociaciones de Camp David fracasaron el 25 de julio. El 29 de setiembre dio inicio la segunda intifada, después de que Ariel Sharon visitase, un día antes, la Explanada de las Mezquitas. Sharon fue elegido primer ministro de Israel el 6 de febrero de 2001.

Rips confirmó los resultados finales de su estudio sobre la aparición conjunta de las expresiones «fin de los días», «Arafat», «Barak», «Sharon» y «Bush», el 1 de mayo de 2001, tras dos semanas de investigación informática en la Universidad Hebrea. Las probabilidades eran de una entre quinientas mil.

La carta sellada que le entregué a mi abogado, Michael Kennedy, llevaba fecha del 6 de octubre de 1998.

«Shahid», la palabra árabe que designa a un «terrorista suicida», significa literalmente «mártir», pero es usada tanto por israelíes como árabes para describir a los hombres bomba que mueren cometiendo atentados.

El 17 de mayo de 2001, en una conversación telefónica, el doctor Rips me confirmó que las probabilidades de aparición de «guerra mundial», «holocausto atómico» y «fin de los días» junto con «en 5766» (2006) eran al menos de una entre cien mil. «Y esa probabilidad podría ser todavía menor —dijo Rips—. Sólo he buscado en cien mil textos al azar y ninguno era mejor.»

CAPÍTULO DOS: LA CLAVE DEL CÓDIGO

En Éxodo 24:10 se afirma que Moisés «vio al Dios de Israel. Y debajo de sus pies había lo que se parecía a una obra de losas de zafiro».

La leyenda que dice que Dios escribió las palabras originales de la Biblia en «piedra de zafiro» la encontramos citada en Kaplan, *The Living Toráh* [*La Torá viva*], p. 379, y atribuida a un antiguo comentario sobre la Biblia, *Sifri, BeHaAlothekha*, 101. Véase también Kaplan, p. 420.

El rabino Adin Steinsaltz, el más destacado traductor de textos hebreos antiguos, me dijo cuando nos encontramos en su estudio de Jerusalén que en Isaías 41:23 se dice: «para ver el futuro debes mirar hacia atrás», lo que también significa en hebreo «lee las letras al revés».

En mayo de 1998, poco después del Shavuot, la fiesta que celebra la entrega de la Torá al hombre, me encontré con Rips en Jerusalén y le mostré que su nombre (en hebreo, «zafiro» a la inversa) aparecía en el versículo de la Biblia que describe la venida de Dios al monte Sinaí.

La cita que Rips me leyó del Genio de Vilna procedía de la traducción al inglés de *The Jewish Mind* [*La mente judía*], de Abraham Rabinowitz (Hillel Press, 1978, pp. 33-34).

Finalmente, encontré las oscuras palabras en hebreo que designan los «obeliscos» en el diccionario hebreo en cuatro volúmenes *The New Dictionary*, de Abraham Even-Shoshan (Kiyat-Sefer Press, Jerusalén, Israel, 1985). El significado de la palabra «obelisco» también se halla comentado en el antiguo libro de recensión de la Biblia, el Midras.

El Midras, de 1 700 años de antigüedad, que afirma que los «obeliscos» «no son obra del hombre, sino del Cielo» es el *Mekhilta According to Rabbi Ishmael, An Analytical Translation* [*El Mekhilta según Rabbi Ishmael, Una traducción analítica*] (traducción de Jacob Neuser, Scolars Press, Atlanta, GA,

1988). El mismo texto sugiere que los obeliscos eran humanoides, «una especie de hombre y mujer». Véase también *The Book of Words* [*El libro de las palabras*], de Marcus Jastrow, quien llama a los «obeliscos» rocas cavernosas que parecen «figuras humanas» (Judaica Press, Nueva York, 1996, p. 460).

Rips me envió el 2 de enero de 2002 un correo electrónico confirmándome que la expresión «clave del código» se cruzaba dos veces con «boca de los obeliscos», con una probabilidad de una contra un millón. En una conversación telefónica que mantuvimos después, el 6 de enero, Rips me contó que «en la historia de la investigación del código ningún otro par de palabras habían estado asociadas con tal nivel de significación estadística».

Las expresiones «boca de los obeliscos» y «señor del código» aparecen en el texto directo de la Biblia como los nombres de dos lugares de Egipto, cerca del mar Rojo, donde el faraón y su ejército alcanzaron a los esclavos hebreos en su éxodo.

Pero ambos lugares, cuyos nombres no aparecen traducidos en la Biblia y cuyo significado en hebreo nunca ha sido tenido en cuenta, no podían ser el lugar donde se encuentra la «clave del código» o los «obeliscos».

Moisés no recibió la Biblia en el monte Sinaí hasta que los hebreos hubieron escapado de Egipto. Por lo tanto, la clave del código de la Biblia no podía haber sido enterrada en Egipto.

Y en el mismo código de la Biblia, la localización de la «clave del código», del «código del obelisco» estaba explicitada de manera muy clara: el «valle de Sidim».

En Génesis 14:3 se afirma que «el valle de Sidim se encuentra en el mar Muerto». Rashi, el comentarista de la Biblia más prestigioso, dice que ese valle fue un vergel en otra época, pero el mar Mediterráneo lo inundó hace muchos años, creando el mar Muerto (*Pentateuch with Targum Onkelos, Haphtaroth y Rashi's Commentary* [*El Pentateuco con comentarios de Targum Onkelos, Haphtaroth y Rashi*], trad. de M. Rosenbaum y A. M. Silbermann, Jerusalén, 1929, p. 55).

En noviembre de 1998 tuve un encuentro con el geólogo israelí David Neev en su casa de Jerusalén y en algunas otras ocasiones. Neev me dijo que el mar Muerto se encontraba, en estos momentos, en su nivel más bajo desde hacía cinco mil años. Neev, la principal autoridad en este campo, también me dijo que «Sidim» en hebreo significa «cal» y sugirió que la península de Lisan, cubierta de piedra caliza, podría ser lo que queda del valle.

La primera vez que visité Lisan fue en noviembre de 1998. Después volví en marzo y abril de 1999, primero con dos israelíes del Instituto Geofísico de Israel y, después, con dos geofísicos jordanos. El 16 de febrero de 2000 volví a Lisan con un discípulo de Neev, Yuyal Bartov, un joven geólogo israelí experto en Lisan, y Mikhail Rybakov, un geofísico también israelí. Nos acompañaban funcionarios del Ministerio de Turismo y Antigüedades de Jordania.

Dos días antes, el 14 de febrero de 2000, me reuní en Amman con el ministro Akel Biltaji, quien me aseguró que me facilitaría los permisos necesarios para la investigación arqueológica. El permiso escrito, fechado el 13 de abril de 2000, fue de hecho, firmado por el director del Departamento de Antigüedades, el doctor Fawwaz Al-Khraysheh.

Por lo tanto, no fue más que el código de la Biblia lo que me condujo al «valle de Sidim», después al mar Muerto y, finalmente, al lugar exacto de mi búsqueda: la península de Lisan, de 25 kilómetros cuadrados de extensión. El código describía claramente su punto más septentrional, donde la península entra en el mar Muerto formando una pequeña bahía llamada Mazra. Allí debía estar la «clave del código».

CAPÍTULO TRES: CLINTON

El presidente Clinton confesó su «relación» con Monica Lewinsky el 17 de agosto de 1998. El 21 de setiembre de 1998 envié al *The New York Times* una información sobre el código de la Biblia en la que se vaticinaba que Clinton saldría indemne del escándalo. El 12 de febrero de 1999, el Senado de Estados Unidos desestimó las dos acusaciones del *impeachment*.

El mismo día que Clinton anunciaba la cumbre de Camp David, el 5 de julio de 2000, le envié una carta al presidente. La misiva le llegó de manos del jefe de Personal, Podesta, el 7 de julio, junto con una copia de mi primer libro acerca del código de la Biblia. El 17 de julio, el asistente del jefe de Personal me llamó y me dijo: «El señor Podesta le ha entregado personalmente al presidente toda su información en Camp David.»

La cumbre de Camp David empezó el 11 de julio y acabó en un estrepitoso fracaso el 25 de julio. Clinton culpó públicamente a Arafat, diciendo que Barak «dio un paso más que Arafat, especialmente sobre la cuestión de Jerusalén», en declaraciones recogidas por *The New York Times*, del 26 de julio de 2000.

Mi primera carta a Barak databa del 17 de mayo de 1998 y predecía que éste sería primer ministro. Esta vez, el intermediario fue el general Isaac Ben-Israel, responsable científico del Ministerio de Defensa. Al cabo de un año, el 17 de mayo de 1999, Barak fue elegido primer ministro.

Decidí entonces enviarle a Barak una nueva carta a través de Ben-Israel y su secretario de gabinete Isaac Herzog, para hacerle saber que el código también predecía que Barak sería líder de Israel en «un tiempo de sumo peligro», e incluso le especifiqué que tenía que ver con la Explanada de las Mezquitas.

«La frase "golpearán la Explanada de las Mezquitas" estaba tan claramente codificada junto a "primer ministro E. Barak" como lo estuvo en su día el asesinato de "Itzhak Rabin"», decía mi carta a Barak.

Ben-Israel me había dicho, el 29 de mayo de 1998 en Nueva York, que Barak había investigado personalmente el código de la Biblia siendo ministro de la Presidencia, después de que Rabin fuese asesinado.

El 3 de octubre de 1999, Jeffrey Goldberg publicó un artículo en *The New York Times Magazine* acerca del peligro de un ataque a la Explanada de las Mezquitas durante el año del milenio, el año 2000. También citaba unas declaraciones del líder de Hamas, Sheik Yassin, en las que decía: «Eso sería el fin de Israel.»

Mi encuentro con Abu Ala, el presidente del Parlamento palestino, tuvo lugar el 13 de agosto de 2000, en su oficina de Ramala.

El 20 de setiembre de 2000 le envié un fax al jefe de Personal de Clinton, John Podesta, que decía: «Si el problema es la religión, entonces la solución puede ser el código de la Biblia.» Podesta accedió a verme en la Casa Blanca, el 16 de octubre de aquel año.

La nueva intifada empezó el 29 de setiembre de 2000, después de las oraciones del viernes, en la Explanada de las Mezquitas. Cuatro muchachos que lanzaban piedras contra soldados israelíes fueron muertos a tiros en la mezquita, tal y como informaron *The New York Times*, la prensa israelí y la CNN. El día antes, el 28 de setiembre, el representante de la derecha israelí, Ariel Sharon, había enviado a mil policías y soldados antidisturbios a la Explanada de las Mezquitas, encendiendo la mecha del levantamiento palestino.

También me entrevisté, el 12 de octubre de 2000, con el cuñado de Barak, Doron Cohen, en su despacho de abogados de Tel-Aviv y le entregué una nueva carta para Barak. Pero mientras hablábamos, recibió noticias de que dos soldados israelíes habían sido linchados en la estación de policía de Ramala. Mi descripción del linchamiento se basa en las imágenes de los reportajes de la CNN y de la BBC.

El 10 de octubre de 2000 me reuní con Nabil Sha'ath y le entregué una carta para Arafat. Dos días más tarde, el lugar en el que nos encontramos fue destruido por un misil lanzado desde un helicóptero israelí.

El 16 de octubre de 2000 me entrevisté en la Casa Blanca con el jefe de Personal del gobierno de Clinton. Me dijo que ya había hablado con el presidente acerca del código de la Biblia y que lo haría de nuevo.

Podesta me explicó que él mismo estaba abierto a creer en el código y añadió: «Clinton también es creyente.» Al finalizar me prometió que me conseguiría una entrevista con el presidente, pero los bien conocidos problemas de los últimos meses del mandato de Clinton lo impidieron.

CAPÍTULO CUATRO: EXISTE

En hebreo, el nombre de la península de «Lisan» también significa «lenguaje». Por lo tanto, la tabla que corre paralela a «código de la Biblia» afirma dos cosas diferentes: «existe en Lisan» y «existe en el lenguaje del hombre».

Hablé con el doctor Rips acerca de este nuevo hallazgo el 11 de julio de 2000. En realidad, este descubrimiento fue posible gracias a la investigación del diseñador del programa que usábamos para descodificar, el doctor Alex Rotenberg, quien encontró por primera vez la expresión codificada «código de la Biblia» con dos secuencias de salto muy cortas. La probabilidad de este suceso estadístico era de una entre cinco mil.

Como ya he dicho antes, el código habla de sí mismo usando la expresión «código de la Torá», pero en este libro, para facilitar la lectura, me refiero a ello como «código de la Biblia».

Vi a Rips en Israel el 5 de abril de 2001 y descubrimos juntos que «código de la Biblia» cruzaba a «diccionario» donde «Lisan/lenguaje» aparecía dos veces. Rips descubrió que los dos versículos de la Biblia que tratan más directamente de «lenguaje», en Génesis 10:5 y Génesis 11:6, aparecían en la misma tabla.

La piedra Rosetta fue encontrada en 1799 cerca de una ciudad del norte de Egipto, en la desembocadura del Nilo. La piedra tenía grabado un mismo texto en jeroglíficos egipcios y en griego, con lo que fue posible descifrar el lenguaje pictórico del antiguo Egipto.

Muchos estudiosos han sugerido que existía un protolenguaje de toda la humanidad. Charles Darwin, en 1871, dijo que «el hombre tiene una tendencia instintiva a hablar» (*Descent of Man* [*La ascendencia del hombre*], John Murray, Londres). El lingüista Noam Chomsky fue el primero en sugerir, hace más de cuarenta años, que el lenguaje tiene una raíz genética. Véase *Lenguage 35*, pp. 26-58 (1959). Véase también el libro de Luigi Luca Cavalli-Sforza, *Genes, Peoples and Languages* [*Genes, pueblos y lenguaje*] (Nueva York, North Point Press, 2000).

Rips, al decir que el hebreo es el lenguaje original del hombre, cita a uno de los mejores comentaristas de la Biblia, el rabino Rashi, quien a su vez hace referencia al Génesis 11:1 —«Toda la Tierra continuaba siendo de un solo lenguaje»— y afirma que el hebreo era «la Lengua Sagrada». *Pentateuch with Targum Onkelos, Haphtaroth y Rashi's Commentary*, véase arriba, pp. 54-55.

El rotativo *The New York Times* publicó una noticia el 4 de octubre de 2001 citando un artículo del doctor Anthony P. Monaco, publicado en la revista *Nature*, en la que decía que se había descubierto el «gen del lenguaje».

Nadie sabe cómo o cuándo empezó el lenguaje. Algunos científicos afirman tener evidencias de ello investigando cráneos de homínidos de millones de años de antigüedad, pero otros, como el arqueólogo de Standford Richard Klein, sostienen que se produjo un cambio genético específico en el cerebro del hombre hace sólo cincuenta mil años, lo cual hizo posible el lenguaje. Esto secunda la teoría de Chomsky de 1959 que afirma que existe un órgano dedicado al lenguaje en el circuito neuronal humano.

Un estudio posterior de Svante Paabo del Max Planck Institute, citado en el *Times* el 15 de agosto de 2002, afirma que el estudio del genoma de humanos y chimpancés revela que el lenguaje evolucionó sólo en los últimos cien mil años. El artículo de Paabo fue publicado en la revista *Nature*.

En el código de la Biblia, la expresión «el gen del lenguaje» se cruza con «gen de Dios» y un largo versículo de la Torá afirma: «Antes de arruinar el Señor a Sodoma y Gomorra, era como el propio jardín de Dios» (Génesis 13:10). En hebreo, las mismas letras que forman «gen del lenguaje» también forman «jardín de Lisan». Por otro lado, «gen de Dios» también significa «jardín de Dios».

El periódico jordano *Al-Arab Al-Yawm* publicó una noticia en primera página atacando mi expedición arqueológica del 9 de enero de 2001.

Casi todas las afirmaciones que hacía este periódico eran inciertas, pero el mensaje básico estaba claro: «¿Por qué se le habría de permitir a una fundación extranjera excavar en terreno jordano en busca de reliquias judías?»

Hablé con el embajador americano en Amman, Williams J. Burns, el 24 de enero y éste me hizo llegar más tarde, el 28 de enero de 2001, una traducción de lo publicado por ese periódico.

CAPÍTULO CINCO: ARAFAT

Mi carta a Arafat del 12 de abril de 2001 fue recogida en el hotel American Colony de Jerusalén esa misma medianoche.

El jefe de Personal de Arafat, Nabil Abu Rudaineh, me llamó a la 1.15 de la madrugada del 13 de abril de 2001 para pedirme que viese a Arafat aquella siguiente noche.

Me entrevisté con Arafat el 13 de abril, a las 21 horas, en sus oficinas de Ramala. Estaban presentes en el encuentro su negociador jefe, Saeb Erekat, quien nos hacía de intérprete, y Rudaineh.

El 23 de julio de 2000, el rotativo *The New York Times* informó que Arafat le había dicho a Clinton que temía ser asesinado si renunciaba a Jerusalén.

Nabil Sha'ath, el ministro de Asuntos Exteriores de Arafat, me dijo en una conversación telefónica, el 6 de diciembre de 2000, que Arafat creía en una enseñanza básica del islam: «Nuestro destino está predeterminado y no tenemos ni un día más ni un día menos de lo designado por el Cielo.»

Me reuní con Rips en su residencia de Jerusalén la misma mañana en que vi a Arafat, el 13 de abril de 2001. Rips no intentó convencerme de que no acudiese a la cita, pero comparó a Arafat con Hitler y Saddam Hussein.

Cuando Arafat me informó que «Mahoma dijo que tendremos mil años, pero no dos mil», hacía referencia a una tradición musulmana que no estaba en el Corán, sino en el libro de comentarios del mismo, el Hadith. En el calendario musulmán, el año 2001 era 1422, cuatrocientos años dentro del milenio que, según Mahoma, daría fin a la especie humana. El Corán afirma que la humanidad no puede conocer cuándo llegará el final.

«Arafat» se halla en el texto oculto de la Biblia justo debajo de «en el fin de los días». Su nombre es transcrito exactamente igual a como lo citan los periódicos israelíes modernos.

En la misma tabla del código de la Biblia también aparecen los nombres de los líderes israelíes «Barak» y «Sharon» y del presidente de Estados Unidos, «Bush». Una vez más, el código de la Biblia usa la grafía moderna israelí.

El día en que conocí a Arafat, el viernes 13 de abril de 2001, cristianos, judíos y musulmanes se reunían en la Ciudad Antigua de Jerusalén: los cristianos para celebrar el Viernes Santo y recordar la crucifixión en la *Vía Dolorosa*; los judíos para orar frente al Muro de las Lamentaciones, los restos del antiguo templo, en el penúltimo día de la Pascua judía, y los musulmanes para rezar en su Sabbath, en la mezquita de la Explanada de las Mezquitas.

La coincidencia de días sagrados no hacía más que acentuar el conflicto religioso, contienda que duraba ya miles de años. Y, como desde el primer día, el epicentro del problema era Jerusalén.

CAPÍTULO SEIS: EL ARCA DE ACERO

La palabra «acero» aparece en la Torá, en hebreo, junto a «clave del código». En el libro de Daniel, «hierro» aparece en arameo junto a «clave hoy». El arameo es un lenguaje semítico antiguo muy parecido al hebreo, empleado en aproximadamente la mitad del texto de Daniel.

En el Deuteronomio 4:20, un texto al que se le atribuyen tres mil años de antigüedad, encontramos la expresión «horno de hierro». La palabra hebrea para «acero» la hallamos en el último libro del Antiguo Testamento, en uno de los profetas menores, Nahum 2:4: «los carros brillan con acero». El texto de Nahum fue escrito casi mil años después que el resto de la Torá.

«Ésta es la solución», palabras pronunciadas por el antiguo profeta José, aparecen dos veces en el Génesis, en concreto en 40:12 y 40:18. El primer versículo cruza a «arca de acero» y el segundo a «arca de hierro». Ambos se solapan en el texto oculto con el nombre de la península de «Lisan».

Mi encuentro con Rips tuvo lugar en Nashville, Tennessee, donde ejerció como profesor visitante en la Vanderbilt University en enero de 2000.

Las mismas letras en hebreo del Éxodo 35:33, un versículo acerca del artesano que construyó el tabernáculo, también forman la frase «hierro forjado, todo el trabajo del ordenador».

Los dos versículos de Josué que mencionan un «vehículo de hierro» son 17:16 y 17:18. Ambos aparecen donde se halla codificado «tel de los obeliscos».

El 16 de febrero de 2000 regresé a Lisan con un arqueólogo jordano del departamento de Antigüedades, el doctor Fawzi Zayadin. Éste me expresó sus dudas acerca de que cualquier objeto de hierro o acero se hubiese podido conservar durante miles de años. También se hallaba presente un geofísico israelí, Mikhail Rybakov, que añadió que si había sobrevivido algún resto, estaría muy oxidado y no sería detectado por ningún magnetómetro.

El 25 de febrero de 2000 entrevisté por teléfono al profesor Ronald Latanision del MIT. Latanision, experto en corrosión, confirmó que un objeto de hierro o acero sólo podría conservarse durante miles de años, bajo tierra o agua, en un medio muy salado.

«Cuando se alcanza un treinta y cinco por ciento de sal en el agua, el oxígeno empieza a disminuir muy rápidamente —dijo Latanision—. Sin oxígeno, no hay oxidación.»

Esto confirmaba lo que me había dicho años antes David Neev, un geólogo israelí. El 6 de marzo de 2000 volví a entrevistar a Neev, la principal autoridad sobre la zona del mar Muerto, el cual me informó que la concentración de sal en el mar Muerto era de más del 35%.

Neev también me explicó que había visto cómo algunos ingenieros de las minas de sal del mar Muerto depositaban tuberías de hierro en el agua para evitar la oxidación.

Latanision, del MIT, también mencionó lo que había dicho en una ocasión un científico de la CIA: que el hierro antiguo de Oriente Medio tenía más probabilidades de conservarse que el hierro moderno.

Latanision dijo que lo que determinaba la duración del acero era su formación y las impurezas del proceso y que las espadas antiguas eran «más resistentes a la oxidación que el acero moderno».

En hebreo existen dos expresiones diferentes para magnetómetro. La más común significa, literalmente, «instrumento magnético de medida». La otra significa, literalmente, «sensor de atracción». La primera está codificada en el único lugar donde aparece «detector» sin saltos y la segunda junto a «hierro», justo por encima.

Este instrumento puede detectar cualquier objeto de hierro bajo el agua o bajo tierra hasta una profundidad determinada principalmente por el tamaño del objeto.

Si encontramos un objeto antiguo, será posible datarlo con gran exactitud usando una nueva y poco conocida técnica. Un geofísico de Yale, el doctor Carl Turekien, me explicó el 1 de junio de 1999 que él y su estudiante de doctorado, Nikolass VanderMurray, ahora profesor en Harvard, habían encontrado que la prueba del carbono 14 data mejor el hierro y el acero anterior al siglo XIX. Los actuales fabricantes de acero usan carbón no radiactivo y, por lo tanto, no puede ser datado correctamente. Pero el antiguo método de producción de acero usaba carbón vegetal, el cual sí puede ser datado.

El geólogo israelí Gidon Baer publicó en noviembre de 2000, en la revista científica *Geological Survey*, un artículo titulado «El lugar más bajo de la Tierra está hundiéndose». El trabajo revela que la zona exacta donde yo estoy investigando, el área de Lisan que ha quedado recientemente expuesta a la superficie, se está hundiendo a gran velocidad.

El 5 de octubre de 2000 volé a Amman, en Jordania, para ver de nuevo al embajador norteamericano William Burns. Era la primera semana de la nueva intifada, y cuando llegué la embajada estaba rodeada por veinte mil enconados manifestantes. Logré entrevistarme con Burns el 8 de octubre y, aquel mismo día, vi además al ayudante del primer ministro de Jordania, Saleh Rusheidat.

CAPÍTULO SIETE: SHARON

El 17 de abril de 2001 me encontré con Omri Sharon, el hijo del primer ministro, en el hotel King David de Jerusalén.

La noche anterior había caído fuego de mortero delante de la finca del primer ministro. Los disparos provenían de Gaza. Tanques y helicópteros israelíes respondieron de inmediato invadiendo Gaza, tal y como informaron los periódicos israelíes *Ha'aretz* y *The Jerusalem Post*, además del *International Herald Tribune*.

La prensa israelí informó el 16 de abril que Omri Sharon había mantenido encuentros secretos con Arafat durante la semana anterior. Yo me había entrevistado con Arafat dos días antes, el 13 de abril.

Sharon fue elegido primer ministro de Israel el 6 de febrero de 2001, es decir, el 13 de Shevat de 5761 en el calendario hebreo. Meses antes, yo ya había hallado en el código de la Biblia la palabra «Sharon» junto con la fecha de su elección, en un momento en el que todo el mundo pensaba que el vencedor iba a ser el anterior primer ministro, Benjamin Netanyahu, el candidato del Likud.

Las citas anteriores a la elección de Sharon acerca de la imposibilidad de llegar a la paz han sido extraídas del artículo del *New Yorker* de Jeffrey Goldberg, «Arafat's Gift» [«El regalo de Arafat»], del 29 de enero de 2001, pp. 57 a 67.

La carta que le di a Omri para su padre, el primer ministro, databa del 17 de abril de 2001.

Hablé con el general Isaac Ben-Israel, jefe científico del Ministerio de Defensa, el 1 de abril de 2001, y me reuní con él, el 12 de abril, en la sede del ejército israelí en Tel-Aviv. Ben-Israel me puso en contacto con el general Meir Dagan, quien había sido jefe de contraespionaje de la administración de Netanyahu, aunque también era la persona con mayor acceso a Sharon después de Omri.

La reunión con el general Dagan tuvo lugar en el municipio donde éste residía, en Rosh Pina, en el norte de Israel, el 4 de abril de 2001. El periódico *The Jerusalem Post* publicaba, el 23 de noviembre, unas declaraciones de Dagan ante unos manifestantes contrarios a la paz: «Ha llegado el momento de enviar a Yasir Arafat de vuelta a Túnez.»

Dagan me dijo que había leído mi primer libro sobre el código de la Biblia en su primera edición en hebreo de 1997 y que se tomaba las advertencias bíblicas muy en serio.

Le entregué una carta a Dagan para el primer ministro con fecha 4 de abril de 2001. Dagan me prometió que se la haría llegar a Sharon. Pero cuando finalmente se encontraron, el 16 de abril, Israel estaba sumido en una crisis total y el primer ministro sólo quería hablar de la próxima invasión a Gaza. En ese momento ya había tenido lugar el ataque a las inmediaciones de su propiedad y el ataque a una estación de radar siria dentro de territorio libanés.

«Lo vi —me dijo Dagan a la mañana siguiente—, pero no le di su carta. Estoy seguro de que, en medio de esta crisis, Sharon no le iba a prestar ninguna atención, especialmente si no tiene información previa sobre el código.»

Volví a ver a Dagan el 4 de diciembre de 2001 en Jerusalén. Le habían nombrado jefe del equipo de negociaciones para el alto el fuego, conversaciones moderadas por el enviado estadounidense, general Anthony Zinni.

De nuevo Dagan me prometió que hablaría con Sharon acerca de mi causa, pero lo cierto es que Israel estaba, una vez más, en crisis después de los tres atentados que, días antes, se habían cobrado veinticinco bajas israelíes.

El 10 de setiembre de 2002, Sharon nombró a Dagan responsable del Mossad, tal y como informaba el *Ha'aretz* del 11 de setiembre de 2002.

El 22 de abril de 2001 me entrevisté con el ministro de Asuntos Exteriores israelí, Simon Peres, en su oficina de Tel-Aviv. La última vez que había visto a Peres, el 26 de enero de 1996, era primer ministro.

Peres era conocido en todo el mundo como el artífice de los acuerdos de Oslo, pero también había sido responsable de desarrollar el arsenal nuclear de Israel en la base secreta de Dimona. Sin duda, Peres era consciente del peligro del terrorismo nuclear. Tres días después de conocerle, en 1996, cuando era primer ministro, tras advertirle que la Biblia hablaba de un «holocausto atómico», Peres hizo un discurso en el que afirmaba que el peor peligro al que se enfrentaba el mundo era que las armas nucleares «cayeran en manos de países irresponsables, de locos fanáticos». El 13 de setiembre de 2002, tras un encuentro en la Casa Blanca, Peres predijo que Oriente Medio podía o «vivir en paz o ser destruido por el poder nuclear» en cinco o diez años.

CAPÍTULO OCHO: EL CÓDIGO DE LA VIDA

El 27 de octubre de 1998 entrevisté telefónicamente a Francis Crick. Éste se encontraba en su despacho de San Diego, California. Crick había ganado el Premio Nobel en 1962, junto a James Watson, por su descubrimiento de la estructura del ADN.

El mismo doctor Crick publicó en *Icarius*, una revista científica editada por el astrónomo Carl Sagan, en julio de 1973 (volumen 19; pp. 341-346), una curiosa teoría. «Los organismos de la Tierra fueron liberados en la Tierra por seres inteligentes de otro planeta.» A esta teoría la llamaba «panspermia dirigida».

Crick, tanto en nuestra entrevista como en el artículo original, rechaza otras teorías que afirman que el ADN llegó en un meteorito y, en vez de ello, afirma que «una primitiva forma de vida fue depositada en la Tierra por una sociedad tecnológicamente avanzada procedente de otro planeta», usando «una nave espacial».

El 27 de noviembre de 1998 me encontré con Rips en su casa de Jerusalén, exactamente un mes después de que Crick me confirmase lo que la Biblia afirmaba: «El ADN fue traído en un vehículo.»

Rips estaba de acuerdo en que era posible que tanto el código de la Biblia como el código de la vida tuviesen la misma estructura de hélice, dos espirales superpuestas, y me enseñó una tabla codificada que él mismo había hallado tiempo atrás, donde «juicio de Dios» se hallaba superpuesto con «piedad de Dios».

De hecho, no es posible mostrar la estructura del código de la Biblia en una página impresa de dos dimensiones o, lo que es lo mismo, en una pantalla de ordenador, porque, en realidad, el código es un cilindro de tres dimensiones. Como lo explicaba Rips, es como contemplar un mapa del mundo en vez de un globo terráqueo.

El lector podrá encontrar en el libro *Life Itself* [*La vida misma*] (Simon &

Schuster, Nueva York, 1981) el desarrollo completo de la teoría de Crick de la panspermia dirigida.

En ese libro, Crick afirma: «El código genético es un pequeño diccionario que traduce el lenguaje de cuatro letras de los ácidos nucleicos al lenguaje de veinte letras de las proteínas» (p. 171).

El libro *Genoma*, de Matt Ridley, nos ofrece una explicación más actualizada de tal teoría (Harper Collins, Nueva York, 2000). Este autor califica al código genético de «lenguaje».

Es interesante que muchos mitos antiguos de la creación, desde los primeros escritos sumerios, afirmen que toda la creación es producto de unas palabras. Que las cosas fueron creadas porque alguien las nombró.

Como dice el doctor Rips, el judaísmo lo deja todavía más claro: «La Torá existe antes que el mundo: primero, Dios creó la Torá y, después, el universo.» De nuevo encontramos que son las letras —el lenguaje— el plano en el que se construyó la creación.

CAPÍTULO NUEVE: LA INVASIÓN

El 29 de marzo de 2002, la invasión de Ramala y la destrucción del cuartel general de Arafat por tanques israelíes ocuparon la primera página del *The New York Times*, *The International Herald Tribune* y del periódico israelí *Ha'aretz*. La CNN y la BBC también cubrieron los acontecimientos. En estas fuentes se basa mi descripción de los hechos.

La invasión, la ocupación de la mayor parte de las ciudades importantes de Cisjordania, fue consecuencia de unos atentados suicidas que culminaron el 27 de marzo con el ataque al hotel Passover Seder, en la ciudad costera de Netanya. Los muertos ascendieron a diecinueve, y los heridos a más de cien.

El nombre de la operación militar israelí, «Muro Defensivo», está codificado en la Biblia exactamente como la escribió la prensa de ese país. Asimismo, hallamos los nombres de las dos ciudades donde se dieron los combates más encarnizados, «Jenin» y la «casbah» de Nablus.

En ese momento no podía recurrir a Omri Sharon puesto que había sido llamado a filas junto con otros miles de israelíes. Pero sí pude entrevistarme con el general Dagan en Tel-Aviv, el 1 de abril de 2002, para mostrarle la exactitud con que el código había predicho la guerra actual. Dagan me dijo que ya le había entregado la carta al primer ministro Sharon y yo le di una nueva misiva con fecha del 1 de abril.

A petición de Dagan, el jefe de Personal de Sharon, Uri Shani, accedió a entrevistarse conmigo una vez finalizada la serie de encuentros que iba a tener con el secretario de Estado norteamericano, Colin Powell. El motivo de aquellas conversaciones no era otro que intentar acordar un nuevo cese de las hostilidades.

El 6 de abril de 2002 tuve un encuentro en Jericó con Saeb Erekat, el jefe del equipo negociador palestino. El lugar de encuentro escogido fue Jericó porque era la única ciudad que Israel no había ocupado. Le entregué una nueva carta a Arafat con fecha del 6 de abril.

La columna citada del *The New York Times* escrita por Thomas Friedman —en la que decía que las «armas de destrucción masiva podrían borrar a Israel de la faz de la Tierra»— fue publicada en la edición del 10 de marzo de 2002.

Mi encuentro con Dalia Rabin, la hija del malogrado primer ministro, tuvo lugar en el *knesset*, el 3 de diciembre de 2001, durante mi anterior viaje a Israel. Ese mismo día, como preludio de la invasión de marzo, Sharon lanzó el asalto israelí más importante sobre Gaza y Cisjordania desde que Rabin y Arafat firmasen los acuerdos de Oslo de 1993.

Dalia Rabin dejó su puesto como ayudante del ministro de Defensa en julio de 2002, denunciando que Sharon había renunciado a conseguir la paz.

El 15 de abril de 2002 me encontré con el general Yossi Kuperwasser en el Kirya, el cuartel general del ejército, en Tel-Aviv. Le dije a Kuperwasser, jefe del departamento de Inteligencia, que, gracias al código, conocía la localización de una base terrorista relacionada con Bin Laden. Aunque el código de la Biblia hacía una mención muy clara a ese lugar, no lo incluyo en este libro por razones de seguridad.

El 4 de setiembre de 2002, el primer ministro Sharon declaró en la televisión israelí que «Libia está convirtiéndose en una nación más peligrosa de lo que imaginábamos. Libia puede convertirse en el primer país árabe en hacerse con armas de destrucción masiva».

No sé si esa afirmación gubernamental fue producto de la advertencia que le transmití al general Kuperwasser, pero como mínimo fue una confirmación de una advertencia presente en el código.

El 9 de abril de 2002 me entrevisté con Dan Meridor, el ministro de la Presidencia israelí encargado de las amenazas químicas, biológicas y nucleares, en su oficina de Jerusalén.

La cita de Meridor sobre los sucesos del 11 de setiembre de 2001, «Desafortunadamente, este ataque es sólo el comienzo», fue publicada en el *Ha'aretz* del 11 de enero de 2002.

La CIA estima que Iraq podrá disponer de una arma nuclear hacia 2007, según una información del *The New York Times* del 11 de enero de 2002.

Uri Shani renunció a su puesto como jefe de Personal de Sharon el 18 de abril de 2002, con lo que se me cerraba una de mis mejores puertas de acceso al primer ministro.

La afirmación del entonces primer ministro Levi Eshkol a un joven general Sharon después de la guerra de 1967 —«los árabes seguirán allí»— está tomada del libro *Six Days of War* de Michael Oren (Oxford University Press, Nueva York, 2002).

Según la versión oficial, sólo Jerusalén Este y los Altos del Golán, en el norte, fueron «anexionados» por Israel a consecuencia de la guerra de 1967, pero lo cierto es que también fueron ocupadas Gaza y Cisjordania. En marzo de 2002, por primera vez desde los acuerdos de paz de 1993, Israel reocupó Cisjordania (la llamada *West Bank*) y en junio de 2002 reinvadió los territorios.

Según un reportaje del *New York Times* del 17 de setiembre de 2002, después de dos años de intifada, el número de muertos a causa del conflicto ascendía a 1 790 palestinos y 609 israelíes.

Hice un último esfuerzo por contactar con el primer ministro Sharon a través de su hijo Omri ya que este libro iba a entrar en imprenta en setiembre de 2002 y le envié el siguiente correo electrónico:

«OMRI: en una ocasión me preguntó: ¿qué se puede hacer? Mi respuesta, intentar que Israel sobreviva.»

CAPÍTULO DIEZ: EXTRATERRESTRE

El SETI, un programa de búsqueda de inteligencia extraterrestre, empezó a buscar señales de radio procedentes del espacio exterior en 1992, al principio como parte de un proyecto gubernamental; después mediante fondos privados.

En 1999, la NASA nombró director de su nuevo Instituto Astrobiológico al premio Nobel doctor Baruch Blumberg. El propósito de las investigaciones: encontrar vida en otro planeta. En junio de 2002, la NASA anunció que iba a lanzar una nave para rastrear el universo en busca de vida extraterrestre, tal y como informó el *The New York Times* del 4 de junio de 2002. Según el mismo informe del *Times*, en estos momentos existen 85 planetas conocidos orbitando otras estrellas.

Cuando se descubrieron los dos primeros planetas fuera del sistema solar, el 5 de febrero de 1996, la revista *Time* encabezó su portada con un sugerente: «¿Hay alguien ahí fuera?» El interior del reportaje decía: «¡Dos astrónomos norteamericanos han encontrado dos planetas fuera de nuestro sistema solar con las condiciones necesarias para albergar vida!»

El físico australiano Paul Davies, en su libro *Are We Alone?* [*¿Estamos solos?*], subraya que el encuentro de una señal de radio extraterrestre no conduciría necesariamente a un rápido diálogo entre nuestras civilizaciones: «Un mensaje de extraterrestres a cien años luz tardaría cien años en llegar hasta nosotros y cualquier contestación tardaría otros cien años en volver a ellos» (Basic Books, 1995, p. 42).

«Existe otro escenario posible: el descubrimiento de un artefacto o un mensaje extraterrestre en la Tierra o cerca de ella», dice Davies, que pueda estar «programado para manifestarse sólo cuando la civilización en la Tierra haya llegado a cierto nivel de desarrollo».

Carl Sagan sugirió en su libro *Un punto azul pálido* (Planeta, 1995) que la vida extraterrestre podría haber evolucionado muchísimo más que nosotros y que su tecnología podría «parecernos magia». El autor de *2001, una odisea en el espacio*, Arthur C. Clarke, hizo una observación similar: «Cualquier tecnología suficientemente avanzada nos puede parecer magia», en su libro *Profiles of the Future* [*Perfiles del futuro*] (Holt Rinehart & Winston, 1984).

La «visión del carro» es una cita del texto directo del Libro de Ezequiel. Concretamente del capítulo 1, versículos 4-5. Existe un pasaje similar en Daniel 7: 9-10 acerca del «Anciano de Días» aterrizando en la Tierra en un «trono» que despide fuego: «Había una corriente de fuego que fluía y salía delante de él.»

CAPÍTULO ONCE: BUSH

Mi carta del 3 de agosto de 2001 al presidente Bush fue recibida el 7 de agosto por su jefe de Personal, Andrew Card, en la Casa Blanca. Según su asistente, Josephine Robinson, Card le entregó una copia a la consejera de Seguridad Nacional Condoleezza Rice. El 10 de setiembre de 2001 llamé para confirmar que Bush había recibido la carta después de volver de sus vacaciones en Texas, y Robinson me dijo: «Ha sido leída por dos de los cargos más importantes del gobierno. Lo siento, pero han decidido que no se la van a hacer llegar al presidente.»

La revista *Time* publicó el 27 de mayo de 2002 que la CIA informó al presidente, el 6 de agosto de 2001, que los seguidores de Bin Laden podrían secuestrar un avión comercial y, un mes antes, un informe del FBI advertía que Bin Laden podría haber mandado operativos para aprender a pilotar aviones en escuelas de aviación norteamericanas.

El vigésimo sospechoso, Zacarias Moussaoui, fue arrestado el 16 de agosto de 2001, pero, según un informe de *Time*, el FBI no pudo encontrar la clave de su ordenador, un nombre que los habría conducido al líder del ataque del 11 de setiembre, Mohammed Atta.

El 28 de agosto de 2002, *The New York Times* informó de que una investigación secreta del Senado concluía que el gobierno había dispuesto, antes del 11 de setiembre, de «pruebas de que se iba a dar un ataque». Y *The Washington Post* informó el 20 de junio de 2000 que la Agencia de Seguridad Nacional interceptó un mensaje en árabe el mismo 10 de setiembre de 2001 que decía «mañana es la hora cero». Pero el mensaje no fue traducido hasta el 12 de setiembre.

El 1 de octubre de 2001 le envié una segunda carta al presidente Bush a través de Card y Rice diciéndole que el ataque del 11 de setiembre estaba codificado en la Biblia desde hacía tres mil años y de nuevo la advertencia de que, según el código, la tercera guerra mundial podría empezar en el mandato de Bush. No hubo respuesta, aunque sabía que Bush creía que «el 11 de setiembre confirmaba que Dios le había escogido para un propósito y le había mostrado de qué se trataba», según palabras del columnista del *New York Times* Bill Keller, en un artículo del 23 de marzo de 2002. El 22 de setiembre de 2002, el *Times* publicó algo parecido: Bush les había dicho a los líderes religiosos de la Casa Blanca que había «encontrado la razón de su existencia: el 11 de setiembre».

La información sobre las conversaciones que mantuvieron Bush y Gore, el 7 de noviembre de 2000, proceden de reportajes de la NBC, ABC y CBS, y de un artículo de *The New York Times* del día siguiente.

El diario manuscrito de Mohammed Atta, encontrado por el FBI después del 11 de setiembre, dejaba claro que creía que tenía una misión divina. «Dios, en ti confío —escribió en árabe—, Dios, me pongo en tus manos.» Atta también instruyó a los otros secuestradores para que rezaran mientras entraban en los aviones, «Oh, Dios, ábreme todas las puertas».

El código de la Biblia citaba una posible base terrorista en Oriente Medio que cruzaba las dos maneras de decir «Bin Laden» en hebreo. El nombre del lugar también estaba asociado a la expresión «cuartel general del ejército».

Las probabilidades de hallar todo ello en la misma tabla eran muy pequeñas. Buscamos también qué otros mensajes podían estar vinculados a esa localización y encontramos «arma atómica», «holocausto atómico», «ataque químico» y «próxima guerra». Entregué esa información a altos funcionarios de la inteligencia norteamericana e israelí. Los israelíes tomaron la advertencia con seriedad, pero no tengo ninguna indicación de que así lo hicieran los estadounidenses.

También avisé a israelíes y norteamericanos de que Libia, o «una arma de Libia» podría ser usada en algún ataque terrorista definitivo. El periódico israelí *Ha'aretz* informó el 22 de mayo de 2002 que «Los esfuerzos de Libia para conseguir armamento nuclear preocupan seriamente a los gobiernos norteamericano e israelí. La semana pasada, los dos países aliados mantuvieron conversaciones estratégicas en Washington para tratar de la amenaza de Libia.»

No sé si fueron mis advertencias del código de la Biblia las que llevaron la atención a Libia o si los israelíes y norteamericanos llegaron de forma independiente a la misma conclusión.

El 19 de febrero de 2002 intenté llegar hasta el ayudante del secretario de Defensa, Paul Wolfowitz, quien mantenía estrechos lazos con la inteligencia militar israelí. Mi fax decía: «La base, si existe, puede estar relacionada con Bin Laden y, desde luego, si es así, puede ser un peligro para Estados Unidos e Israel.» Wolfowitz me contestó a través de su asistente, Linton Wells, el 19 de marzo, pero rehusó entrevistarse conmigo.

El 19 de mayo de 2001 le envié una carta al secretario de Estado Colin Powell, en la que le decía que me acababa de entrevistar con Arafat y Peres (en abril). «Aunque usted no crea que exista un código de la Biblia que prediga el futuro es importante que nos veamos porque Arafat sí cree en él», le escribí a Powell, pero éste no ha respondido hasta el día de hoy.

La afirmación del vicepresidente Cheney de que la posibilidad de que se produjese un nuevo ataque terrorista contra Estados Unidos era «prácticamente segura» —«No es una cuestión de si nos atacarán o no, sino de cuándo lo harán»— la tomé de *The New York Times* del 20 de mayo de 2002. Después hizo unos comentarios muy similares en el programa de la NBC, «Meet the Press», del 19 de mayo.

La afirmación del secretario de Defensa Donald Rumsfeld de que los terroristas obtendrían armas de destrucción masiva fue hecha el 21 de mayo de 2002, bajo juramento, al Comité de Gastos de la Cámara de Representantes del Senado. Rumsfeld repitió su advertencia al siguiente día en una entrevista en la PBS: «Sabemos que están dispuestos a matar a miles de hombres, mujeres y niños inocentes haciendo colisionar aviones contra edificios. Por la misma razón, si las tuvieran, no dudarían en usar armas de destrucción masiva.»

Tom Ridge, director del nuevo departamento de Seguridad Nacional, declaró en una entrevista publicada en *The New York Times* del 6 de setiembre de 2002: «Ahora somos y seremos durante un tiempo indefinido el objetivo de ataques terroristas.»

El director del FBI, Robert Mueller, dijo que los ataques terroristas eran «inevitables» y que «no podremos detenerlos», según informaciones de *The New York Times* del 21 de mayo de 2002. Mueller admitió el 29 de mayo que los ataques del 11 de setiembre podrían haberse evitado si el gobierno hubiese relacionado los diferentes informes de inteligencia que poseía, según un reportaje del *The New York Times* del 30 de mayo de 2002.

CAPÍTULO DOCE: EL VIAJE DEL HÉROE

Las palabras de Joseph Campbell en relación al clásico «viaje del héroe» aparecen en su libro *The Hero with a Thousand Faces* [*El héroe de las mil caras*] (Princeton University Press, 1968), p. 30. La frase de Campbell de que los poderes divinos «resultan haber estado siempre en el corazón» del héroe, aparece en la p. 39 de su libro.

Las últimas palabras de Moisés a los antiguos israelitas aparecen en el Deuteronomio 30:11-14. La afirmación del doctor Rips de que el hecho de que «obelisco» y «clave del código» estén asociadas en más de una ocasión (y que este vínculo no se deba, matemáticamente, al azar) no prueba que esos objetos existan en este mundo, fue pronunciada por él en enero de 2000, aunque hemos vuelto a hablar del tema en infinidad de ocasiones.

Rips halló un pasaje del texto directo de la Biblia que habla de la existencia de una copia de la Torá grabada en piedras y un antiguo comentario dice que, de hecho, fue grabada en piedras en setenta lenguajes diferentes correspondientes a todas las naciones de la Tierra.

«Por lo tanto, no es tan impensable que sus obeliscos existan —dijo Rips—, aunque, por supuesto, me quedaría helado si los encontrase.»

El fragmento de la historia de José cuando es rebautizado por el faraón como «Zafenat-panea» —que en hebreo significa «descodificador del código»— aparece en el Génesis 41:45. «Ésta es la solución», palabras pronunciadas por José en dos ocasiones en las que revela el futuro, aparecen en el Génesis 40:12 y 40:18 y están asociadas al nombre de la península de «Lisan».

La afirmación del doctor Rips de que el código «procede de una inteligencia que no es simplemente superior, sino diferente» fue pronunciada en un encuentro que tuve con él poco antes de la Pascua de 1999. En la misma reunión, Rips me dijo que para el codificador no existe distinción entre pasado, presente y futuro.

Una afirmación similar de Einstein —«La distinción entre pasado, presente y futuro es sólo una ilusión, aunque, eso sí, persistente»— aparece en una carta que escribió a la viuda de un físico, amigo de toda la vida, Michele Besso, el 21 de marzo de 1955 (del archivo de Einstein 7-245, publicado en *The Quotable Einstein*, Princeton University Press, 1996, p. 61).

En varias ocasiones he hablado con el director de cine Stanley Kubrick acerca del código de la Biblia, especialmente cuando me encontraba trabajando en mi primer libro, a mediados de los noventa. Cuando le conté, por primera vez, los primeros detalles acerca del código de la Biblia, la reacción inmediata de Kubrick fue: «Es como el monolito de *2001, una odisea en el espacio*.»

Stephen Hawking dijo en la introducción de *The Physics of StarTrek* (Basic Books, 1995), p. XII, que «viajar en el tiempo podría estar dentro de nuestras capacidades en el futuro». Hawking repite esta idea en su libro *Historia del Tiempo* (Grijalbo, 1991). También añade que cualquier forma de viaje espacial avanzado requeriría superar la velocidad de la luz, lo cual significa automáticamente ir hacia atrás en el tiempo.

La frase de Bin Laden —«Los americanos aman la vida, ésa es su debilidad. Nosotros amamos la muerte, ésa es nuestra fuerza»— fue tomada de una de sus apariciones emitidas por el canal árabe Al Yasira, y se cree que fueron grabadas antes del 11 de setiembre.

CAPÍTULO TRECE: LA CUENTA ATRÁS

Poco después del 11 de setiembre le dije a Rips que, ahora, incluso los no creyentes pensaban que podíamos estar viviendo el fin de los días. Tal idea se vio corroborada por el artículo del *Time* del 1 de julio de 2002 titulado «La Biblia y el Apocalipsis: ¿por qué los estadounidenses leen y hablan más que nunca sobre el fin del mundo?». En ese trabajo se citan las declaraciones del ministro de la iglesia presbiteriana de la Quinta Avenida de Manhattan: «Desde el 11 de setiembre, los abogados y los agentes de Bolsa de Nueva York, tipos duros y cínicos como pocos, están empezando a decir "¿Es que se va a acabar el mundo?".»

La profecía de la «Batalla Final» del Nuevo Testamento que citamos en este libro procede de la versión King James, y más en concreto del Libro de Revelaciones 20:7-9. La cita del Antiguo Testamento «¿Es éste aquel varón que hacía temblar la tierra, que trastornaba los reinos?» procede del Libro de Isaías 14:16.

El libro de Daniel, del Antiguo Testamento, y el Libro de las Revelaciones, del Nuevo Testamento, hablan de una época de gran sufrimiento antes de la venida del Mesías. En un libro de comentarios del Corán también se habla de ello.

La carta sellada que le entregué a mi abogado, Michael Kennedy, lleva fecha del 6 de octubre de 1998.

Mi carta a Alan Greenspan, el presidente de la Reserva Federal, tiene fecha del 13 de setiembre de 2001 y le llegó a su oficina el 17 de setiembre. Esto coincidió con el inicio del año hebreo de «5762», que estaba codificado junto a «crisis económica», y también con el día en el que los mercados financieros volvieron a abrir por primera vez después del 11 de setiembre. El índice Dow Jones cayó 684 puntos, su mayor pérdida de la historia, dando inicio a la peor semana desde la Gran Depresión, según un artículo de *The New York Times* del 22 de setiembre de 2001.

El responsable de prensa de Greenspan, Lynn Fox, me confirmó el 28 de setiembre de 2001 que el presidente de la Reserva ha «leído su carta», pero no concede nunca entrevistas. *The New York Times* del 27 de noviembre de 2001 publicó que el National Bureau of Economic Research había declarado oficialmente la entrada en una «recesión».

En julio de 2002, la peor crisis del mercado en toda una generación hizo que los índices se desplomasen hasta los niveles del 11 de setiembre. *The New York Times* informó el 23 de julio de 2002 que el Dow había caído por debajo de los 8 000, concretamente hasta los 7 702, su peor nivel desde octubre de 1998, y el índice de Standard & Poor cayó hasta 797, sus peores resultados desde abril de 1997. El 21 de julio, el *Times* informó que el mercado había perdido siete billones de dólares en sólo dos años.

La Bolsa cerró el año hebreo de 5762, el 6 de setiembre de 2002, con pérdidas en seis de los ocho últimos días y en cada uno de los últimos cinco meses, la primera vez que el índice Dow había bajado durante cinco meses consecutivos desde la recesión de 1981. El *Times* informó el 4 de setiembre de 2002 que el mercado «ahora podría darse una caída de tres años seguidos, la más larga desde la Gran Depresión».

Omito deliberadamente el nombre de la base terrorista codificada en la Biblia junto a «en el fin de los días» por razones de seguridad. Sin embargo, proporcioné la información a la inteligencia israelí y estadounidense.

El periódico israelí *Ha'aretz* informó el 31 de octubre de 2001 que «los asesores de seguridad del primer ministro Ariel Sharon le han informado que la amenaza no convencional más peligrosa a la que se enfrenta Israel en la actualidad es la viruela».

Según Jonathan Tucker, en su libro *Scourge* (Atlantic Monthly Press, Nueva York, 2001), la viruela se cobró «cientos de millones de vidas» antes de que fuese erradicada del mundo en 1980. Su libro también afirma que un tercio de sus víctimas murieron y que a los supervivientes les dejó terribles secuelas. Tanto Estados Unidos como Israel decidieron en el verano de 2002 vacunar a los empleados de los servicios de emergencias y de la salud pública, los primeros en dar la cara ante un ataque bioterrorista. El *Times* informó el 7 de julio de 2002 que Estados Unidos iba a vacunar a medio millón de trabajadores del sistema sanitario, que el país disponía de cien millones de dosis y que hacia finales de 2002 poseería suficientes reservas para vacunar a toda la población estadounidense. Israel, según *Ha'aretz*, ya ha acumulado suficientes vacunas para toda la población.

El general Isaac Ben-Israel, jefe del equipo científico del Ministerio de Defensa, me dijo el 12 de diciembre de 2001 que la viruela puede ser «la pesadilla para todo el mundo» porque se transmite por el aire, de persona a persona, y en el mundo de hoy alcanzaría proporciones globales en semanas. «Es muy fácil de hacer —dijo Ben-Israel— y sería hasta criminal no tomarlo en cuenta.»

Mi cita de mi libro del código de la Biblia, publicado en 1997 —«el Armagedón podría iniciarse con un acto de terrorismo nuclear»—, aparece en la p. 125 (*El código secreto de la Biblia*, Planeta, 1997).

El informe del Senado estadounidense sobre el peligro del terrorismo nuclear, «Proliferación global de armas de destrucción masiva» (Sen. Hrg. 104-422), fue publicado en 1995. La cita que dice: «Nunca antes se había desintegrado un imperio estando en posesión de treinta mil armas nucleares», es del senador Sam Nunn, en un discurso del 3 de octubre de 1995.

The New York Times Magazine habla en su número del 26 de mayo de 2002 del terrorismo nuclear a través de la pluma de Bill Keller. El titular decía: «Tarde o temprano, tendrá lugar un ataque aquí.» El modelo informático del impacto de un artefacto nuclear de un kilotón sobre Times Square citado por Keller fue desarrollado por Matthew McKinzie, un científico del Natural Resources Defense Council. Mi descripción está tomada del artículo de Keller.

La descripción del impacto de una bomba de un megatón sobre Nueva York procede del gran libro de Jonathan Schell, *The Fate of the Earth* (Knopf, Nueva York, 1982), pp. 47-49. La estimación de Schell de la probabilidad de que caiga una bomba de veinte megatones se halla en su libro, en las pp. 52-53. Su descripción de un ataque desde el suelo se encuentra en la p. 53.

El experto en terrorismo Robert Wright escribió en su columna del *Times* del 24 de setiembre de 2001: el 11 de setiembre «los terroristas no usaron armas nucleares o biológicas, pero la próxima vez podrían hacerlo».

La cita del doctor Rips de la advertencia de Moisés de que «seguro que la calamidad les sobrevendrá en el fin de los días» procede del Deuteronomio 31:29. Rips vio que ese pasaje de Moisés deja claro que tenemos la opción de cambiar el futuro, ya que añade: «A través de esta palabra prolongaréis vuestros días sobre la Tierra.»

EPÍLOGO

La afirmación de Newton de que no sólo la Biblia, sino todo el universo, es «un criptograma enviado por el Todopoderoso» está tomada del escrito de John Maynard Keynes «Newton, el hombre» (*Essays and Sketches in Biography*, Meridian Books, 1956).

El genoma humano fue descifrado por dos equipos de científicos, uno público y otro privado. El hito se anunció conjuntamente el 26 de junio de 2000 y el mismo 27 de junio, *The New York Times* hacía pública la noticia con el titular: «EL CÓDIGO GENÉTICO DE LA VIDA HUMANA DESCIFRADO POR LOS CIENTÍFICOS.»

El telescopio espacial Hubble nos envía unas imágenes como nunca antes habíamos visto, que captan la luz procedente del inicio del universo. «Cuanto más lejos ve un telescopio, más antigua es la luz que divisa. En este caso, de hasta trece billones de años de antigüedad, lo cual se estima que es la edad del universo», informaba *The New York Times* del 23 de julio de 2002.

El astrónomo británico sir Martin Rees afirma en su libro *Just Six Numbers* (Basic Books, 2000) que unos pocos números impresos en el momento de la Creación determinaron la forma de todo.

Newton creía que el universo era un rompecabezas hecho por Dios que nosotros debíamos resolver. El doctor Rips también cree que el código de la Biblia es un rompecabezas que hizo Dios; de hecho, el código afirma que «está en nuestras manos el resolverlo».

APÉNDICE

Eliyahu Rips ha desafiado a la ciencia moderna y ha cambiado la manera que tenemos de ver el mundo al descubrir y probar la existencia de un código en la Biblia que revela hechos que tuvieron lugar miles de años después de que ésta se redactase.

«Si esto es real, se trata de un descubrimiento tan importante como el de Einstein», me dijo el físico más respetado de Israel, Yakir Aharonov, cuando le hablé del código por primera vez, hace ya unos años.

En otro encuentro, que mantuvimos recientemente, me dijo al respecto:

—Si es real, se trata de un descubrimiento más importante que el de Newton.

—Lo ha ascendido de categoría —le dije.

—Sí —dijo Aharonov—. Es que si es auténtico, transformará la ciencia como lo hizo Newton.

Pero como Thomas S. Kuhn apunta en su libro *La estructura de las revoluciones científicas*, muchos de los grandes descubrimientos son rechazados e incluso ridiculizados por el *establishment* científico. La razón de ello es que todos los grandes descubrimientos, por definición, ponen en entredicho los presupuestos defendidos hasta el momento, y con ellos, a los peces gordos de las universidades que se empeñan en mantenerlos.

«Cada uno de los descubrimientos implicaba el rechazo de una teoría científica respetada hasta el momento, porque lo que emergía era otra teoría explicativa incompatible con la primera —escribía Kuhn—. La ciencia normal silencia muchas veces los hallazgos novedosos, aunque sean fundamentales para el conocimiento, porque son necesariamente subversivos.»

Recuerdo que le dije al propio Rips (antes de que se publicase mi primer libro sobre el código de la Biblia) que cuando se hiciese público su descubrimiento, le lloverían las críticas. Era inevitable. Le pedía al mundo que aceptase una teoría tan radical que, una vez aceptada, nunca volvería a ser el mismo.

—Está usted desafiando al mundo de la misma forma que lo hizo Galileo cuando dijo que la Tierra giraba alrededor del Sol y que el Sol, y no la Tierra, era el centro de nuestro sistema. No fue sólo la Iglesia quien lo condenó, sino todo el *establishment* científico de la época. Usted está desafiando al *establishment* religioso y científico del presente.

—Me contentaría con que ya no quemasen a la gente en la hoguera —dijo Rips.

Pero Rips se enfrentaba a otro tipo de ataque. Estaba siendo atacado por muchos científicos ordinarios que no podían aceptar que fuese real un fenómeno que no podían entender.

A pesar de todo, nadie pudo encontrarle una sola tacha al experimento original de Rips publicado en agosto de 1994 en *Statistical Science*, una respetadísima revista matemática norteamericana. Entonces, absolutamente nadie envió una refutación.

Después, cinco años más tarde, *Statistical Science*, con una nueva dirección, publicó una refutación redactada por un equipo de matemáticos dirigido por un australiano que no sabía leer en hebreo, el lenguaje del código de la Biblia.

Sin embargo, disponía de cierto número de aliados israelíes que pusieron en duda no la metodología del experimento de Rips, sino la selección de datos: la lista de los nombres de los 32 sabios hebreos que se encontraron codificados en la Biblia, junto con sus fechas de nacimiento y muerte.

Según los críticos, se podía encontrar el mismo fenómeno en cualquier libro. Ésa fue la primera pregunta que le hice a Rips cuando lo conocí. ¿No podía encontrarse la misma aparente coincidencia en cualquier libro usando un programa informático?

Rips me dijo que él y sus colegas habían buscado en otros tres libros no bíblicos los nombres de los sabios (junto con las fechas de nacimiento y muerte), con el mismo programa informático y las mismas pruebas matemáticas.

En la Biblia, los nombres y las fechas estaban codificados juntos. En los otros tres libros no. Y la probabilidad de encontrar información como ésa por azar era de una contra un millón.

«Los datos han estado seleccionados con el objetivo de que pasen la prueba», decían los críticos. Era tanto como acusar al doctor Rips y sus colegas de fraude, de haber escogido sólo los nombres y fechas que estuviesen relacionados en la Biblia.

Yo sabía que esto era falso porque comprobé los hechos antes de publicar mi primer libro. Ésa fue la segunda pregunta que le hice a Rips: ¿Quién ha escogido los datos?

De hecho, los nombres de los sabios fueron escogidos mecánicamente. Rips y sus colegas simplemente acudieron a la *Encyclopedia of Sages* [*Enciclopedia de Sabios*], un trabajo de referencia estándar, para escoger los primeros 34 que tuviesen una longitud mínima. Cuando los científicos que supervisaron el experimento original pidieron datos nuevos —para así evitar cualquier posibilidad de fraude—, Rips escogió los 32 sabios siguientes en la lista de la enciclopedia.

No hubo posibilidad de manipulación. La elección de los nombres fue puramente mecánica.

Pero también hubo alguna disputa por la correcta transcripción de los nombres de esos rabinos, la mayor parte de los cuales vivieron en una época en la que la escritura no estaba tan estandarizada. De manera que Rips y sus colegas consultaron a la principal autoridad en bibliografía rabínica, el profesor Shlomo Z. Havlin, para que decidiera independientemente cómo se tenían que deletrear los nombres. Entrevisté a Havlin y me dio la siguiente declaración escrita:

«Certifico que las dos listas de nombres y denominaciones han sido elaboradas por mí, con mi único criterio. Además, he examinado escrupulosamente los detalles con la base de datos computerizada del Centro de Procesamiento de Datos de la Universidad de Bar-Ilan.»

Antes de que *Statistical Science* publicase su refutación, al cabo de cinco años, Havlin había enviado a la revista una declaración aún más detallada de cuál fue su papel a la hora de escoger los nombres en el experimento de Rips:

«Debo subrayar que, mientras elaboraba las listas mencionadas, no sólo me era imposible saber qué efecto podía tener la elección de un nombre particular en el experimento, sino que tampoco tenía ni idea de la metodología general del mismo.»

La principal acusación contra Rips y sus colegas —que habían escogido los datos para que saliesen esos resultados— era obviamente falsa. Ni Rips ni sus colegas escogieron los datos. Havlin lo hizo.

Pero aunque *Statistical Science* estaba al corriente de ello (puesto que Havlin les había escrito), de todas formas publicó el refutamiento.

El refutamiento incluía otra crítica al experimento de Rips. El australiano Brendan McKay hizo su propio «experimento», pero no con la Biblia sino con *Guerra y paz*. Y, en esta ocasión, McKay sí manipuló los datos de forma deliberada para crear un falso «código» de la novela rusa.

Lo que intentaba demostrar es que si él podía falsificar el experimento, también lo podía haber hecho Rips.

Por supuesto, la crítica era tonta e incierta. En primer lugar, Rips no pudo haber manipulado su experimento porque el que escogió los datos fue una persona independiente. Y Havlin no sabía cómo iba a afectar su elección sobre los resultados.

Pero más allá de eso, todo lo que había probado McKay es que había falsificado un experimento, que había perpetrado un engaño. Como dijo el matemático más famoso de Israel, Robert Aumann, de la Universidad Hebrea: «Si McKay falsifica un billete de cien dólares, eso no prueba que todo el dinero es falso. Sólo demuestra que McKay es un falsificador.»

La refutación era tan burda, tan absurda, que en circunstancias ordinarias jamás hubiese sido publicada.

Pero de hecho era aceptada por muchos científicos porque éstos ya habían tomado su decisión. Lo que Rips decía, lo que había demostrado, lo que nadie había podido refutar —que hay un código en la Biblia que revela hechos futuros— desafiaba de tal forma a la ciencia occidental que algunos científicos decidieron, sin atender a las pruebas, que no podía ser cierto.

Si Rips tenía razón, ellos estaban equivocados. Si Rips tenía razón, las leyes de la física, las matemáticas, la naturaleza misma del tiempo tenía que ser reevaluada.

Se trata del mismo desafío al que se ha enfrentado casi todo científico que ha hecho un gran descubrimiento, cualquiera que haya desafiado a la ciencia de su tiempo.

Pero hasta el momento, nadie ha encontrado evidencia que contradiga los hallazgos de Rips. Nadie ha podido negar la exactitud de sus cómputos matemáticos, de su programa informático, de sus resultados. Allí estaban los nombres de los 32 sabios (personas que vivieron en épocas posteriores a la redacción de la Biblia), con sus fechas de nacimiento y muerte con probabilidades de diez millones a una.

De hecho, un descodificador de la Agencia de Seguridad Nacional de Estados Unidos, Harold Gans, replicó el experimento israelí usando su propio programa informático. Gans estaba tan seguro de que el código de la Biblia no era real que llevó su experimento un paso más allá: buscó en el código nueva información, los nombres de las ciudades donde los mismos sabios nacieron y murieron. Cuál fue su sorpresa cuando los encontró codificados en el mismo lugar.

McKay y colaboradores afirmaron sin fundamento alguno que Gans había «renunciado» a su experimento. De hecho, Gans dijo públicamente que había reproducido su propio experimento y que estaba seguro de sus resultados.

«Nuestra principal evidencia contra los "códigos" es que simplemente no podemos encontrarlos», escribieron McKay y colaboradores, pasando por alto el hecho de que un veterano con veinticinco años de experiencia en la ASN, que se había pasado toda la vida descifrando códigos para la inteligencia militar, sí pudo hallarlo.

Más aún, McKay y colaboradores, de hecho, sí encontraron evidencia de que el código era real. Primero, pusieron en entredicho la selección original de los nombres. Según ellos, el criterio que se había seguido —la medida de las columnas de la *Enciclopedia de los Sabios*— no era el correcto. Cuando McKay realizó el experimento por segunda vez usando sus propios datos, los resultados fueron incluso mejores. McKay y colaboradores simplemente lo dejaron de lado.

Por lo tanto, en su propio primer experimento, aun con la idea de desmontar el código de la Biblia, McKay y colaboradores encontraron un resultado positivo. En vez de informar de ello, cambiaron su método experimental, imponiendo unas condiciones que hacían imposible que los resultados fuesen positivos. De hecho, Rips ya les había advertido que en tales condiciones no iban a hallar nada. Lo que publicaron fue finalmente ese segundo experimento, ocultando los datos positivos que habían hallado en el primero.

Y, por supuesto, nadie ha explicado cómo es posible que el código de la Biblia prediga hechos futuros, a no ser que se trate de algo real. Nadie ha encontrado en *Guerra y paz* o en *Moby Dick* una predicción correcta de un hecho de importancia mundial.

Nadie puede manipular un código para que prediga algo que no ha sucedido todavía, como el asesinato de un primer ministro.

Quizá ésa es la razón de que casi todo el mundo, fuera de un pequeño círculo de científicos, acepte la realidad del código de la Biblia.

En su ataque, *Statistical Science* argumentó que «el artículo de Rips está incluido en el libro de Drosnin (1997), un bestseller en muchas lenguas, lo que lo convierte en el artículo científico más leído de todos los tiempos».

Muchísima difusión y, sin embargo, sólo ha atraído una refutación desde su aparición. Una refutación, como ya hemos demostrado, que puede ser la más falsa de toda la historia de las revistas científicas.

En su contrarréplica a *Statistical Science*, Rips y sus colegas mostraron mediante un análisis matemático muy detallado que el trabajo de McKay no tenía «ninguna validez» metodológica. Rips añadió que «el reconocido estudioso S. Z. Havlin, de la Universidad de Bar-Ilan, y Harold Gans, un descodificador experimentado estadounidense, estaban de su lado y también afirmaban que las acusaciones de McKay eran simplemente falsas».

«La evidencia del código de la Biblia es más fuerte que nunca —escribió Rips—. Hemos hecho nuevos experimentos que muestran que además de los nombres de personas figuran en el código detalles sobre su vida.»

Pero la revista matemática que publicó originalmente el experimento de Rips y que prometió concederle el derecho a la réplica ante cualquier refutación que surgiese, se negó a hacerlo esta vez.

El matemático más respetado de Israel, Aumann, miembro de la Academia Norteamericana de Ciencias, envió una protesta escrita a *Statistical Science*, firmada también por uno de los mejores matemáticos de Harvard, David Kazhdan, ante la injusticia que estaba cometiendo la revista científica.

«Somos conscientes de que el contenido del artículo es muy sensacionalista —escribieron Aumann y Kazhdan—, *Statistical Science* sería efusivamente felicitado si pudiese tener la honestidad y la valentía de publicarlo al margen de la tormenta mediática que provoque.»

Aumann recomendaba a *Statistical Science* que no siguiese «procedimientos mezquinos, inapropiados e injustos». Específicamente, se le pedía que no publicase refutaciones escritas en secreto, antes de enseñárselas al propio Rips.

Pero la revista matemática no hizo caso de las cartas de Havlin, Gans, Aumann y Kazhdan y publicó un artículo que había sido rebatido con antelación.

Yo, por mi parte, estoy seguro de que el primer artículo de Rips será considerado un día como una auténtica «revolución científica».

AGRADECIMIENTOS

Este nuevo libro empezó a gestarse el día que encontré el nombre del científico israelí que había descubierto el código de la Biblia, Eliyahu Rips, en un versículo de la Biblia que dice que Dios bajó al monte Sinaí para entregarle la Torá a Moisés.

En los cinco años que han transcurrido desde entonces, Rips y yo hemos mantenido muchas conversaciones acerca del código. La evidencia de que el código es real procede de muchas fuentes, pero este libro no podría haber visto la luz sin la constante asistencia de Rips.

De todas formas, lo he escrito de forma independiente, lo que significa que Rips no es responsable de mis juicios y valoraciones. Sus palabras están debidamente citadas. Todo lo demás corre de mi cuenta.

El programa informático que he usado en mis investigaciones es el que crearon Rips y su colega, el doctor Alex Rotenberg. Todas las tablas del código de la Biblia que ilustran este libro han usado un software creado por Rotenberg y el doctor Alex Polishuk.

También he contado con la asistencia de muchos altos cargos del gobierno israelí. No los voy a mencionar porque a algunos los podría poner en aprietos, pero debo dar las gracias a mi amigo el general Isaac Ben-Israel, que fue hasta hace poco el jefe científico del Ministerio de Defensa. Por otro lado, quiero expresar mi agradecimiento a Joel Singer, el abogado que escribió los acuerdos de paz de Oslo, quien me ayudó a contactar con importantes personas en Israel y Jordania.

Dos geólogos, David Neev y su joven discípulo, Yuval Bartov, compartieron conmigo su conocimiento sobre el mar Muerto y Lisan, posibilitando mi búsqueda arqueológica.

Varios amigos se tomaron la molestia de leer mi libro, criticarlo y animarme. Uno de ellos, Jon Larsen, hizo incluso más que eso. Su consejo, siempre inteligente y sincero, me ha asistido durante años.

Otros dos amigos míos, mis abogados Ken Burrows y Michael Kennedy, me ayudaron más allá de lo que les exigen sus obligaciones laborales. Mi agente, John Brockman, consiguió mantener la existencia de este libro en secreto mientras se orquestaba su publicación simultánea en todo el mundo.

Wendy Wolf, mi editora en Viking, hizo fácil lo difícil poniendo el libro en el mercado en un tiempo récord. Susan Petersen Kennedy y David Shanks, presidenta y director general de Penguin Putnam Inc. respectivamente, fueron entusiastas desde el primer día y me dieron todo el apoyo que necesité. También debo dar las gracias a Jaye Zimet, el director de arte, y a Chip Kidd, el creador de la cubierta.

La publicación de este libro tampoco hubiese sido posible sin la ayuda de mis dos asistentes, Diana y Talya. Diana puso en orden todo el material, halló lo imposible y llevó a cabo importantes investigaciones. Talya, una brillante joven israelí, no sólo confirmó las traducciones, sino que también me ayudó a escribir el libro. No lo hubiese conseguido sin su asistencia.

ÍNDICE ANALÍTICO

Las cifras en negrita remiten a las expresiones que aparecen en los cuadros con texto de la Biblia.

Abdalá II: 107, 138.
Abraham: 157, 166.
acero: 126-128.
   corrosión del: 135.
   desintegración del: 134-135.
acuerdos de paz de Oslo (1993): 141, 179.
Adán (el primer hombre): **168**.
ADN: 158-170.
   código de la Biblia y: 170, 190, 197.
   como lenguaje: 165.
   estructura de doble hélice de: 161.
   Mazra y: **58**, 166, **168**.
   obeliscos y: 167, **168**, 227.
   origen extraterrestre de: 158-160, 164, 191, 197.
   península de Lisan y: **165**, 166, **168**.
   Rips sobre: 159-163.
   traído en un vehículo: 157, **157**.
advertencia del código de la Biblia sobre: 207-209, 212.
   armas biológicas: 177-178, 250, 251.
   armas nucleares y: 251-253.
   Hitler y, comparación entre: 238.
   Jerusalén y: 216, **218**, **247**.
   la muerte: 234.
   localización de: 209-213.
Afganistán, ataque norteamericano a: 209-211.

Agencia de Seguridad Israelí: 184.
Agencia de Seguridad Nacional (NSA): 22, 297-298.
Aharonov, Yakir: 293.
Al Qaeda: 212, 248.
   armas nucleares y: 251.
Ala, Abu: 75, 76, 8..
American Mathematical Society: 38.
Annan, Kofi: 78.
Anticristo: 240.
año hebreo de 5766 (2006): 30-32, **32**, 255-256, **255**.
Apocalipsis: 14, 26, 61, 75, 119, 177, 237, 241.
   Véase también fin de los días.
árabe(s):
   capacidad nuclear de los: 156.
   como asesino de Arafat: 116, **117**.
   predestinación, creencia en: 155.
   Véase también palestinos.
Arabia Saudí: 17.
Arafat, Yasir: **28**, **29**.
   advertencia del autor: 111-122.
   Ariel Sharon y: 115, 119, **120**, 171, **171**.
   ataque al cuartel general enemigo: 171.
   carta del autor: 109, 176-177.
   debilidad militar: 148-149.
   el fin de los días: 79, 80, **80**, **81**, 82, **82**, 117, 118, **119**, **120**, 144, **145**, **155**.
   el sitio a Arafat: 153.
   fracaso de Powell de ver a Arafat (mayo de 2001): 214.
   intento del autor por entrevistarse con él: 78.

las conversaciones de Camp David: 27-28, 67, 68-70.
Omri Sharon: 145-146.
paz: 119, **120**, **146**.
Peres: 154-156.
plaga: 149, **150**.
predicción del asesinato: 111, **112**, 113, **113**, **116**.
profecías, creencias en las: 83.
Rips: 115.
su creencia en el código: 121-122, 154-155, 182-183.
tozudez de Arafat: 80, **81**, **82**.
arca de acero: 124, **125**, 127, 132, 227.
    desintegración de: 133-134.
    obeliscos y: 127, **127**, 191, 198-200, **198**, **199**, **200**.
    península de Lisan y: **127**.
    preservación de: 135, **136**.
    Rips sobre: 128-129.
arca de hierro: 128, **129**.
arca de Noé: 130.
arca, significado de: 130.
Are We Alone? (Davies): 190.
Ark Foundation: 107.
Armagedón: 14, 37, 224.
    Véase también fin de los días.
armas de destrucción masiva: 177, 212, 239.
    Véase también tipos específicos de armas.
armas nucleares: 32, 177, 184.
    Al Qaeda y: 251.
    árabes y: 156.
    Bin Laden y: 251.
    en la antigua Unión Soviética: 251.
    en Pakistán: 251.
    inevitabilidad de un ataque por: 219, 252.
    naciones rebeldes y: 251.
    Nueva York atacado por: 252-253.
    Peres sobre: 212-213.
    terroristas con: 251-253.
    Véase también holocausto atómico.
armas químicas: 149, 175, **244**.
asesinatos
    de Arafat: 111, **112**, 113, **113**, **116**.
    de Sadat: 114, 117, 240.
    de John F. Kennedy: 13, 24, 114.
    de Rabin: 13, 24-25, 73, 111, **112**, 144, **178**, 178-180, 240.
ataque al World Trade Center (1993): 15-16.
ataque al World Trade Center (2001): 11-13, **12**, **13**, 15-20, **17**, **19**, 31, 201. Fin de los días y: 19, 237.
    tercera guerra mundial y: **19**.
ataque del 10 de agosto (9 de Av): 74-75.

aterrizaje en la Luna: 13.
Atta, Mohammed: 16, **18**, 202, 209.
Aumann, Robert: 296, 299.
avión: 12, **12**, 15-16.
aviones F-16: 179, 213.

Bab-Edrah: 52.
Barak, Ehud: 27, **28**, **29**, 119.
    advertencias del autor a: 72-74.
    ataque de 10 de agosto de 2000 («9 de Av»): 74.
    código de la Biblia familiar a: 72-73.
    conversaciones de Camp David (2000): 27-28, 67, 68-70.
    elección de: 71-73.
    Explanada de las Mezquitas y: 72, **72**, 73.
    fin de los días y: 70, **72**, 79, 80, **80**, **81**, 82, **82**.
    intentos del autor por entrevistarse con: 76-77.
barco de hierro: 230, **230**.
base terrorista: 183, 248.
Ben-Eliezer, Benjamin: 184.
Ben-Israel, Isaac: 73-74, 148-149, 181, 186, 250.
Biblia: 20.
    como historia de un encuentro con un extraterrestre: 197.
    como programa informático: 231.
    fin de los días y la: 26.
    lenguaje como tema en la: 93-94.
    leyes del lenguaje codificadas en la: 93.
    nave espacial y: 194-195.
    orígenes de la: 35.
    Véase también libros específicos de la Biblia.
Big Bang, teoría del: 258.
Bin Laden, Osama: 16, **17**, 177-178, 202, **247**, 248, 250.
boca de los obeliscos: 42-43, **43**, **44**, 164, **165**, **196**, 197.
Burns, Williams: 107, 138.
Bush, George W.: 119.
    carta del autor a: 14, 201-203.
    el eje del mal y: 212.
    elección de: 28, **29**, **203**, 203-205, **207**.
    fin de los días y: 144, 206, **207**, 215, **216**.
    guerra declarada y: 18.
    paz y: **146**.
    plan armamentístico ruso y: 253.
    Rips sobre la elección de: 203-205.
búsqueda de inteligencia extraterrestre (SETI): 189.

ÍNDICE ANALÍTICO

Cal, valle de la: *véase* valle de Sidim.
caldeos, lenguaje de los: 55.
calendario musulmán: 118.
Campbell, Joseph: 221-222.
Card, Andrew: 201.
Casa Blanca: 84, 201.
casbah: 173, **173**.
Cheney, Dick: 219.
Chomsky, Noam: 101-102.
Cielo: 45, **46**.
Ciudad Antigua: 69, 142.
Clinton, Bill: 24.
  absolución de: 65, 66, **66**.
  advertencia del autor a: 14, 66-68.
  advertencias del autor a: 78-85
  clave del código: 123-124.
  como reparador, restaurador: **68**.
  confirmación de la existencia de: 224-225.
  conversaciones de Camp David (2000): 27-28, 67, 68-70.
  diccionario y: 95, **95**.
  Egipto, encuentro en la cumbre en: 79.
  El código de la Biblia y: 79.
  elección de: 63, 64, **64**.
  escándalo Lewinsky: 63-66, **65**.
  Explanada de las Mezquitas y: **71**.
  heroísmo de la búsqueda y: 222.
  impeachment de: 63-66, **64**.
  intentos del autor por encontrarse con: 79, 83-84.
  lenguaje de: 99.
  localización de: 57, 60, 90-91.
  Mazra y: 58, **59**.
  nave espacial y: 197.
  obeliscos y: 41-47, **41**, **42**, **43**, **44**, 124.
  península de Lisan y: 57.
  religiosidad de: 83.
  Rips sobre: 60-61.
  señor del código y: **165**.
codificador: 53, **54**, 90, 95.
  como extraterrestre: 196.
  diccionario y: 95, **97**.
  identidad del: 228, 232-233.
  Moisés y: 229, **230**.
  Rips sobre la identidad del: 228-229.
  Véase también señor del código.
código de la Biblia
  ADN y: 161, **162**, 169.
  artículo de *Statistical Science* sobre el: 294.
  búsqueda de Newton del: 20, 21, 22, 30, 257.
  clave del: *véase* clave del código.

  como advertencia y no como predicción: 258.
  como diálogo con la humanidad: 231.
  datos usados en el experimentos original: 294, 295.
  desaprobar, intentos de: 22-23, 293-294.
  diccionario y: **94**, 94-95.
  dispositivo de descifrado retardado de: 20.
  dobles significados: 88-94, 104-105, 124.
  entender el: 89.
  estructura de crucigrama del: 22.
  estructura de doble hélice: 161, 162, 163.
  lenguaje del hombre y: 88, **88**, 89, 90, **91**.
  Lisan y: 87, **87**, 94, **94**, 95, **133**, 134.
  lo que falta de la: 40-41.
  métodos experimentales y: 293-299.
  nave espacial trajo a la Tierra: 197.
  obelisco y: 45, **46**, **47**, 48, 59, 60.
  origen extraterrestre del: 170, 190, 197.
  rechazo del: 293-299.
  refutación del artículo original del: 294.
  Rips y: 293-299.
código de la Biblia,El (Drosdin): 27, 67, 78, 144, 180, 294.
código de la vida: 166, **167**.
código genético: *véase* ADN.
Cohen, Doron: 77.
cometas: 24.
conversaciones de Camp David (2000): 27-28, 67, 68-70, **69**, 87.
  el problema insuperable de las: 70.
  fracaso de las: 70.
conversaciones para el alto el fuego: 154, 175, 214.
corrosión: 135.
Corte Suprema de Estados Unidos: 206.
creación del hombre: 227.
  Mazra y: **58**, 166, **169**, 170.
  península de Lisan y: 166, **167**.
creación del mundo: 207.
Crick, Francis: 158-164, 191, 197.
crisis económica: 31, 241, **242**, 243.
cristiandad: 240.

Dagan, Meir: 150-153, 174-175, 186.
Dajal: 240.
Daniel, Libro de: 26, 55, 57, 79-80, 118, 124, 125, 147.
Davies, Paul: 190.
descodificador: **39**, 40, 95.
descubrimiento científico, naturaleza del: 293.

destino de la Tierra, El (Schell): 252-253.
Deuteronomio, Libro del: 26, 256.
diccionario: 94-98.
   clave del código y: 95, **95**.
   codificado y: 95, **97**.
   código de la Biblia y: 94-95, **94**.
   de los obeliscos: 95, **96**.
   península de Lisan y: 94-95, **94**.
Dios
   código de: 225-226, **226**.
   existencia de: 229.
   falta de creencia en (del autor): 15, 38, 84, 106, 199.
   juicio de: 161, **162**, 207, 208, **208**.
doble hélice: 161, 163-164.
dobles significados: 88-94, 104-105, 124.
2001, una odisea en el espacio: 231.
Dow Jones: 31, 241, 243.

Edad de Hierro: 126.
Egipto, encuentro en la cumbre en: 79.
Einstein, Albert: 229.
elección presidencial de Estados Unidos (2000): 203-206.
elecciones
   de Barak: 71-73.
   de Clinton: 63, 64, **64**.
   de George W. Bush: 28, 29, 203-205, **203**, 207.
   de Gore: 204, **204**, 205-206, **205**.
   de Sharon: 142, **143**.
embajada norteamericana (Jordania): 138-139.
Enciclopedia de los Sabios: 295, 298.
Erekat, Saeb: 113, 118, 120, 176-177.
escándalo Lewinsky: 63-66, **65**.
escritura invertida: 36.
Eshkol, Levi: 186.
estructura de las revoluciones científicas, La (Kuhn): 293.
Éxodo, Libro del: 45, 130-131.
expedición arqueológica: 106-108, 138-139.
Explanada de las Mezquitas: 69-70, 138.
   Ariel Sharon y: 76-77, **77**, 142.
   ataque del 10 de agosto (9 de Av): 74-75.
   ataque sobre: 76-77. Barak y: 72, **72**, 73.
   Clinton y: **71**.
   fin de los días y: 70, **72**.
extraterrestre(s): 90.
   ADN enviado a la Tierra por: 158-160, 164, 191, 197.
   búsqueda de los: 189-190.
   codificador como: 197.
   código de la Biblia traído a la Tierra por: 170, 190, 191, 196, 197, 198.
   como viajeros del tiempo: 234.
   magnetómetro y: **192**.
   máquina del tiempo y: 231, **231**.
   Mazra y: **58**, 192, **193**, **194**, **195**, 233.
   naturaleza humana de los: **195**, 196-197.
   península de Lisan y: **58**, 191-192, **191**, **192**, 194, **194**.
   señor del código y: **196**, 197.
   obeliscos y: 192, **193**, **196**, 197.
extremistas religiosos: 33, 75, 219, 237-238, 239-240.
Ezequiel, Libro de: 101-102, 195-196.

fin de los días
   año hebreo de 5766 (2006) y: 255-256, **255**.
   Arafat y: 70, **72**, 79, 80, **80**, 81, 82, **82**, 117, 118, **119**, **120**, 144, **145**, **155**.
   Ariel Sharon y: 79, **80**, 144, **145**.
   ataque al World Trade Center (2001) y: 19, 237.
   Barak y: 70, **72**, 79, 80, **80**, 81, 82, **82**.
   Explanada de las Mezquitas y: 70, **72**.
   familiaridad de la gente con el concepto de: 84-85.
   George W. Bush y: 144, 206, **207**, 215, 216.
   invasión de Cisjordania (2002) y: 171, **171**, **172**.
   Israel y: 240.
   la Biblia sobre el: 26.
   la llegada del: 180, 237.
   Libro de Daniel sobre: 79-80.
   Mazra y: 62.
   Midras sobre el: 240.
   obeliscos y: 63.
   11 de setiembre de 2001 y: 19, 237.
   Oriente Medio y: 28-29, 237, 240.
   paz y: 144-145, **146**, 239, **239**.
   península de Lisan y: 61, **61**.
   plaga y: 249-250, **249**.
   Powell y: 214, **215**.
   Rips sobre el: 239-240.
   significado del: 147.
   tercera guerra mundial y: 32.
   terrorismo y: **239**, 249-250.
   viruela y: 181-182, **181**.
Florida: 205, 206.
Friedman, Thomas: 177.

Galileo: 294.
Gans, Harold: 22-23, 297, 299.
Gaza: 69, 191.
gen de Dios: 99, **99**.
gen del lenguaje: 99, **99**, 100, **100**, 101, **101**, 102, **102**, 103.
Génesis, Libro del: 48-49, 94-95, 123, 157, 166, 198-199.
Genio de Vilna: 38.
Genome (Ridley): 164.
Gilgamesh: 222.
Gog y Magog: 237.
Gore, Albert, Jr., elección de: 204-206, **204**, **205**.
guerra del Golfo: 13, 23-24, 30, 250.
Guerra y paz (Tolstói): 296, 298.
guerra
    contra el islam: 216-217.
    declaración de Bush de: 18, 215, **216**.
    guerra santa (*yihad*): 75, 248.
    Sharon, actos de guerra de: 142.
    Véase también guerras específicas.
Guri, Chaim: 24.

Ha'aretz: 212.
Hamas: 115, **116**.
Haram-Al-Sharif: 70.
Havlin, Shlomo Z.: 295-296, 299.
Hawking, Stephen: 232.
héroe de las mil caras, El (Campbell): 221.
heroísmo, necesidad de: 221-22.
Herzog, Isaac: 74-75.
hierro
    corrosión del: 134-135.
    desintegración del: 134, 137.
    detección del: 133.
Hiroshima: 13.
Hitler, Adolf: 238.
holocausto atómico: 15, 120, 151, 175, 182, 183, 216, **217**.
    año hebreo de 5766 (2006): 30-32, **32**, **255**, 255-256.
    Ariel Sharon y: **147**.
    inminencia de: 238.
    Jerusalén y: 238, **247**.
    Libia y: 234, **235**.
    Lisan y: 234, **235**.
    misil y: 245, **246**.
    Véase también armas nucleares.
holocausto: 13.
Hotel King David: 142.
Hubble, telescopio espacial: 258.
humanidad
    código de la Biblia como diálogo con la: 229.
    futuro de la: 199.
    origen de la: 90-91.
Hussein, Saddam: 24, 250.

impeachment de Bill Clinton: 63-66, **64**.
inteligencia artificial: 95.
intifada: 76, 109, 142.
Irak: 182, 250, 251.
Irán: 183, 251.
Isaías: 36, 238.
islam
    guerra contra el: 219.
    reino del sufrimiento: 240.
ismaelitas: 116, **117**.
Israel: 50.
    crisis en: 152.
    determinación de la historia de: 178-179.
    fin de los días y: 240.
    futuro de: 174.
    Gaza invadida por: 141.
    holocausto de: 186, **187**.
    invasión de Cisjordania por parte de (2002): 171-173, **171**, **172**, 179, 187.
    preparación ante un ataque atómico a: 149.
    preparación ante un ataque químico a: 149.
    preparación de: 149-150.
    secularización de: 142.
    Tel-Aviv: 186, 250.
    viruela y: 250.
Ivanov, Sergei: 78.

Jason: 221.
Jenin: 173, **173**.
Jerusalén: 82, 142, 211.
    Bin Laden y: 216, **218**, **247**.
    como objetivo del terrorismo: 216, **218**.
    holocausto atómico y: 245.
    Jerusalén Este: 69.
    tercera guerra mundial y: 238.
    viruela y: 181-182, 250.
Job, Libro de: 227.
Jomeini, Ayatolá: 116.
Jordania: 50, 107, 136, 192.
    embajada norteamericana en: 138-139.
península de Lisan: *véase* península de Lisan.
José: 224-226.
Josué, Libro de: 53, 100-101, 132, 191.
juicio de Dios: 161, **162**, 207, 208, **208**.

Kazhdan, David: 299.
Keller, Bill: 252.
Kennedy, John F.: 13, 24, 114.
Kennedy, Michael, carta del autor a: 29-31, 33-34, 241.
Keynes, John Maynard: 257.
Kirya: 148, 180.
Kubrick, Stanley: 231-232.
Kuhn, Thomas S.: 293-294.
Kuperwasser, Yossi: 180-182, 186.

Latanision, Ronald: 134-135.
lengua del mar: 53, **53**, 54, 55, **55**, **56**, 92, **92**, 100, **100**, 166, **167**, **199**, **200**, 228, **228**.
lengua hebrea: 97, 98.
lenguaje: 91, 94-104.
  ADN como: 162.
  adquisición por parte del hombre del: 103-104.
  del código de la Biblia: 99.
  del hombre: 88, **88**, 89, 90, **91**, 96.
  en la Biblia: 94-95.
  gen de: 99, **99**, 100-101, **100**, **101**, 102, **102**, 103.
  leyes codificadas en la Biblia: 93.
  Lisan y: 104-106.
  orígenes del: 99-104, 105-106.
  Rips sobre el: 94-99.
Libia: 182, 212, 250, 251.
Lisan, cabo de: 57.
  Véase también península de Lisan.
Lisan, península de: 50-60, **51**, **53**, **54**, **55**, **56**, **59**.
  ADN y: **165**, 166, **168**.
  arca de acero y: **127**.
  arca de hierro y: 128, **129**, 132.
  clave del código y: 57.
  código de Dios y: **226**, 227.
  código de la Biblia y: 87, **87**, 94, **94**, 95, **133**, 134.
  código de un extraterrestre y: 192-193.
  como localización exacta de los obeliscos: 225-228.
  como valle de: 55, 57.
  creación del hombre y: **169**, 170.
  diccionario y: 94-95, **94**.
  en la Biblia: 52-53.
  expedición arqueológica a la: 106-108, 137, 138.
  extraterrestres y: **58**, 191-192, **191**, **192**, 194, **194**.
  fin de los días y: 61, **61**.
  gen del lenguaje y: 104-106.
  holocausto atómico y: 234, **235**.
  lengua del mar: 53, **53**, 54, 55, **55**, **56**, 92, **92**, 100, **100**, 166, **167**, **199**, **200**, 228, **228**.
  mapa de la: **50**, **53**, **57**.
  obeliscos en la: 54, 60, 223-224, 225-228.
  orígenes del hombre moderno y: 103.
  orígenes del lenguaje y: 105-106.
  Rips sobre la: 54-55, 223-224.
  salinidad de la: 133-134.
  señor del código y: **165**.
  tamaño de la: 52.
  Torá de la: 92-93, **92**.
  vehículo de hierro y: 131, **131**.
  visita del autor a la: 123, 133.
Lisan, significado de: 50, 88-89, 166.
llave del código: 54, **55**, **56**, **92**, 93, 100, **100**.
Lucifer: 238.

magnetómetro: 127, 133, 192, 233.
  extraterrestre y: **192**.
Mahoma: 118.
mapa del sensor: 54-55, **55**, 60, 93.
máquina del tiempo: 231, **231**.
Masada: 52.
Mazra: 57-59, **59**, 91, 124, 166, **166**.
  ADN y: **58**, 166, **168**.
  arca de hierro y: 128, **129**.
  código de la vida y: 167.
  creación del hombre y: **58**, 166, **169**, 170.
  extraterrestre y: **58**, 192, **193**, **194**, **195**, 233.
  fin de los días y: 63.
  mapa: **58**.
  máquina del tiempo y: 231, **231**.
  obeliscos y: 57, **58**, 223-224, 226.
  Rips sobre: 224.
  significado de: 166, 192.
Mazra, bahía de: 57, **58**, 101.
McKay, Brendan: 296, 197-298.
Meridor, Dan: 184-185.
Mesías: 240.
Midras: 98.
  sobre el fin de los días: 240.
  sobre el valle de Sidim: 49.
  sobre la creación del mundo: 207.
  sobre los obeliscos: 44-45, 199.
Ministerio de Turismo y Agricultura (Jordania): 106-107.
misil: 244, **244**, 245, **245**.
misil guiado: 245, **245**, **246**.
misiles Scud: 24.

ÍNDICE ANALÍTICO

Moab: 136, 192.
Moby Dick (Melville): 298.
Moisés códigos de: 229, 230, **230**.
  codificador y: 229, **230**.
  en el monte Sinaí: 21, 35, 126, 198, 229.
  últimas palabras de: 222-223, 257.
Mossad: 150, 174.
Mueller, Robert: 219.
Muerto, mar: 48-51, 57, 60, 90, 123, 136-137.
  evaporación de: 50.
  mapa: 48.
«Muro Defensivo» (operación militar): 173, **173**.
muro occidental: 70.

Nablus: 173, **173**.
NASA (Agencia Aeroespacial Norteamericana): 189.
Nasdaq: 243.
nave espacial
  ADN enviado a la Tierra en: 157, **157**.
  clave del código y: 197.
  código de la Biblia traído a la Tierra en: 197.
  en la Biblia: 194-195.
  vehículo de acero como: 194, **194**.
Neev, David: 49-50, 60, 135.
Netanyahu, Bibi: 151.
New York Times, The: 15, 75, 99, 177, 243, 251-252.
Newton, Isaac: 20, 21, 22, 30, 257.
Nueva York
  ataque del 11 de setiembre sobre: *Véase* ataque del 11 de setiembre
  bomba de un kilotón en: 252.
  bomba de un megatón en: 252.
  bomba de veinte megatones en: 252-253.
  bombardeo de: 252-253.
  como objetivo terrorista y: 211.
  misiles guiados y: 244, **245**, **246**.
  viruela y: 249.
Números, Libro de los: 93.

obeliscos: 41-42, **41**, **44**, **46**, 90, 100.
  ADN y: 167, **168**, 227.
  clave del código y: 41-47, **41**, **42**, **43**, 58, **59**, **126**.
  código de la Biblia y: 45, **46**, **47**, 48, 59, 60.
  diccionario de los: 95, **96**.
  extraterrestre y: 192, **193**, **196**, 197.

fin de los días y: 63.
heroísmo de la búsqueda de los: 221-222.
arca de acero y: 127, **127**, 191, 198-200, **198**, **199**, **200**.
boca de los: 42-43, **43**, **44**, 164, **165**, **196**, 197.
como hombre y mujer: 199.
desenterrar los: 60.
localización de los: 47-60, 90, 222-224.
magnetómetro y: 135.
Mazra y: 57, **58**, 223-224, 226.
Midras y: 44-45, 199.
origen extraterrestre de los: 44.
península de Lisan y: 54, 60, 222-224, 225-228.
Rips sobre los: 45, 224.
señor del código y: 43-44, **44**, 99, 100, **100**, **165**.
supervivencia de: 123.
tabla vitalizó a los: 104, **105**.
tel de los: 132, **132**.
visibilidad de los: 136-137.
11 de setiembre de 2001: 11-13, 15-20, 24, 201, 253-258.
optimismo del autor después del: 33.
fin de los días y: 19, **19**, 237.
ordenadores: 20, 21, 95, **131**.
Oriente Medio: 61.
  acuerdos de paz de Oslo (1993): 141, 179.
  conversaciones de alto el fuego: 154, 175, 214.
  conversaciones de Camp David (2000): 27-28, 67, 68-70, **69**.
  fin de los días y: 28-29, 237, 240.
  ocupación de Cisjordania (2002): 171-173, **171**, **172**, 179, 187.
  tercera guerra mundial y: 15.
  Véase también intifada; *yihad*.

Pakistán: 251.
palestinos: 149.
  Véase también árabe(s).
panspermia dirigida: 158-159.
Pascua: 171, 172, **172**, 174.
paz
  Arafat y: 119-120, **120**, **146**.
  Ariel Sharon y: 119, **120**.
  Bush y: **146**.
  fin de los días y: 144-145, **146**, 239, **239**.
  Rabin y: 111.
  terrorismo y: 239-240, **239**.
Pentágono, ataque del 11 de setiembre sobre el: 16, 17, **18**, 31, 201.

Peres, Simon: 30, 74, 148, 153-156, 185.
   advertencia del autor a: 14.
   sobre Arafat: 154-156.
   sobre armas nucleares: 212-213.
pergaminos del mar Muerto: 52.
período calcolítico: 50.
piedra caliza: 50.
piedra de zafiro: 35-37, 38-39, **39**, 44, **44**.
plaga
   Arafat y: 149-150, **150**.
   fin de los días y: 249-250, **249**.
Podesta, John: 66-67, 76, 79-85.
Powell, Colin: 175, 176, 213-215.
   carta del autor a: 213-214.
   fin de los días y: 214, **215**.
   imposibilidad de encontrarse con Arafat (mayo de 2001): 214.
predestinación: 155, 257-258.
programa de ordenador, la Biblia como: 231.
Prometeo: 221.

Qumran, cuevas de: 52.

Rabin, Dalia: 178-180.
Rabin, Itzhak: 13, **25**, 73, 111, **112**, 144, 178, 240.
   advertencia del autor a: 25.
   asesinato de: 13, 24-25, 73, 111, **112**, 144, 178-180, **178**, 240.
   carta del autor a: 24-25, 110-111.
   esfuerzos para la paz de: 25.
radar, que penetra la tierra: 60.
Ramala: 173.
Rashi (comentarista de la Biblia): 49, 98.
recombinación: 128-129.
Rees, Martin: 258.
religión: 239.
Revelaciones, Libro de las: 26, 237-238.
Rice, Condoleezza: 201, 202.
Ridley, Matt: 164.
Rips, Eliyahu: 12, 16, 20-21, 27, 31, 37-38, **39**, 43, **44**, 60, 88-89, 98.
   artículo en *Statistical Science* de: 294-299.
   biografía: 38.
   código de la Biblia y: 21-23, 36-41, 293-299.
   críticas al método experimental: 293-299.
   en Bin Laden: 207-209.
   encuentro entre Ben-Israel y: 148.
   obre la predeterminación: 257-258.
   primer encuentro del autor con: 22-23.
   publicación de *El código de la Biblia*, efecto en: 294.
   sobre Arafat: 113.
   sobre el arca de acero: 128-129.
   sobre el fin de los días: 239-240.
   sobre el lenguaje: 94-99.
   sobre el origen del ADN: 159-163.
   sobre la clave del código: 60-62.
   sobre la creación del mundo: 30.
   sobre la elección de Bush: 203-205.
   sobre la existencia de los obeliscos: 45, 224.
   sobre la identidad del codificador: 228-229.
   sobre la invasión de Cisjordania: 173-174.
   sobre la península de Lisan: 54-55, 223-224.
   sobre los obeliscos: 45, 224. S
   sobre Mazra: 224.
   sobre tecnología: 233.
   sobre tiempo: 229, 231-232.
Rojo, partición del mar: 130, 174.
Rosh Pina: 150.
Rotenberg, Alex,: 88, 90.
Rudaineh, Abu: 116, 118.
Rumsfeld, Donald,: 219.

sabios: 294-295.
Sadat, Anwar: 114, 117, 240.
Sagan, Carl: 190.
sal: 134-135.
Salomón: 69.
Schell, Jonathan: 252-253.
segunda guerra mundial: 13, 30, 32, 238.
señor del código: 43-44, 102.
   clave del código y: **165**.
   como extraterrestre: **196**, 197.
   identidad de: 47.
   obeliscos y: 43-44, **44**, 99-100, **100**, **165**.
   península de Lisan y: **165**.
   Véase también codificador.
Sha'ath, Nabil: 78, 83, 109-110.
shahid (terrorista suicida): 33, **34**, 177, 216, **218**.
Shani, Uri: 175.
Sharon, Ariel: 28, **29**, 76.
   acciones de guerra de: 142.
   advertencias del autor a: 174-175.
   Arafat y: 115, 119, **120**, 171, **171**.
   cartas del autor a: 145-146, 175.
   elección de: 142, **143**.
   Explanada de las Mezquitas y: 76-77, **77**, 142.

fin de los días y: 79, **80**, 144, **145**.
holocausto atómico y: **147**.
holocausto de Israel y: 186, **187**.
intentos del autor de entrevistarse con: 121-122, 144-146, 149-150, 151-152, 180-181, 185-186.
invasión de la Cisjordania por: **171**.
palestinos, planes de: 149. paz y: 119, **120**.
personalidad de: 145.
Sharon, Omri: 145-146, 185.
Shavuot: 37.
Sidim, valle de: 47-50, **47**, 57, 123.
  Midras sobre: 49.
  península de Lisan como: 55, **57**, **58**.
Sinaí, monte: 21, 35, 126, 198, 229.
Sodoma y Gomorra: 49, 52, 103.
Standard & Poor: 243.
Statistical Science: 294.

Tabernáculo: 131.
Talmud: 98.
tecnología avanzada, falta de: 233.
tel (yacimiento arqueológico): 132.
tel de los obeliscos: 132, **132**.
Tel-Aviv: 186, 250.
tercera guerra mundial: 30-32, **32**, **34**, 84, 120, 139.
  año hebreo de 5766 (2006) y: 21, 35, 126, 198, 229.
  ataque al World Trade Center (2001) y: **19**.
  atentado suicida y: 216, **218**.
  Bin Laden y: 238.
  fin de los días y: 32.
  inicio de la: 216-217.
  Jerusalén y: 238.
  naturaleza de: 216-217.
  Oriente Medio y: 15.
  terrorismo y: 216, **218**.
terremoto: 60.
terrorismo: 32, 33, 82, 216, **217**, 248.
  fin de los días y: **239**, 249-250.
  inevitabilidad de: 219.

paz y: 239-240, **239**.
textos no bíblicos: 294-295.
Guerra y paz: 298.
Moby Dick: 298.
tiempo
  naturaleza del: 229.
  Rips sobre: 232.
  viaje: 234.
Torá de Lisan: 92-93, **92**.
Torá: 26.
Torre de Babel: 95.
Torres Gemelas: *véase* ataque al World Trade Center (1993); ataque al World Trade Center (2001).
32 sabios: 294-295.

Unión Soviética, antigua: 251.
universo, principios del: 258.

Vanderbilt University: 204.
vehículo de acero: 130, **130**, 194, **194**.
vehículo de hierro: 130, 131, **131**, 132, **132**.
Vía Láctea: 189.
viaje del héroe: 221-22.
viruela: 181-182, **181**, 184, 249-250.

Watergate: 13.
West Bank (Cisjordania)
  estado palestino sobre: 69.
  ocupación israelí de (2002): 171-173, **171**, **172**, 179, 187.
Wright, Robert: 253.

yacimiento arqueológico: 132.
Yemen: 185
Yihad: 75, 248.

Zaphenat-Paneah: 224.
Zinni, Anthony: 151.
Zoar: 52.